Louise Courteau

Tableaux sur la couverture : Yon Hijo
ISBN : 978-1-913191-43-6

Talma Studios International
Clifton House, Fitzwilliam St Lower,
Dublin 2 – Ireland
info@talmastudios.com
www.talmastudios.com

Tamara Liula et Yon Hijo

LA PROPHÉTIE ARC-EN-CIEL

Un chemin de libération

LouiseCourteau

N'aie pas peur des contraires, des oppositions, qui divisent le monde et créent l'illusion d'événements séparés. Cette vision est source de conflit, de souffrance et de lutte perpétuelle. La nuit n'est pas l'ennemie du jour, pas plus que la mort n'est l'ennemie de la vie. Il faut la rencontre du feu et de l'eau, du soleil et de l'humidité pour créer un arc-en-ciel.

J.-P. Bourre
Préceptes de vie de la sagesse amérindienne

Introduction

Sur le chemin de l'Humanité nouvelle

Selon la tradition amérindienne, ce sont des êtres venus des étoiles qui seraient à l'origine de la Prophétie arc-en-ciel. Elle annonce l'arrivée d'une ère où la conscience planétaire atteindra un niveau vibratoire permettant de faire descendre sur terre une énergie d'amour, qui unira les hommes dans une humanité nouvelle.

Bien que niées par la « science », ces rencontres avec des êtres d'une autre dimension sont présentes dans la plupart des mythes fondateurs, y compris dans la Bible. Or, comment des œuvres monumentales construites sur des lignes d'énergies alignées sur les astres avec une précision extrême ont-elles pu être réalisées il y a plusieurs millénaires ? Par exemple, les moyens mis en œuvre pour bâtir les pyramides d'Égypte, d'Amérique du Sud ou d'Asie demeurent toujours un mystère pour les chercheurs. Si l'on se réfère aux moyens techniques dont disposaient nos ancêtres, il leur était impossible de créer de tels chefs-d'œuvre.

Ainsi, il paraît assuré qu'à toutes les époques de l'humanité, des hommes « arc-en-ciel »[1] furent et sont encore guidés pour devenir des gardiens d'une sagesse universelle. Ces passeurs continuent de recevoir une initiation consacrée par des guides terrestres et spirituels. Leur mission est de préparer la conscience humaine à la réalisation de la Prophétie.

L'origine de la séparation entre l'homme et la nature

Nous savons que les peuples premiers sont les gardiens d'une connaissance profonde de la nature, permettant de préserver l'équilibre de ses écosystèmes. Dans les temps anciens, l'homme vivait en symbiose avec elle, elle pourvoyait à tous ses besoins essentiels. Son mode de vie autrefois nomade, qui s'accordait à ses rythmes et respectait le monde des esprits, l'éveillait à la beauté de son être.

---

1. *Cf. Les Amérindiens et les Extraterrestres*, Don Marcelino, éd. Louise Courteau, 2021.

Face aux forces qui le dépassaient, l'homme fut confronté à deux voies : la première, le nomadisme, était celle de l'humilité, elle l'initia à la nature cachée en toutes choses, l'inconnu constituant l'opportunité de mettre en lumière son propre mystère ; la seconde, la voie sédentaire, celle du pouvoir, le poussa à développer son instinct de survie pour se prémunir de tous les dangers. Il élabora alors un système de pensée axé sur sa propre représentation du monde, qui le coupa de plus en plus de la réalité du vivant. Au fil des siècles, ce mode de vie, qui s'est imposé sur toute la surface de la terre, détourna l'homme de l'âme du monde.

Sa soif de domination, conditionnée par une peur archaïque, fait place désormais à un système complexe induisant un mode de vie soumis à un impératif de sécurité. Nous sommes devenus dépendants d'un modèle consumériste et matérialiste, qui alimente le besoin compulsif de combler le vide qui nous sépare du Grand Mystère.

Nous naissons dans un monde conflictuel, dont la structure relève d'une psychose collective. Les schèmes dysfonctionnels qui se sont perpétués au sein de notre arbre généalogique constituent la mémoire négative ou karma que nous devons purifier pour guérir à l'échelle individuelle et collective, car nos sociétés malades sont le reflet de nos conflits personnels. En abandonnant au système la responsabilité et le pouvoir de gouverner nos existences, nous avons aliéné notre autorité. S'engager sur la voie de la guérison permet de retrouver le sens véritable de notre autonomie, condition irréductible pour s'ouvrir à l'amour et donner naissance à une société plus fraternelle. Notre époque s'éveille à la réalité de la duplicité de ce modèle pyramidal dans lequel tout le système est régenté par la peur. S'en affranchir est un grand défi, une opportunité de recouvrer nos qualités fondamentales, celles qui font de nous des gardiens de la Terre, capables de créer une société humaine porteuse d'espoir et de beauté.

La médecine sacrée

La roue de la médecine sacrée est constituée de quatre rayons représentant les quatre voies de la sagesse : africaine, amérindienne, asiatique et occidentale. La force qui gouverne la création insuffla à cette roue la dynamique des énergies, le mouvement du flux et du reflux. Tout dans l'univers suit cette loi universelle, du plus petit atome à l'immense étoile, tout vibre en accord avec la grande respiration cosmique.

L'arborescence des savoirs de toutes les médecines sacrées s'appuie sur la connaissance de la structure des phénomènes énergétiques, tant sur le plan physique que subtil, visible ou invisible, qui constituent le champ de la conscience. À notre époque, la physique des particules découvre les connaissances prodigieuses que les anciens maîtrisaient depuis des millénaires. Ces sagesses ne génèrent aucun système de pensée aliénant l'esprit, contrairement à certaines doctrines religieuses, philosophiques ou scientifiques. Elles ne reposent sur aucun dogme, le corps étant le temple de l'âme, où toute connaissance s'éprouve dans l'expérience intérieure.

Cette voie de guérison permet de s'éveiller à la sagesse de notre âme. Elle aide l'humain à trouver le centre de l'unité que les anciennes traditions appellent « centre sacré », là où se manifeste le Grand Mystère.

L'humanité a déjà connu l'ère des quatre médecines. Actuellement, nous sommes au cinquième âge, soit l'ère de la réunification des quatre voies menant vers le centre, le cinquième soleil, l'ouverture à la dimension de l'âme. La première médecine transmise au peuple africain par nos ancêtres[2] venus des étoiles fut la voie du corps, aux Amérindiens la voie de la nature, au peuple asiatique la voie du cœur et, aux Occidentaux, la voie du pouvoir de l'esprit sur la matière. Chacune est dépositaire d'une connaissance qui permet à l'homme de s'ouvrir à sa mémoire cosmique[3] pour s'éveiller à sa dimension universelle.

---

2. Les grands ancêtres à l'origine des humains.
3. Ce sont les connaissances d'origine cosmiques contenues dans nos cellules ; cf. *La Mémoire cosmique amérindienne*, Don Marcelino, éd. Louise Courteau, 2004.

La Prophétie arc-en-ciel est donc la réalisation de l'unification des quatre voies permettant aux hommes de manifester sur terre la lumière de la Source.

Lors de la « découverte » du Nouveau Monde, la rencontre qui devait se réaliser selon cette prophétie ne put avoir lieu. Le modèle impérialiste occidental est non seulement à l'origine d'un génocide humain, mais également culturel, car il a dévasté le mode de vie millénaire de ces peuples gardiens de la terre. C'est un fait qu'il nous faut aujourd'hui assumer ce lourd héritage ayant engendré un monde déshumanisé. Porteurs de la mémoire de ces connaissances ancestrales, nous avons tous la responsabilité de retrouver la voie de l'humain, « le chemin vert ».[4] La voie alchimique des druides et des sorcières de la tradition occidentale doit être réactualisée pour que s'ouvre l'ère de la cinquième médecine, celle de l'âme.

Structure et propos du livre

Ce livre transmet aussi une voie de l'unité entre les qualités complémentaires du féminin et du masculin. Il est la synthèse d'un enseignement reçu de guides spirituels des quatre médecines sacrées, qui nous ont inspiré les contes et légendes lors de rencontres à travers la voie des rêves ou lors de voyages astraux. Ces médecines s'appuient sur la vision universelle de l'être humain ayant réalisé l'unification de ses quatre corps (physique, énergétique, émotionnel et mental) pour naître à son corps de lumière. Les lois cosmiques ou de Mère Nature structurent leur connaissance de l'humain. Tout obéit à un principe de complémentarité ou de résonance des énergies constituant l'univers, tout est interdépendant. La Prophétie, dont nous avons reçu la compréhension d'un homme médecine péruvien de la tradition maya, annonce l'avènement d'un monde fraternel. Elle ne repose pas sur une vision utopique, elle transmet le cheminement intérieur que nous devons d'abord réaliser à l'échelle individuelle pour nous accomplir en tant qu'être humain. Ce cheminement suit un processus de guérison et d'ouverture à notre mémoire cosmique. Celle-ci nous éveille à l'amour qui unit tous les êtres vivants, nous permettant de participer à l'avènement de cette ère nouvelle.

---

4. La voie de la nature.

L'œuvre s'articule autour d'une jeune femme aspirant à se libérer de son histoire personnelle. Elle sera guidée par Don Hirmann, un homme de connaissance, qui l'amène progressivement à une perception, bouleversant tous les fondements de son être, à l'origine d'une ouverture de conscience.

Les connaissances transmises grâce au récit réactualisent notre compréhension de la psyché humaine. Elle repose sur la dynamique des énergies fondamentales qui sous-tendent l'univers. Elles informent le corps pour nous apprendre à nous mouvoir en accord avec elles. Trouver notre alignement grâce à cette écoute permet de valider toutes nos connaissances à travers le creuset de l'expérience. Apprendre à nous connaître nous permet de nous rendre accessible ou indisponible aux énergies qui fluctuent sans cesse dans le monde. Ainsi, nous évitons l'écueil lié à nos désirs et à nos attachements dans lesquels sont cristallisés nos peurs et nos traumatismes, bloquant leur libre circulation. La forme du récit se présente comme un grand mandala dans lequel l'imaginaire des contes, ainsi que le récit, apportent une compréhension de la Prophétie arc-en-ciel. Elle révèle la quête d'unité intérieure qui pourra mener à la réalisation d'une humanité créatrice et fraternelle. L'intention qui guide ce livre est donc d'inviter le lecteur à contribuer à mettre en mouvement la roue de la vie.

La voix des contes nous ramène à une tradition orale millénaire que l'on retrouve chez tous les peuples de la terre. Elle transmet la sagesse des anciens. Cette médecine de l'âme initiait les membres de la communauté à faire face aux défis de l'existence, aux forces chaotiques pouvant ébranler la structure de l'individu, l'harmonie de la cellule familiale ou du clan. Les mythes racontent l'origine des émotions sur le plan cosmique, tandis que les contes dépeignent leur expression sur le plan humain. Ces derniers reflètent l'une des deux polarités, féminine ou masculine, de la psyché. La singularité du récit est de faciliter la compréhension de l'humain dans son rapport aux lois qui régissent l'univers.

En père bienveillant, Don Hirmann incarne l'autorité qui permet à Ambre de grandir vers son autonomie. Il l'aide à s'extraire des entrelacs du mental pour se libérer d'une programmation transgénérationnelle. Il lui permet d'appréhender sa réalité à la lumière de son âme. Tout au long du récit, il la guide pour devenir une guerrière de lumière et assumer son rôle de guérisseuse. Il l'aide à prendre conscience des schémas erronés qui ont été véhiculés par une psychose collective séculaire.

La plupart du temps, les relations conflictuelles au sein du couple parental sont à l'origine de nos problématiques transgénérationnelles. Coupés de la sagesse de la Terre, nous sommes devenus des orphelins ayant perdu le lien à leur Mère-monde et au Père céleste des anciennes traditions. Lors de notre incarnation, nous héritons des mémoires traumatiques de nos aïeux. C'est pourquoi nous sommes tenus de remettre à jour tous les schèmes dysfonctionnels de notre arbre généalogique. Le travail intérieur n'apporte pas seulement une guérison du cœur et de l'âme, il permet aussi de s'éveiller à une nouvelle manière de percevoir la réalité et de nous positionner en conséquence. Dans la vie ordinaire, nous sommes prévisibles, prisonniers d'habitudes et de schémas de pensée ou de comportement qui conditionnent notre relation au monde. Retrouver l'équilibre des quatre corps est source de vitalité. Nous sommes alors en mesure de déployer nos dons et nos qualités, en permettant ainsi d'affirmer notre singularité. Créer de nouvelles manières d'être, de penser et d'agir, c'est devenir libre, pleinement vivant, heureux d'être nous-mêmes.

Rencontre lumineuse

J'ai froid jusqu'aux os rien qu'à l'idée de retourner à Paris. Je retrouve ce sentiment de tristesse que j'avais oublié. J'aurais tant aimé être une fille de cette terre, cette belle terre de Mongolie. Le nez collé au hublot, je contemple les nuages. Revenir à Paris m'est insupportable. Je regrette tant de quitter ce pays et les hommes qui l'habitent. J'inspire profondément pour étouffer un sanglot. Je sens l'odeur de mon cheval, beau cheval noir de cette terre sacrée, où la résine, encens naturel pour les prières offertes à la terre, parfume les forêts. J'ai tant aimé cette terre où j'ai appris à voir le vol des oiseaux comme autant de messages du Grand Esprit. Au cœur du silence de Mongolie, c'est étrange, les arbres, les pierres, le vent et les rivières nous invitent à la prière. Je savourais chaque instant en parcourant ces plaines silencieuses. Je retrouvais mon état naturel, portée par le souffle du ciel qui m'enveloppait comme un aigle royal sous son aile protectrice.

Les roues de l'avion heurtent la piste d'atterrissage. Une angoisse sourde m'envahit. J'ai l'impression que mon cœur est transpercé par les serres de cet oiseau de métal qui me ramène chez moi. Prise de vertige, j'appréhende ce qui m'attend, le monde est si différent ici. Je n'y trouve pas ma place. Un homme me sourit, je me ressaisis et prends mes bagages, qui me semblent soudain très lourds. Devant le hall de l'aéroport, j'appelle un taxi. En montant, je me cogne le genou contre la portière. Toutes ces odeurs de fumées qui sortent des pots d'échappement m'agressent. À peine suis-je assise dans le taxi que la nervosité me prend face à l'agitation inquiétante de cette ville, avec ses klaxons et le rythme fou de ses hommes aux allures d'automates. Où vont tous ces gens d'un pas si empressé, le visage fermé ? Et ces enfants qui pleurent de si bon matin, courant derrière leurs mères irritées ? Toute cette précipitation pour aller où ? Décidément, je ne vois pas où pourrait être ma place au milieu de ce paysage moderne, si absurde à mes yeux. Où est l'humain ? Où sont les sourires des enfants dont le regard pétille comme autant de joyaux à la rencontre de l'inconnu ?

Je revois ce visage arrondi, les joues rosies par le froid, avec ses deux petites fentes où brillaient deux étoiles, sa silhouette immobile m'observant avec curiosité. Je le regardais avec bonheur. Pas besoin de mots pour s'apprivoiser, un sourire unit nos présences. À ses côtés, un magnifique renne blanc levait sa tête ornée d'une belle ramure. Il me regardait. Un rayon de soleil perçait les nuages et les illuminait, m'offrant une vision féerique. Lentement, je m'approchai, l'animal n'était pas farouche. Je caressais ses bois au duvet agréable au toucher, ainsi que sa tête délicieusement douce. L'enfant, qui ressentait mon émotion, sautilla de joie. Derrière son dos, une femme secouait un seau. Aussitôt, il se mit à courir dans sa direction. D'un simple hochement de tête, elle m'invita à m'approcher. Accroupie, elle tirait le lait des mamelles d'un renne. Je l'observais et admirais ses gestes précis et efficaces. Tandis que je me penchais pour voir le liquide s'écouler dans le seau, elle saisit mes mains et me montra comment faire venir le lait. Puis elle me laissa traire seule. Je pris ma tâche très au sérieux, mais cela était plus difficile qu'il n'y paraissait. Je tirais sur les mamelles, serrais fort, encore plus fort, et essayais encore et encore, mais rien ne venait. Désappointée, je me tournai vers elle. La femme prit mon visage dans ses mains et éclata de rire.

Dans la yourte, elle me fit goûter le breuvage encore chaud. Que son goût était agréable au palais ! J'observais chacun de ses gestes et m'imprégnais de la chaleur de sa voix. Elle mit une bûche dans le poêle au milieu de la yourte, puis prépara le thé pour toute la famille. Assise confortablement, réchauffée par la chaleur du feu, je respirai le parfum de pin où se mêlait une petite odeur aigre de lait caillé, de feu de bois et de peau de bête. Je regardais la grand-mère portant à ses lèvres un bol de thé fumé. Son visage était si expressif que je ne me lassais pas de le contempler. Son relief marqué par le temps laissait entrevoir des expressions d'une fraîcheur enfantine. Ses yeux brillaient de malice. Elle était assise sur un petit escabeau bleu, telle une montagne de sagesse. Son regard laissait entrevoir les émotions les plus profondes de sa vie de femme, ainsi que les joies de la petite enfance. Son cœur était bon, cela se sentait et se voyait dans les rythmes de son corps. Lorsqu'elle levait les yeux vers moi, j'étais submergée par une vague de tendresse. Elle me voyait, elle me sentait, et son regard portait l'amour des êtres liés secrètement à la terre.

J'entends encore le petit Nara chanter de sa belle voix grave, tandis que sa sœur Linü tournoyait sur elle-même. Puis tout s'arrêta. Le bruit d'un choc retentit dans la yourte. Étendue par terre, elle se releva tant bien que mal et tituba en marchant vers moi, les yeux hagards. Elle avait l'air d'une petite ivrogne avec son visage tout rouge. Devant son numéro de clown, nous rîmes tous aux éclats. Elle me sourit en portant la main à sa bouche. Au creux de sa paume, une petite dent toute blanche venait de tomber. Aussitôt, le père, d'un air taquin, entonna un chant improvisé racontant l'histoire de la petite Linü qui avait perdu une dent.

La mère vint s'asseoir près de moi. Elle posa sa main sur la mienne. Lorsqu'elle me regardait, je me sentais mise à nu, mais son visage rayonnait de compassion. Le chagrin qui m'habitait depuis tant d'années refit surface. Les larmes coulèrent le long de mes joues. Mon cœur se mit à trembler, il fut ému comme un jeune animal accueilli dans le giron protecteur de sa mère. Mon corps se mit à vibrer de joie. Tandis que j'entendais battre mon cœur, je goûtai le silence que cette famille partageait avec moi. Dans ce cercle, j'avais ma place comme si j'avais toujours été là. L'âme de la terre rayonnait dans cette yourte, le chant de la vie résonnait dans nos cœurs.

– Mademoiselle... m'interpelle le chauffeur. La rue est barrée, voulez-vous que...

Je l'interromps, contrariée qu'il m'ait ramenée brutalement à la réalité, et lui dit sèchement :

– Vous pouvez me laisser au feu rouge.

En descendant, je glisse sur le trottoir gelé et manque de tomber. Je trépigne et grimace en me retrouvant face à ma rue, une allée bruyante avec une circulation au flux ininterrompu, même la nuit. Les arbres affublés de guirlandes ressemblent à des épouvantails alignés, tels des soldats dans une parade militaire. Tout en traînant ma valise derrière moi, je m'enfonce dans l'allée parmi les passants chargés de paquets. Les vitrines décorées pour les fêtes de Noël appâtent les foules. Elles semblent aspirées par un génie à l'appétit insatiable, qui satisferait leurs moindres désirs en les recrachant, les bras encombrés de cadeaux. J'ai vraiment hâte d'être au calme. Soudain, un bruit assourdissant de tôle froissée attire mon attention. Les gens s'attroupent autour des deux voitures accidentées. Un homme à la tête chauve vocifère des injures à l'encontre du conducteur qui vient de le percuter. Tout en regardant la scène, je continue de marcher et manque de tomber à la renverse, heurtée par un passant qui m'adresse ces mots :

– Désolé ! Je ne vous ai pas fait mal, mademoiselle ?

En grognant, je lui réponds :

– Non, ça va.

Il insiste en posant la main sur mon épaule.

– Vous êtes sûre ? Je cherchais le numéro vingt-huit lorsque je vous ai bousculée.

Impatiente, je lui réponds en montrant du doigt le haut du porche :

– Vous voyez, vous êtes bien au vingt-huit.

L'homme franchit le porche, je lui emboîte le pas, nous traversons le hall d'entrée. À la porte de l'immeuble, il sonne à plusieurs reprises à l'interphone. Personne ne lui répond. Il se tourne vers moi et me demande :

– Habitez-vous ici ?

Je suis irritée par son indiscrétion.

– Pourquoi cette question ?

Je remarque qu'il porte une tunique bleu nuit, dont le col est brodé de motifs traditionnels d'Amérique du Sud, avec un blue-jean et de belles santiags. Il pourrait avoir dans les soixante ans. Impatiente de rentrer chez moi, je n'ai pas remarqué que les traits de son visage fin à la peau mat, aux yeux légèrement bridés, et encadré de cheveux noirs, sont semblables à ceux des peuples de la steppe. Intriguée par l'incongruité de cette situation, je lui demande :

– Qui appelez-vous ? Puis-je vous aider ?

Il sort de sa poche un bout de papier.

– J'ai rendez-vous avec Mme Bègue.

– C'est ma voisine.

Je pénètre dans l'immeuble, il reste dehors. Au moment de prendre l'ascenseur, je m'aperçois qu'il tremble de froid.

– Voulez-vous entrer ? Vous pourriez l'attendre sur le palier, il y fera plus chaud.

– D'accord.

Dans l'ascenseur, nous sommes face à face. Il y a dans son expression quelque chose qui me ravit. Son regard brillant et intense me semble familier. Il me rappelle celui de la grand-mère mongole qui irradiait d'une profonde bonté. Arrivée au cinquième étage, je me dirige vers mon appartement et lui indique celui qu'il recherche. Il me sourit. Je referme derrière moi. Aussitôt, je sens les bras de la solitude m'étreindre. Je reste clouée à la porte, épuisée. C'est étrange, je croyais mon espace plus grand et plus lumineux. Je soupire, déçue. Le corps lourd et l'humeur maussade, je laisse ma valise contre la porte d'entrée. Je n'ai qu'une envie : prendre une douche bien chaude pour me délasser. La tête sous l'eau, je laisse mon corps se détendre peu à peu. Les yeux fermés, je savoure cette douce caresse de l'eau. Le téléphone sonne jusqu'à ce que le répondeur s'enclenche. La voix angoissée de ma mère met un terme à ce moment de bien-être. « C'est maman ! Réponds, ma chérie, je suis inquiète. Je t'ai laissé plusieurs messages. Toute la famille commence à s'inquiéter. On a peur qu'il te soit arrivé quelque chose, rappelle-nous dès que tu rentres, s'il te plaît... »

Je sors de la douche et enfile une tunique. Cette éternelle anxiété chez ma mère me poursuit, telle une ombre depuis que je suis toute petite. Elle m'exaspère et m'asphyxie. Dans cette relation, je n'ai aucune place, elle ne me voit pas et ne m'entend pas. J'aurais tant aimé qu'il en soit autrement et pouvoir être proche d'elle. À contrecœur, je consulte le premier message, c'est encore ma mère : « Coucou, c'est maman. Au fait, j'ai laissé un message à Romain pour l'inviter à fêter Noël avec nous. Je suis sûre que ça te fera plaisir... »

Une angoisse mêlée de colère m'envahit. J'ai envie de pleurer mais, dans un accès de rage, je jette le téléphone par terre et crie : « De quoi se mêle-t-elle ? Qu'est-ce qui lui a pris d'appeler Romain ?! » Je pénètre dans le séjour et m'effondre en larmes en voyant une photo de nous deux prise lors d'un voyage en Sicile. Si seulement je pouvais n'avoir jamais souffert de jalousie... mais, face aux femmes qui, en ma présence, tentaient de le séduire, je me sentais désemparée, cela me mettait à l'agonie. À cause de cette relation trop fusionnelle, il préféra retourner vivre dans son studio. Le cœur meurtri, je décidai de partir seule en Mongolie.

La poitrine oppressée, en manque d'air, j'ouvre grand les fenêtres. J'entends le bruit sourd des sabots d'un cheval au galop. Mon âme est captivée par le rythme régulier de ses pas résonnant sur la terre comme le battement d'un tambour. Un cavalier chante une mélodie printanière du peuple des steppes. La vibration de sa voix me guide comme l'étoile du Berger secourant les voyageurs égarés dans la nuit. Je me rappelle avoir entendu quelqu'un frapper. Je me précipite pour ouvrir, mais il n'y a personne, si ce n'est cet inconnu devant la porte de ma voisine.

– Madame Bègue n'est toujours pas là ?

– Non, dit-il d'un simple hochement de tête.

– Est-ce vous qui chantiez à l'instant ?

Il me répond par la négative. Un calme profond émane de cet homme. Poussée par un élan inhabituel, et pressentant quelque chose d'essentiel pour ma vie, je l'invite à entrer.

– Avec plaisir. Je m'appelle Don Hirmann, dit-il avec un charmant sourire.

– Et moi, Ambre.

Tandis que je m'apprête à lui préparer du thé, il se penche soudainement pour enlever ses santiags, me laissant coincée entre la porte d'entrée et son postérieur. Il se redresse, une botte dans chaque main, pointe son pied en direction de la porte entrebâillée de ma salle de bains et me demande :

– Je peux les ranger là-bas ?

Sans attendre ma réponse, il a déjà ouvert la porte. D'un air désapprobateur mêlé de surprise, il s'exclame :

– Oh la la, c'est le foutoir, ici !

Un sentiment de gêne m'envahit, je bredouille quelques mots pour justifier le désordre par terre, mais aussitôt il me tend sa veste en feutre en constatant :

– Vous avez oublié de la prendre.

J'ai une bouffée d'angoisse et suis contrariée par son comportement rustre. Je commence à regretter de l'avoir invité chez moi et cherche un prétexte pour écourter sa visite, mais il est déjà dans mon séjour en train de regarder les peintures, les objets et les livres de ma bibliothèque. Mal à l'aise, je ne sais plus comment m'adresser à lui. Son regard se pose sur une sculpture en bois qu'un ami m'a offerte. Il s'exclame :

– Ce loup est magnifique, il dégage force et douceur. Cette œuvre est très inspirée.

Il tourne lentement autour d'elle, scrutant ses moindres détails.

– En bas, le loup représente l'état animal... Et le torse nu de cette femme, qui surgit au-dessus de sa tête dans un mouvement spiralé, le corps tendu vers le ciel, symbolise joliment le féminin sauvage.

Son regard plein de douceur me touche lorsqu'il ajoute :

– C'est une belle représentation de la féminité.

Ses paroles me rassurent. Je lui propose différents parfums de thé. Il s'assoit, l'air jovial pendant que je prépare le plateau. J'entends de nouveau ce chant diphonique. Étonnée, je me retourne. C'est étrange, j'aurais juré qu'il venait de lui. Je suis curieuse de connaître ses origines. Il maîtrise parfaitement la langue française, malgré un accent prononcé, bien que mélodieux. Je pose la théière sur la table basse et m'empresse de l'interroger sur son pays, mais, au moment même où j'entrouvre les lèvres, il pointe du doigt un portrait de Romain :

– Il est beau, ce jeune homme ; c'est votre bien-aimé ?

Son regard me fixe avec une expression enfantine. C'est vraiment le dernier sujet dont je voudrais parler, surtout avec un inconnu, d'autant plus que le message de ma mère m'a déjà suffisamment contrariée. Je lui tends l'assiette de gâteaux dans l'espoir de détourner cet échange mettant mes nerfs à vif. Il semble vouloir me dire quelque chose, mais aucune syllabe ne parvient à mes oreilles. Je suis suspendue à ses lèvres, quand, soudain, j'entends le mot « jalousie ? » Un rempart dressé à l'intérieur de moi se met aussitôt à vaciller.

D'une voix douce, il me souffle :

– Vous ne devez plus vous cacher.

Face à cet homme, je suis comme une enfant à la fois intriguée et désorientée. Son comportement est aussi imprévisible que mystérieux, mais ses mots me touchent profondément.

– Vous ressentez de la jalousie, n'est-ce pas ?

– Oui, et je ne sais comment m'en libérer.

Tel un magicien, il a l'art de capter mon attention. Attentive, je guette ses moindres mouvements, curieuse et inquiète de savoir quel tour il me réserve. Avec un sourire bienveillant, il poursuit :

– Je sais que vous aspirez à connaître ce qu'est l'amour et que vous souffrez de tous ces états émotionnels qui se sont enclenchés au moment où vous vous y attendiez le moins, lorsque vous avez connu le grand amour. Il n'y a rien d'anormal à être traversés par ces états tourmentés. C'est le choix de l'âme venue sur terre pour s'éveiller à la sagesse de l'expérience humaine qui exige que nous relevions toutes sortes de défis. Les histoires et les légendes ont toujours été tissées du fil d'or de la conscience universelle pour éveiller l'esprit de l'homme à sa véritable nature. Tous ces mythes l'inspirent dans sa quête de vérité. Avec le temps, vous comprendrez le sens de votre parcours, aussi chaotique vous semble-t-il. Vous qui aimez les contes du monde, j'ai une histoire à vous raconter sur l'origine de la jalousie.

I

La Porte de la Jalousie

Les deux Serpents cosmiques

Il y a longtemps, fort longtemps, il n'y avait que le souffle de Père-Mère qui se mouvait dans l'univers, les étoiles et la Terre n'existaient pas encore. Un jour, tandis qu'il faisait un grand rêve, un gigantesque œuf arc-en-ciel se mit à flotter dans le vide du cosmos.

Une longue période de gestation s'était écoulée lorsque la voix de Père-Mère résonna dans tout l'univers :

– Mes fils, il est temps de sortir de votre sommeil.

Aussitôt, l'œuf vibra et se mit à trembler, deux fissures apparurent à la surface. De l'une surgit une immense tête reptilienne munie d'une puissante mâchoire d'où jaillit un son rauque ; de l'autre émergea une tête allongée pourvue d'un long bec d'aigle, d'où s'échappa un cri perçant. Les deux corps, saisis d'un tremblement frénétique, gesticulaient en tous sens pour s'extraire de la coquille qui se volatilisa en une myriade d'éclats dans tout l'univers... Les galaxies venaient de naître.

L'un sortit paré d'une immense paire d'ailes, le corps recouvert de plumes multicolores et de pattes munies de terribles serres. Il s'appelait Unchuk. L'autre, la tête rouge et le corps recouvert d'écailles aux reflets pourpres, presque noirs, montra une arête dorsale parcourue de longues épines. Dénué d'ailes, il était pourvu de quatre puissantes pattes. Il s'appelait Upac. Père-Mère leur dit :

– Mes fils, je vous confie une mission pour la venue des hommes : vous devrez créer une terre pour les accueillir. Je vous donne à chacun un œuf de lumière. Unchuk, à toi, je confie l'œuf multicolore et à toi, Upac, l'œuf noir à rayon rouge.

Après avoir prononcé ces paroles, Père-Mère laissa ses enfants face à leur œuf, dans le vide de la galaxie venant à peine de naître. Unchuk, plein d'enthousiasme, prit la parole :

– Regarde, Upac, je vais créer des montagnes, des rivières, des nuages, des arbres, non, des forêts !

Sûr de lui, dans un bruissement d'ailes, il se mit à tournoyer dans l'espace. Puis, plongeant ses griffes dans son œuf, il en fit jaillir une poignée de matière dorée qu'il parsema dans le vide. Éberlué,

Upac assista à la création d'un magnifique monde flottant. Avec une grande fierté, Unchuk s'exclama :

– Alors, n'est-elle pas parfaite, ma créa...

À sa grande stupeur, elle disparut, totalement désintégrée. Upac éclata de rire et s'adressa à son frère d'une voix moqueuse :

– Tu aurais dû utiliser ta tête, petit frère. Il aurait fallu un fondement pour soutenir ton œuvre, c'était un peu hasardeux, ne crois-tu pas ?

Avec son œuf noir à rayon rouge, Upac commença par créer la Terre. Une grande boule sombre flotta alors dans l'espace. Dans son élan, il fit surgir de splendides montagnes, d'impressionnants canyons, des collines verdoyantes, des arbres gigantesques et des étendues de mer aux couleurs chatoyantes. Unchuk était subjugué devant ce véritable chef d'œuvre, mais son admiration fit vite place à une jalousie exacerbée, car il se convainquit que Père-Mère avait confié ses plus grands pouvoirs au seul Upac. Pris d'un accès de rage, il s'apprêtait à détruire l'œuvre en entier, quand soudain mourut toute vie végétale. Les océans se tarirent et la Terre se transforma en un vaste paysage stérile. Unchuk rit de plaisir devant le désastre. Son frère lança d'un ton accusateur :

– Père-Mère n'approuvera certainement pas que tu aies saccagé ma création. Pauvre idiot, tu as saboté la mission qu'il nous a confiée.

Injustement accusé, il se jeta sur son frère pour lui subtiliser son œuf et hurla :

– C'est à moi qu'on aurait dû confier cet œuf. Je vais te le prouver, tu vas voir de quoi je suis capable !

Upac, furieux, se précipita sur son frère pour récupérer l'œuf volé. Ils s'empoignèrent férocement, il s'ensuivit une lutte terrible. De leurs chocs émergèrent de gigantesques montagnes, et leurs chutes firent naître des trous béants à l'origine des lacs.

Au cours de la bataille, Unchuk lâcha accidentellement les œufs, qui se fracassèrent contre la terre et explosèrent en une multitude de couleurs. Les corps entremêlés, les deux frères assistèrent stupéfaits à la naissance des étoiles. Le regard ébloui, ils virent s'élever un immense soleil baignant la Terre d'une lumière dorée et une grande lune argentée. Ils assistèrent au spectacle merveilleux de la planète reprenant vie sous les rayons de l'astre solaire.

Unchuk réalisa son erreur : à lui aussi Père-Mère avait confié un grand pouvoir. Les yeux dans les yeux, conscients de leur stupidité, ils éclatèrent de rire. Dans un élan de joie, Upac parcourut la planète, semant avec ivresse toutes sortes de graines, tout en faisant apparaître des étangs, des rivières et des fleuves pour parfaire son œuvre. Pendant ce temps, Unchuk, le cœur rempli de gratitude, prit son envol en déployant ses ailes avec force pour souffler des vents où s'amoncelaient les nuages, offrant ainsi à la Terre une pluie nourricière. Euphorique, Unchuk tournoyait dans le ciel en tous sens et ses cris retentissaient comme autant de coups de tonnerre zébrant le ciel d'éclairs. Les deux frères se rejoignirent sous le Soleil, blottis l'un contre l'autre pour contempler leur création. Gardant le silence, leurs yeux balayaient les plaines verdoyantes parsemées de forêts luxuriantes. Ils se réjouissaient du spectacle merveilleux de la vie en pleine éclosion. Des myriades de fleurs de toutes les couleurs s'élevaient vers le ciel et exhalaient de délicieux parfums. Sous leurs pattes, ils sentirent croître des plantes qui se transformaient en arbres gigantesques, avec de multiples fruits appétissants. Ils survolèrent des régions montagneuses, avec leurs cascades et leurs torrents, et se portèrent de plus en plus loin vers les hautes chaînes de montagnes. Toutefois, c'est avec stupéfaction qu'ils virent alors que la moitié de la Terre était plongée dans l'obscurité. Les rayons du Soleil ne pouvaient l'atteindre ; glacée, toute vie l'avait désertée. Désappointés devant ces immenses territoires désolés, ils s'interrogèrent du regard. À cet instant, un rire tonitruant venu du fin fond de l'univers retentit, et une voix leur parvint :

– Mes enfants, le travail n'est pas encore achevé. Qui reçoit trop de lumière brûle.

Les deux frères constatèrent que les plaines et les forêts commençaient à roussir et virent que les eaux des rivières et des lacs s'évaporaient sous la chaleur. Unchuk comprit alors que l'absence de soleil tue, mais son excès également. Alors, une idée lui vint : « Il faudrait que la Terre se mette en mouvement. » Il s'adressa à Upac :

– Ensemble, nous pourrions y arriver. Toi, tu la feras tourner sur elle-même, ainsi tu créeras le cycle du jour et de la nuit ; moi, je la ferai tourner autour du Soleil, faisant naître le cycle des saisons.

Leur création achevée, Père-Mère inspecta la Terre et déclara :

– C'est parfait, je suis fier de vous. La venue des Ancêtres est maintenant possible.

Père-Mère fit apparaître huit œufs lumineux : deux rouges, deux jaunes, deux noirs et deux blancs. Il s'adressa ensuite à la Terre :

– Toi, Apama, fille d'Upac, tu seras leur mère.

Il déposa délicatement les huit œufs dans son ventre.

– Toi, Nuchalam, le Soleil, fils d'Unchuk, tu seras leur père. Tu veilleras sur eux.

Il s'adressa ensuite à ses fils :

– Lorsque les Ancêtres sortiront de leur coquille, vous leur transmettrez votre sagesse.

Après que bien des lunes eurent embelli les cieux, Unchuk et Upac descendirent sur terre pour assister à la naissance des premiers Ancêtres, les pères spirituels des futurs humains. Un couple d'homme et de femme à la peau noire fut suivi par d'autres à la peau cuivrée, dorée ou blanche. Les premiers Ancêtres vécurent en parfaite communion avec les deux Serpents divins.

D'innombrables saisons s'étaient écoulées, les divinités serpents se présentèrent devant les Ancêtres et leur annoncèrent :

– Il est temps pour nous tous de partir vers le royaume céleste. Notre départ annoncera un nouveau cycle, celui de vos descendants, les humains.

Les deux frères informèrent les Ancêtres que quatre anciens parmi eux auraient pour mission de prendre soin des huit œufs qu'ils allaient leur confier. D'une voix solennelle, ils désignèrent Utilakapan, l'Ancêtre rouge, puis Chulikan, l'Ancêtre jaune, Uchapak, l'Ancêtre noir et enfin Pachak, l'Ancêtre blanc.

Les deux Serpents divins et tous les autres Ancêtres franchirent la Porte du Soleil vers le royaume céleste.

Après une longue période de gestation, Apama se réjouit d'accueillir les premiers humains, quatre couples à la peau noire, cuivrée, dorée ou blanche. Les corps furent bénis par le souffle nourricier de la Terre, qui les enveloppa de sa lumière. Elle les confia ensuite au cercle des quatre anciens, qui leur offriraient leurs plus beaux chants pour leur insuffler leur connaissance. Quelle ne fut leur surprise quand ils s'aperçurent que les humains ne voyaient pas les deux Serpents cosmiques !

Lorsque Upak et Unchuk se présentèrent devant les quatre Ancêtres, Unchuk leur dit en riant :

– En grandissant, la plupart des hommes deviennent aveugles au monde des êtres de lumière et sourds à nos paroles. C'est pourquoi ils doivent être guidés. Votre mission est de leur apprendre à nous voir et entendre nos voix. Seuls dépositaires de la mémoire cosmique, vous serez les guides de l'humanité et les gardiens de la Terre. Viendra le jour, après que vous ayez, transmis aux hommes la sagesse universelle, où ils se disperseront dans les quatre directions pour explorer de nouveaux territoires. Ils oublieront alors, peu à peu, leur lien avec vous et celui qui les relie entre eux. Telle est la destinée de l'homme. Vous serez les quatre voies possibles qui les mèneront jusqu'à nous.

Récit I

La Jalousie

Don Hirmann a les yeux mi-clos. Les battements légers de ses paupières laissent percevoir l'éclat intense de son regard. Une douce lumière éclaire son visage serein. Sa respiration est lente et profonde. Il me regarde et semble attendre une réaction de ma part. Je commente ainsi son récit :

– La jalousie paraît naturelle, comme le vent, la pluie, le tonnerre et, plus surprenant, elle est à l'origine de la création. Cela me paraît paradoxal et en totale contradiction avec ma propre expérience. L'abîme dans lequel elle me plonge est si insupportable, ça ne peut pas être naturel...

Il acquiesce d'un hochement de tête.

– Le conte des deux Serpents cosmiques offre une perception qui permet de l'appréhender de manière plus apaisée. Cette émotion s'inscrit dans la trame de la construction de notre personnalité comme dans le processus de la création. C'est en traversant la

Porte de la Jalousie que l'homme peut s'éveiller à son humanité.

– Pourtant, la jalousie est l'expression de la peur et rend violent, tout le contraire de l'amour. Comment pourrait-elle participer à l'éveil de l'humain ?

Il me sourit.

– C'est difficile mais, avec le temps, vous découvrirez tout ce qui se cache derrière la jalousie, me dit-il d'une voix posée. Cette traversée est une expérience de vie et de mort.

Je le regarde d'un air interrogateur, je ne comprends pas. Son regard se pose sur mon cœur et y reste fixé quelques instants sans prononcer un mot. Je ressens une forte pression sur ma poitrine, qui révèle une faille derrière laquelle s'agite une douleur profonde. Je me sens soudain si fragile. Son regard me met totalement à nu mais, étonnamment, je suis en confiance avec lui. Je ressens la pureté de son être rayonner au plus profond de moi tel un soleil. Après ce moment de silence que nous venons de partager, la paix coule en moi. Son doux parfum m'évoque un champ de violettes.

Il boit une gorgée de sa tasse de thé.

– C'est bon.

En prononçant ces simples mots, il m'invite à accueillir cet état d'extrême vulnérabilité et à me voir avec de nouveaux yeux dans lesquels il n'y a de place pour aucun jugement. J'ai l'agréable sensation de pouvoir dévoiler mon être sans avoir besoin de me protéger. C'est un sentiment de liberté inouï ! Son regard ouvre en moi un espace dans lequel je sens que mes aspirations vont pouvoir prendre forme. Les étoiles brillent d'un nouvel éclat dans mon ciel intérieur.

Hirmann s'apprête à raconter une nouvelle histoire. Adossé confortablement contre les coussins, il commence à raconter...

Cristal et Aurore

À l'instant où les deux Serpents cosmiques créèrent la Terre, une multitude de mondes apparurent dans d'autres plans de réalité. Un de ces mondes était une petite terre à laquelle avait été donnée la magie. Elle était éclairée sans l'existence de soleil. Tous les habitants du royaume étaient plongés dans la joie et le bonheur, on l'appelait le pays de l'Éternel Printemps.

De nombreux règnes se succédèrent, puis vint un temps où une reine fut atteinte d'un mal inconnu. Toute joie avait quitté son visage, son corps s'affaiblissait et laissait apparaître ses os. Plus elle était rongée par ce mal inquiétant, plus son comportement paraissait étrange aux yeux de son époux. Effrayé, il la négligea de plus en plus, jusqu'au jour où elle fût totalement abandonnée par son roi, qui prit une nouvelle épouse. Affectée par les fiançailles, la reine destituée émit un cri effroyable et une ombre noire obscurcit en un instant le royaume, terrifiant tous les habitants. Devant ce phénomène effrayant, le roi exila son ancienne épouse, ainsi que tous ses fidèles serviteurs. Elle fut condamnée à vivre dans une tour dans une lointaine contrée. Des siècles plus tard, on pouvait encore entendre des récits de voyageurs colporter des histoires autour de la reine bannie. Certains virent des silhouettes fantomatiques murmurer de sombres litanies dans les forêts environnantes, d'autres perdirent des compagnons, pétrifiés par les hurlements effroyables d'une créature noire qui rôdait sur ces terres désolées. Des aventuriers racontaient aussi comment quelques téméraires moururent au simple contact de son regard glacé comme la mort. Peut-être était-ce le sort de ces malheureux qui fut à l'origine de son surnom de reine des glaces ? Nul homme n'osa plus s'aventurer dans ces contrées obscures et hivernales. La reine disparut des mémoires.

Des siècles s'étaient écoulés, le peuple du royaume de l'Éternel Printemps vivait à nouveau dans la joie et l'ivresse, auxquelles il était accoutumé depuis la nuit des temps. Un matin, le roi, assis sur son trône, attendait avec impatience son chambellan qui tardait à se présenter. Au moindre bruit, sa tête se tournait vers la porte donnant sur les appartements de sa dame. L'attente lui devint insupportable, il décida d'aller lui-même quérir les premières nouvelles auprès d'une de ses servantes.

– Votre Majesté, vous êtes l'heureux père d'une jolie petite fille.

Le souverain se précipita vers le balcon pour proclamer à son peuple la naissance d'une fille. Une lumière éclatante irradia dans tout le royaume, ses habitants avaient le cœur inondé de joie. Le roi se dirigea d'un pas énergique vers les appartements de la reine, laissant derrière lui un peuple en liesse. Elle contemplait, l'air ravi, le fruit de son amour et souleva le nouveau-né pour le présenter à son époux, qui s'approcha maladroitement du petit être. Il fut étonné par la chevelure noire et la peau diaphane de son enfant. Un léger malaise le traversa devant ce phénomène étrange. Il interrogea sa dame :

– Quel nom allons-nous lui donner ?

– Notre fille a la peau claire, nous pourrions l'appeler Cristal...

En entendant son nom, la petite princesse éclata de rire.

– Je crois que ce nom lui plaît, dit la reine en souriant.

De toutes parts, les habitants du pays de l'Éternel Printemps accoururent pour admirer la petite fille aux cheveux de jais et à la peau d'albâtre.

Deux années s'étaient écoulées quand un nouveau cri retentit, provenant des appartements de la reine. Au petit matin, une ravissante créature illuminait la chambre. Sa chevelure d'or reflétait la lumière et éblouissait les visiteurs subjugués par sa beauté. Elle apparaissait tel un ange auréolé de lumière. De toutes parts, jeunes et vieux vinrent au château, espérant recevoir une bénédiction. Une rumeur se répandit selon laquelle la princesse Aurore serait l'incarnation d'un ancêtre divin vivant aux temps anciens. Des fresques murales dans les temples et la salle du trône témoignaient de l'existence de ces anciens aux visages auréolés de lumière.

Le roi, fier devant sa beauté radieuse, la choyait tendrement. Il consacrait tout son temps à satisfaire ses moindres caprices. Jour après jour, le rayonnement d'Aurore éclipsait la beauté lunaire de sa sœur.

À sa cinquième année, Cristal prit conscience avec tristesse de n'avoir jamais reçu autant d'amour de la part de ses parents qui, pourtant, l'aimaient. Elle n'avait pas le moindre souvenir de gestes affectueux, pas même une étreinte dans les bras de son père. En revanche, Aurore lui exprimait souvent une affection débordante mais, peu habituée à de tels épanchements, Cristal ne parvenait pas à s'ouvrir à ses élans de tendresse. Au plus profond d'elle-même, quelque chose l'en empêchait.

Année après année, elle se réfugia dans un monde imaginaire dans lequel les âmes communiaient en silence les unes avec les autres. Elle rêvait de folles chevauchées dans des terres lointaines inexplorées. Solitaire, avec son cheval pour seul compagnon de route, elle se voyait aventurière découvrant des peuples aux coutumes étranges. Le jour, elle prenait plaisir à flâner dans le temple des anciens et s'émerveillait devant les fresques antiques. Face au portrait d'un ancêtre auréolé de lumière, les bras ouverts, le regard doux, elle s'évadait dans la rêverie. Elle souhaitait que ce prince céleste réponde à l'appel de son cœur assoiffé d'amour et d'absolu.

Un jour, un étranger vêtu d'habits somptueux vint à la cour sur un destrier noir orné d'or et de pierres précieuses. Personne n'avait jamais vu un homme aussi majestueux. Tous les regards étaient hypnotisés devant tant de noblesse. L'homme s'adressa au souverain en ces mots :

– Ô, grand roi du pays de l'Éternel Printemps, veuillez accepter ce modeste présent offert par mon prince.

Impressionné, le roi l'interrogea d'une voix respectueuse :

– Qui êtes-vous, noble sire ?

– Je me présente, ô roi, je suis Emerald. Autrefois, vos ancêtres nous appelaient les « Anciens ».

Le mage sourit au souverain qui ordonna d'une voix tout émue qu'un banquet soit préparé pour honorer son invité d'exception. Puis il demanda :

– Quelque raison particulière vous amène-t-elle au cœur de nos terres ?

Il présenta au roi la requête du prince céleste :

– Majesté, nos devins ont pris connaissance d'une prophétie qui présage la naissance d'une femme de lumière. Ses fiançailles avec notre futur souverain annonceraient une nouvelle ère, celle de l'union de nos deux mondes. Le prince m'a mandaté pour que vous honoriez sa demande.

Le roi, en l'écoutant, était convaincu qu'il ne pouvait s'agir que de sa précieuse Aurore. Enthousiaste, il s'adressa à la reine afin qu'elle veille à ce que leur princesse soit vêtue de ses plus beaux atours pour les festivités. D'une humeur joyeuse, il proposa au mage de conduire son destrier dans les écuries royales, où son palefrenier personnel prendrait soin de lui. En retrait, Cristal, qui avait entendu leur conversation, avait le cœur qui battait la chamade. « Est-il possible que ce dont j'ai toujours rêvé soit sur le point de se réaliser ? », s'interrogea-t-elle.

Le souverain ouvrit le banquet et invita son hôte prestigieux à s'asseoir. Au même moment, la reine et ses deux filles descendirent les marches de l'escalier qui dominait la salle de réception. Emerald n'avait d'yeux que pour la ravissante Aurore. Enchanté, il s'exclama devant le roi :

– Quelle jeune femme éblouissante !

Avec un sentiment de fierté, il s'empressa de lui répondre :

– C'est ma fille, la princesse Aurore. Me feriez-vous le plaisir de vous asseoir à ses côtés ?

– Ce serait un honneur, Majesté.

La reine s'approcha, et lui présenta ses filles qui prirent place. Tout au long du festin, il conversa avec la cadette, qui ne cessait de le questionner au sujet du royaume céleste et de son prince. Elle animait sans répit la discussion et captait toute son attention. Silencieuse, Cristal observait Emerald subjugué par sa sœur. Il était sous son charme et ne manifestait de l'intérêt que pour elle. Négligée par cet hôte, elle sentit poindre au fond de son cœur un sentiment de jalousie. Le roi, heureux de l'intérêt que portait le mage à sa cadette, s'adressa à lui :

– Voudriez-vous, noble ami, entendre la voix qui enchante le cœur de notre peuple ?

Le mage lui exprima son enthousiasme.

– Aurore, ma belle enfant, voulez-vous bien offrir vos plus beaux chants à notre aimable invité ?

Sa voix sublime envoûta tous les hôtes. Désespérée, Cristal s'éclipsa et s'empressa de chercher du réconfort auprès des chevaux qu'elle aimait. Ils étaient les seuls à partager avec elle une profonde complicité. Au fond d'un box, un superbe cheval noir à l'encolure ornée de pierres précieuses scintillait sous les rayons argentés de la lune. Il avait une magnifique crinière de feu, et ses lignes gracieuses lui donnaient une allure noble. Devant cette apparition, elle ne fit plus le moindre mouvement, de peur que se dissipât cette vision. Il se cabra et hennit, il l'invitait à s'approcher. Avec une vive émotion, elle caressa délicatement sa tête et l'embrassa. Malgré le réconfort de ce lien précieux avec son nouvel ami, le poison de la jalousie ne cessait de torturer son cœur. Vaincue par la violence de ce sentiment, elle s'abandonna aux larmes et se blottit dans la paille. Exténuée, elle s'endormit. Cette nuit-là, elle fit un rêve : elle pleurait, et un homme noir aux cheveux auburn et de grande taille se tenait près d'elle. Il essayait de l'apaiser. Elle le scruta des yeux.

– Suis-je dans un rêve ?

En guise de réponse, il lui sourit. Elle n'était pas rassurée devant ce qui lui sembla n'être qu'une ombre. Elle tenta de l'écarter en lui demandant de la laisser tranquille. Puis, elle s'éloigna en direction d'une clairière, laissant derrière elle l'inconnu. C'est alors qu'elle entendit une voix féminine l'appeler :

– Cristal ! Cristal ! Cristal !...

Intriguée, elle se dirigea vers l'endroit d'où provenait la voix. Assise sur la berge d'une rivière, elle aperçut une élégante femme. La lune éclairait son visage d'une blancheur porcelaine, porté par un long cou délicat où déferlait une chevelure de jais. Elle était d'une beauté étrange et elles semblaient toutes deux avoir un lien de parenté.

– Viens près de moi, mon enfant.

Cristal s'avança timidement.

– Comment se fait-il que vous connaissiez mon nom ? Je ne vous connais pas.

– Je te connais plus que tu ne te connais toi-même.

Puis elle l'invita dans son domaine. Cristal hésita, partagée entre la prudence et la curiosité. Quelque chose la poussait à la suivre.

Inquiète, elle se retourna et chercha l'homme du regard pour se rassurer. Il était toujours là.

Elle se réveilla en sursaut, et vit le mage qui la secouait :

– Princesse, est-il croyable que vous préfériez dormir dans la paille en compagnie de mon stupide compagnon plutôt que dans votre lit douillet ? Vous êtes une originale, cela ferait bien rire mon prince.

Elle le fusilla du regard et quitta l'écurie sans un mot. Toutes les nuits qui suivirent, la dame au visage d'albâtre venait lui rendre visite dans ses rêves. Elle l'entraînait vers sa demeure et lui présentait son domaine, avec ses vastes collines fleuries, ses arbres fruitiers et toutes les créatures qui enchantaient les lieux. Plus elle était sous l'influence de cette femme qui lui prodiguait une grande affection et la couvrait d'éloges, plus l'homme noir s'éloignait d'elle, jusqu'à disparaître totalement de ses rêves. Cela l'intriguait.

Entendre les rires d'Aurore en compagnie du mage l'attristait chaque jour davantage. Plus sa sœur exprimait sa joie, plus le poison de la jalousie la tourmentait. Un matin, face à son miroir, elle découvrit son visage maigre et pâle. Ses femmes de compagnie fuyaient sa présence et ses parents s'inquiétaient de son état. Elle se réfugia dans sa chambre, prétextant quelque migraine. Aussitôt, sa jeune sœur vint lui rendre visite dans l'intention de l'égayer ; elle lui raconta d'une voix exaltée toutes ses journées passées avec Emerald.

– C'est merveilleux, je suis certaine d'être la femme que recherche le prince.

Grisée, elle la quitta sans lui avoir accordé la moindre attention. Cristal vit son rêve s'effondrer brutalement et ressentit un profond sentiment de solitude. Désormais, sa seule consolation était de pouvoir se retrouver aux côtés de la Dame blanche qui lui témoignait son affection, comme si elle était sa propre fille. Un après-midi, très affaiblie, elle s'endormit dans l'espoir de la revoir.

Sur le chemin qui menait à la demeure de la Dame blanche, l'homme noir lui barrait le chemin. Pour la première fois, il lui adressa la parole :

– Ce chemin peut vous être fatal.

– Laissez-moi passer, lui lança-t-elle, furieuse.

Elle le repoussa violemment pour rejoindre la mystérieuse inconnue. L'homme la saisit par le bras et chercha à l'apaiser. Quand il plongea son regard en elle, une émotion intense la saisit et un désir violent la submergea. Il lui prit la main et déposa un anneau d'or au creux de sa paume en soufflant ces quelques mots :

– L'obscurité se révélera à la lumière.

Un lien semblait les unir, mais l'envie de rejoindre la Dame blanche fit taire l'élan de son cœur. Bien qu'il tentât de la retenir, elle s'engagea sur le chemin proscrit. Cristal arriva devant un immense portail noir en fer forgé. Elle hésita un instant avant d'entrer, quand la porte s'ouvrit toute seule. Dans l'allée jalonnée de sculptures aux expressions paisibles, elle continua de marcher et fut fascinée devant le spectacle d'une splendide fontaine, autour de laquelle dansaient des créatures féeriques.

La Dame blanche se tenait devant une bâtisse somptueuse. Elle l'accueillit chez elle en lui exprimant sa joie de la revoir. L'odeur d'une tourte aux fruits la réjouit. Tandis que Cristal s'avançait vers la porte d'entrée, les créatures enchantées qui se tenaient autour d'elle se mirent à fuir. D'une voix tremblante, la Dame lui ordonna de ne pas s'approcher d'elle.

Surprise par le ton de sa voix, Cristal se réveilla tremblante, le corps brûlant de fièvre. Elle ne comprenait pas pourquoi la femme l'avait rejetée si brutalement. Un froid glacial l'envahit, son souffle de vie s'échappait de son corps. Affolée, elle se demanda ce qui lui arrivait et sortit de son lit pour se précipiter vers le miroir. Son apparence était méconnaissable : ses yeux étaient cernés de noir et son visage émacié était blême. Horrifiée, elle poussa un cri d'angoisse. Bouleversée, elle sortit de sa chambre pour chercher de l'aide. En la voyant, les serviteurs se mirent à la fuir en courant, et certains hurlèrent :

– C'est la reine des glaces !

En descendant les escaliers, elle croisa Aurore, qui prit peur elle aussi. Sur tous les visages, elle ne voyait que frayeur et dégoût. Tous étaient horrifiés, même ses parents la rejetèrent comme une pestiférée. Face à leur hostilité, son cœur se glaça et une vague de froid déferla tout autour d'elle. Le sol se recouvrait de givre partout où elle posait les pieds. Elle sentit la folie s'emparer d'elle. Saisie d'épouvante et anéantie, elle s'effondra dans le couloir qui menait aux écuries.

Toute recroquevillée, elle n'offrit aucune résistance à la force ténébreuse qui l'entraînait de plus en plus profondément dans un sommeil sans retour. Peu à peu, tout se recouvrit de givre autour d'elle. L'âme meurtrie, Cristal sentit une main se poser sur son épaule. Une agréable sensation de chaleur se propagea dans son corps. Elle revenait peu à peu à la vie. Quand elle redressa la tête, elle vit Emerald, qu'elle regarda sans mot dire. Elle ne comprenait rien à ce qui lui arrivait.

– Mon enfant, vous n'êtes pas seule. Vous devez vous relever, quelqu'un vous attend.

Il lui adressa un sourire et alla chercher son destrier pour l'emmener. Dans la cour, les gens s'affolaient et criaient devant le ciel noir. Toutes les terres du royaume se recouvraient de glace. Il emporta la jeune femme tremblante à travers les terres, dans un galop dont elle se souviendrait. Sur une colline bordée de chênes, il la déposa au pied d'une grande pierre blanche gravée de runes. Il fit apparaître un portail rouge scintillant et se tourna vers Cristal :

– Le temps presse, mon enfant, la lumière se meurt et le froid envahit les cœurs. Vous devez franchir cette porte. Cette épreuve est pour vous seule.

Instantanément, elle se retrouva dans le domaine de la Dame blanche. Aussitôt, l'homme noir apparut et lui murmura :

– Vous avez traversé les affres de la folie en vous laissant piéger par la jalousie. Avez-vous gardé l'anneau que je vous ai offert ?

Elle lui montra le bijou qui brillait dans le creux de sa main.

– Souvenez-vous que la lumière demeure, même dans les ténèbres les plus profondes. Maintenant vous pouvez entrer.

Ces paroles ne la rassuraient pas. Circonspecte, elle ouvrit le portail. Quelle ne fut sa stupeur à la vue des sculptures aux corps torturés. « Où étaient passées toutes les magnifiques statues ? », s'interrogea-t-elle. Le ciel était sombre et le jardin lui parut hostile. Elle tressaillit de peur. Cernée par des ombres aux formes ignobles avec des yeux pleins de colères, elle restait tétanisée devant la tour de glace dressée devant elle en lieu et place de la belle demeure. Cristal fut saisie d'effroi lorsqu'elle s'aperçut qu'elle était au milieu de ces terres désolées décrites dans les récits de la reine des glaces, bannie il y a bien longtemps. Elle n'avait qu'une seule envie, s'échapper très loin de ce lieu maudit. À ce moment-là, elle entendit la voix d'Emerald retentir comme un écho. « Le moment est venu de faire face à l'épreuve de mort. »

La Dame des glaces apparut au pied de la tour. Son visage affichait une expression horrifiée, elle feignit d'être surprise de découvrir toutes ces ombres malfaisantes agglutinées autour de Cristal.

– Mon enfant, viens vite te mettre à l'abri, tu seras en sécurité près de moi.

Les membres raidis et les poings serrés contre sa poitrine, elle s'arrêta net, pressentant un danger encore plus grand. Une douleur fulgurante traversa sa main. Quand elle l'ouvrit, un anneau formé de deux serpents entrelacés avec un rubis au milieu de leurs têtes scintillait. Soudain, les ombres s'éloignèrent au contact des rayons lumineux. Elle le mit à son doigt pour se protéger des créatures. Les sombres silhouettes autour d'elle se tordaient de douleur en hurlant. Leur substance noire et visqueuse fumait tandis qu'elles se ratatinaient jusqu'à disparaître. Toutes les statues se fissurèrent et tombèrent en poussière. Une multitude de lueurs blanches se mirent à flotter dans les airs. Les âmes des serviteurs de la reine bannie et des hommes qui s'étaient aventurés dans son royaume étaient enfin libérées. Elle sentit son sang se réchauffer dans tout son corps. Le cœur allégé du poids de toutes les peines et colères, elle avait l'esprit en paix, désormais.

En cet instant de grande clarté, elle comprit jusqu'où pouvait mener la jalousie. Elle plongea son regard dans les yeux de la Dame des glaces et lui sourit. Craintive, la femme s'écria :

– Quand tu étais dans la détresse, j'étais la seule à être là pour toi, à te réconforter quand tu en avais le plus besoin. Je t'ai aimée comme une mère aime son enfant, s'exprima-t-elle d'une voix implorante.

Cristal se tenait droite, forte d'une nouvelle énergie.

– Êtes-vous sûre de savoir ce qu'est aimer ? Je ne vous juge point et ne souhaite aucunement vous faire du mal, dit-elle avec douceur.

Le corps de la Dame, secoué de tremblements, se métamorphosait en une veuve noire. Cristal s'approcha de l'horrible créature qui, affolée, se mit à reculer vers son antre. Elle tendit sa main vers la bête, acculée. Aussitôt, la masse hideuse de son abdomen se résorba, une tête humaine jaillit de cette monstruosité, qui finit par disparaître, laissant place à une femme nue. Elle paraissait vieille, vraiment vieille. La clarté chassa l'air vicié par tant de souffrance et de colère cumulées tout au long des siècles. Maintenant, au sol gisait une femme aux cheveux noirs et à la peau d'albâtre, le visage paisible. Les deux serpents se détachèrent du doigt de Cristal et s'enroulèrent autour d'elle. De cette danse circulaire jaillit le corps de lumière de la reine qu'ils emportèrent au ciel, devant les yeux éblouis de Cristal, qui s'évanouit.

Somnolente, elle sentit la tête d'un cheval contre son visage. Quand elle ouvrit les yeux, quelle ne fut sa surprise de découvrir qu'à la place de l'animal, un homme à la peau d'ébène lui caressait la joue ! Elle reconnut celui qui lui avait offert le précieux artéfact. Devant l'expression perplexe de la princesse, il se mit à hennir sans pudeur. Elle l'étreignit.

– Vous êtes le prince céleste !

Il l'embrassa avec passion. La terre et le ciel s'unissaient en elle. Sur la colline fleurie, Cristal devint femme et son corps connu la plénitude.

Récit II

La Jalousie

À la fin du récit, l'histoire de Cristal réveille des souvenirs enfouis, je me sens oppressée par un sentiment de malaise.

Don Hirmann pose sa main sur ma tête et prononce d'une voix très douce :

– Vous avez le droit d'être perturbée.

Je ne peux retenir mes larmes.

– C'est bien. Votre cœur est vivant, il vous parle. Le temps est venu de vous recueillir pour déposer les chagrins passés.

Une pluie de lumière m'enveloppe et dissipe toutes les tensions qui m'ont toujours habitée. La femme exigeante en moi fait place à une douce présence. Un nouveau sentiment s'éveille...

Il esquisse un sourire.

– Maintenant, vous savez comment accueillir les émotions les plus douloureuses.

Je ferme les yeux et visualise une scène de jalousie :

– Je porte toute mon attention pour accueillir les sensations liées à cette émotion, sans formuler le moindre jugement.

Il m'encourage à continuer.

– Telle une mère, j'enveloppe l'enfant en détresse et le regarde avec bienveillance.

Émue, je regarde Don Hirmann.

– Continuez.

– Je crée un espace d'amour où tout de moi peut être accueilli.

– Les émotions sont comme des orphelins avec lesquels il faut tisser des liens de confiance en leur donnant un foyer. Ainsi, elles retrouveront leur juste place.

Il marque un temps de silence avant de poursuivre :

– Ce sentiment de jalousie, tout le monde le ressent à un moment de sa vie. Nous éprouvons tous une certaine incomplétude qui nous fait ressentir envie ou jalousie à l'égard d'une personne qui possède quelque chose que nous croyons ne pas avoir. La seule chose qui diffère entre chacun de nous, c'est comment nous ferons face à cette expérience.

– Pourquoi éprouvons-nous tous cette émotion ?

– Pour vous répondre, je vais vous expliquer la genèse de la jalousie : au commencement, le nourrisson est en symbiose avec sa mère. Elle lui prodigue ce dont il a besoin, lui donne toute l'attention lorsqu'elle le caresse, le berce, l'écoute, lui parle tendrement et le regarde. Ce temps où la mère est dévouée à son bien-être tisse avec son petit un lien invisible indéfectible. Cette relation détermine la nature de son espace intime. Elle est la pierre d'achoppement sur laquelle se construit sa personnalité. Vient le moment où elle l'initie à laisser libre cours à l'expression de tous ses sens. Fort de cet enracinement, il trouve la confiance et l'équilibre permettant à sa conscience de s'ouvrir aux énergies du monde et au mystère.

Hirmann lève les yeux et se tourne vers le portrait d'une jeune femme mongole. Aussitôt des scènes me reviennent en mémoire.

– J'ai rencontré une belle famille nomade. La femme rayonnait d'une présence lumineuse. Elle impulsait le rythme au cœur de son foyer où chacun vaquait à ses occupations tranquillement, et même joyeusement, que ce soit pour traire les yacks, préparer les repas ou quand le père soignait les chevaux. Je me trouvais au cœur d'un dialogue invisible où chacun de leurs regards et de leurs gestes étaient naturels. Tout était une prière qui honorait la vie dans le quotidien. J'ai appris, à leur côté, la valeur de toutes choses, de tout ce que l'on peut recevoir dans un simple partage autour d'un repas, aussi frugal soit-il.

– En allant en terre de Mongolie, vous avez fait une belle rencontre. Dans ces vastes étendues sauvages, vous avez retrouvé les liens sacrés vous unissant à l'Esprit qui se manifeste dans la nature. Vous avez répondu à l'appel de votre âme. Lorsque la mère est unie, elle est dans la simple présence. Elle transmet au cœur de son foyer les énergies fondamentales du féminin.

Ces mots réveillent une faille dans ma poitrine d'où s'élève une angoisse, dont je ne comprends pas l'origine.

– Vous avez toujours aspiré à la paix, à l'amour et à l'harmonie. Cette douleur dans votre cœur exprime la nostalgie de l'amour absolu dont votre âme a gardé le souvenir et qui est confrontée aux mémoires de souffrances de votre arbre généalogique. Vous oscillez constamment entre état de grâce et chaos émotionnel. Pour faire face à la souffrance, il n'y a que deux choix possibles : soit on se coupe du plan de l'âme en se réfugiant dans la matière, soit on fuit l'incarnation pour se réfugier dans le monde spirituel. Dans les deux cas, il ne peut y avoir d'apaisement de la souffrance. Vous êtes allée vers un peuple qui a préservé le lien sacré qui l'unit à la terre, cette mère divine qui est toujours présente pour les âmes se sentant orphelines.

Il me regarde, puis me souffle ces mots :

– La Terre Mère vous porte avec amour.

– J'ai le sentiment que ces valeurs sacrées du féminin ne m'ont pas été transmises.

– Vous avez tout à fait raison, la transmission de cette sagesse ancestrale s'est rompue depuis de nombreuses générations dans votre arbre généalogique. Au fil des siècles, l'Occident s'est coupé de sa médecine qui le reliait à la terre. Je vous invite à regarder votre vie du point de vue de votre âme. Vous êtes venue pour guérir votre arbre généalogique, aussi vous ne devez plus vous culpabiliser de vivre une relation difficile avec votre bien-aimé. C'est en vous que vont pouvoir se réconcilier tous les conflits transgénérationnels. Pas à pas, vous vous éveillerez à la paix et à l'amour qui est en vous. Maintenant, nous allons pouvoir faire un voyage sur la terre de mes ancêtres.

La Quête de l'Oiseau de feu

À l'origine, les hommes ne formaient qu'un seul peuple guidé par les anciens. Quatre Ancêtres eurent pour mission de les conduire aux quatre coins du monde. Ainsi naquit le peuple rouge qui s'installa sur les terres que l'on appellera plus tard le Nouveau Monde. Ce peuple fut guidé par un Ancêtre rouge qui leur transmit la voie de la sagesse de la nature.

Longtemps après qu'il eut franchi la Porte du Soleil, ses membres se dispersèrent en petites tribus sur tout le territoire. Au nord de ce vaste continent vivait une tribu de chasseurs-cueilleurs, habitant dans des tipis en peaux de bête, qui s'étalaient dans une ronde harmonieuse autour d'un grand lac aux eaux tranquilles.

Atcheloma était un grand homme médecine, son nom était respecté à mille lieues à la ronde. Père de quatre enfants, Atchekemi, la fille cadette, était son apprentie. Otamawale, le fils aîné devenu un grand chasseur, fut choisi comme successeur du chef du clan, qui lui donna la main de sa fille Powani. Tous avaient reçu une vision[5] au moment du passage à l'âge adulte, excepté les frères jumeaux Watjunka et Watakane. Bien qu'au seuil de leur dix-neuvième année, ils n'avaient toujours pas reçu de vision leur indiquant la direction que devait prendre leur vie. On les surnommait les « inséparables ».

Un matin, ils se rendirent dans les montagnes pour recevoir leur vision. Ils devaient y rester quatre jours et quatre nuits, sans boire ni manger. Cependant, au bout du deuxième jour, Atcheloma, qui préparait les plantes médicinales, vit deux ombres pantelantes ressemblant à ses fils descendre de la colline. Tout heureux, il alla à leur rencontre, pensant qu'ils avaient chacun reçu la révélation de leur voie. Traînant leurs pieds fatigués, les deux garçons virent leur père s'approcher, la mine réjouie.

– Mes fils, je vous félicite, après deux jours de jeûne, vous êtes déjà de retour ! Je remercie le Grand Esprit et tous mes ancêtres de m'avoir donné deux fils aussi exceptionnels.

Sous le poids de telles louanges, Watjunka bredouilla. À ce moment-là, Watakane interpella son père d'une voix plaintive :

– Père, nous avons faim, cela fait deux jours que nous n'avons rien dans l'estomac. Nous sommes transis de froid et avons mal au dos à force d'être restés immobiles sur le flanc de la montagne.

Le père répondit d'une voix exagérément compatissante :

– Mes pauvres affamés, vous avez fait preuve d'un grand courage, c'est un vrai miracle !

Watjunka, tremblant, venait de percevoir l'ironie de ses paroles. Tandis que Watakane, qui n'avait toujours pas soupçonné qu'il les avait percés à jour, commença à tout lui raconter dans les moindres détails.

– Père, le premier jour, nous avons choisi un trou au sommet d'une montagne dans lequel nous sommes restés totalement silencieux. Puis nous avons observé le vol d'un grand aigle noir dont le cri était impressionnant. Ensuite, nous avons entendu les loups hurlant à la pleine lune. Nous avons eu très peur, et nous n'avons pas fermé

---

5. La quête de vision est un rite initiatique de purification dans la nature de quatre jours, afin de recevoir un message du Grand Esprit qui donne une direction ou révèle notre mission de vie.

l'œil. Le deuxième jour, nous étions toujours dans le silence et puis la deuxième nuiii... Aïe !

Avant même de finir sa phrase, un claquement résonna sur sa tête. Le visage rouge de colère, les mains crispées sur une baguette en bois, il les invectiva :

– Triple idiots ! Ne vous avais-je pas recommandé de trouver chacun votre propre lieu de pouvoir ?! Et d'une voix pleine de dépit, il ajouta :

– Cela fait déjà quatre années que vous attendez une vision. Il serait temps que vous rompiez le cordon ombilical entre vous. Que vais-je faire de vous ? À moins que vous ayez déjà choisi de vivre ensemble jusqu'à la fin de vos jours...

Devant leur expression penaude, il déclara d'un ton grave :

– C'est bien dommage, vous ne saurez peut-être jamais ce que le Grand Esprit vous destinait dans cette vie.

Songeur, il resta silencieux un instant, puis regarda en direction de leur campement et marmonna :

– Bon, rentrons maintenant.

Ils se dirigèrent vers leur tipi.

Atchekemi aidait sa mère à préparer le repas du soir. Un gros gibier fumait au centre du foyer pour fêter le retour des jumeaux. La famille était réunie autour du feu. Penchés sur leur morceau de viande, les jumeaux restaient muets. Leur cadette, un sourire aux lèvres, s'adressa à eux d'une voix malicieuse :

– Les oisillons inséparables, vous avez l'air bien grave. Le Grand Esprit vous a-t-il séparés, confiant à l'un, une tâche au pôle Nord et à l'autre, au pôle Sud ?

Ils ne rétorquèrent pas un seul mot à ses taquineries. Ils n'osaient pas lever les yeux, de peur de croiser le regard de leur père. Celui-ci prit à partie les autres membres de la famille :

– Savez-vous que ces deux héros n'ont pas trouvé mieux à faire que de coller leurs fesses l'une contre l'autre ? Ils espéraient, assis dans leur trou, que Wakantanka leur donnerait une vision d'un simple pet de lapin.

L'air contrit et honteux, les yeux rivés sur leur assiette, ils mâchouillaient en déglutissant avec difficulté. Wichikime, leur mère restée silencieuse jusqu'à présent, prit la parole.

– Il faut être patient, tu le sais, dit-elle en s'adressant à son mari. Ne sois pas trop dur avec eux. Ils ont leur raison d'être ce qu'ils sont. Cela nous déroute mais, bien souvent, les voies de l'Esprit sont insondables.

– Tu as raison, mais je les ai peut-être trop choyés, ils étaient si frêles quand ils sont venus au monde... Je m'inquiète pour leur avenir, ils se comportent toujours comme des enfants. Je n'ai pas réussi à leur apprendre l'art de la chasse ni à leur transmettre la sagesse des plantes et encore moins à susciter leur intérêt pour les histoires de nos ancêtres, qui forment l'esprit des hommes de notre tribu.

Le repas s'acheva sans que Watjunka et Watakane n'aient prononcé un seul mot. Ils ne comprenaient pas pourquoi leur père s'inquiétait autant pour eux, car ils étaient heureux d'être ensemble. De toute façon, ils ne s'imaginaient pas vivre autrement.

Avant de s'endormir, Atcheloma, d'humeur chagrine, s'allongea près de sa femme, qui le réconforta.

– Tu sais que tu as fais de ton mieux, aies confiance.

Songeur, il eut une pensée pour sa fille. Il fit une prière en remerciant la vie qui lui avait donné une enfant à qui il pouvait transmettre son don et ses connaissances. Cette nuit-là, il fit un rêve : debout au sommet d'une colline, se tenaient ses deux fils. Ils étaient subjugués par un esprit de l'eau au corps gracieux qui émergeait du lac. Ses cheveux ondulaient sur les courbes de ses hanches à la peau dorée. Elle souriait en recevant les rayons du soleil sur sa poitrine, quand le ciel s'assombrit soudainement. Les jumeaux furent foudroyés et propulsés par la foudre dans deux directions.

Aux aurores, Atcheloma contempla l'astre lumineux qui se levait au-dessus du lac. Ses rayons peignaient de couleurs rouge et orange les montagnes et les vallées alentour. La vie s'éveillait peu à peu sous une lumière éclatante. La question espiègle d'Atchekemi résonnait encore dans son esprit ; il perçut la sagesse de ses paroles lorsqu'il entendit deux oiseaux piailler de manière étrangement humaine.

Au-dessus de sa tête se tenaient deux pies qui se chamaillaient sur une branche. Elles se disputaient un petit caillou. Une turquoise roula à ses pieds et les deux pies s'envolèrent chacune de leur côté. Il remercia l'Esprit pour ce présage confirmant la voie à suivre pour aider ses garçons à grandir. « Il va falloir ruser avec ces deux gredins, pensa-t-il. Je ne parviendrai à les séparer qu'en les mettant à l'épreuve de la jalousie. » Son esprit élabora un plan. Comme à l'accoutumée, il partit toute la journée cueillir des simples. À la tombée de la nuit, il retourna au tipi, réunit ses deux fils et leur parla d'une voix solennelle :

– Cette nuit, l'Esprit s'est manifesté dans un rêve : il vous réserve de grands pouvoirs. J'ai vu notre tribu chanter votre nom.

Il marqua un temps de silence devant leurs expressions subjuguées.

– Il a ordonné que vous partiez en quête de l'oiseau de feu. Vous devrez capturer vivant cet oiseau rare. Il arbore une longue crête dorée, un plumage orangé et son caquètement est proche de celui de la pie. J'ai entendu dire qu'il se trouvait au-delà des montagnes de l'Ours.

Il s'amusait intérieurement de leur expression émue et se félicita de son stratagème.

– Demain à l'aube, ce sera une journée propice pour partir.

Atcheloma leur annonça sur un ton qui se voulait dramatique :

– Mes fils, sachez que le Grand Esprit ne tolérera pas que vous reveniez bredouille. Il en va de votre vie. Je n'ose imaginer votre sort si vous n'accomplissiez pas cette quête. Je vous avertis que je ne pourrai en aucun cas intercéder en votre faveur, même pour vous sauver.

Les jumeaux se dévisagèrent, l'air accablé par ces dernières paroles. Ils connaissaient l'étendue de son pouvoir et savaient qu'il ne plaisantait pas. L'enthousiasme avait quitté leur visage et c'est à contrecœur qu'ils préparèrent leur paquetage pour le lendemain. Ils passèrent une nuit agitée, imaginant les pires scénarios au cas où ils échoueraient.

Au lever du soleil, Watjunka et Watakane se tenaient dans le canoë avec deux beaux arcs et un carquois rempli de toutes sortes de flèches offerts par leur grand frère.

Atcheloma les regarda s'éloigner. Ils éprouvaient tous deux la crainte de partir loin de chez eux dans une aventure aussi périlleuse. C'était la première fois qu'ils partaient vers l'inconnu.

Le canoë glissait droit vers l'horizon sous un ciel rose et orangé. Ils accostèrent sur l'autre rive, où s'élançaient de grands pins. Fatigué et affamé, Watjunka s'adressa à son frère :

– Nous devons reprendre des forces. Arrêtons-nous un moment.

– C'est une très bonne idée, je suis épuisé moi aussi. Asseyons-nous là, ce sera parfait avec ces parterres de fleurs, répondit Watakane, enthousiaste.

Ils engloutirent toutes leurs réserves de nourriture. Repus et en proie à la fatigue, ils s'endormirent.

Tandis qu'ils étaient affalés dans l'herbe, au-dessus d'eux, leur père les observait perché au sommet d'un grand chêne, sous la forme d'un oiseau de feu. En les voyant, il pensa : « Ils ne changeront décidément jamais, ces deux-là. » Et il lâcha un caillou sur le crâne de Watjunka. Un grand cri de douleur retentit dans le silence de la forêt. « Aïïiee !... » Toute une nuée de corbeaux s'égailla au loin et son frère, réveillé par le cri, s'esclaffa à la vue de la bosse qui venait d'apparaître. Pendant qu'il tenait sa tête endolorie entre ses mains, Watjunka aperçut le fameux oiseau de feu à la crête dorée.

– C'est notre jour de gloire ! murmura-t-il.

Aussitôt, il banda son arc avec une flèche à embout de cuir servant à assommer le petit gibier. D'un bruissement d'ailes, l'oiseau s'envola en faisant une série de caquètements moqueurs. Sa flèche n'avait rencontré que le vide. Déçu d'avoir manqué sa cible, il proposa de partir à la poursuite du volatile. Durant des heures, ils tentèrent en vain de le capturer. Cet oiseau de malheur semblait deviner à chaque fois leurs moindres faits et gestes et les narguait en caquetant fortement à chacune de leurs maladresses. À la tombée de la nuit, à bout de forces et l'estomac vide, exaspérés, ils s'écroulèrent contre un arbre.

Le lendemain, dès les premières lueurs du jour, l'oiseau vint les taquiner, les tirant brusquement d'un rêve où ils s'apprêtaient à se régaler d'un grand festin. L'esprit embrumé, grelottant de froid, ils se plaignirent en le maudissant.

Tous deux se lamentèrent de leur malchance : « Retournons au tipi de notre père », dirent-ils d'une seule voix, mais Watakane lui rappela les paroles de mise en garde de leur père. Aussitôt, Watjunka, à l'idée d'une mort foudroyante, renonça à faire demi-tour. L'oiseau se mit à sautiller de branche en branche en sifflotant. Il semblait beaucoup s'amuser de leur état pitoyable. Face à ces moqueries, Watjunka suggéra :

– Oublions-le et allons plutôt chasser.

– Tu as raison, allons-y, dit Watakane, dont le ventre se mit à gargouiller rien qu'à l'idée d'un bon morceau de viande grillée.

Ils s'enfoncèrent plus profondément au cœur de la forêt. Comme ils n'étaient ni bons pisteurs ni bons chasseurs, ils se perdirent bien vite. Appuyés l'un contre l'autre, ils déambulaient comme des morts-vivants. À la nuit tombée, dans l'obscurité, chaque bruit les faisait sursauter. Serrés l'un contre l'autre, ils tremblaient de tout leur corps, quand ils virent une ombre à la forme inhumaine s'avancer lentement vers eux, en claudiquant. Leurs genoux s'entrechoquèrent si violemment qu'ils s'affalèrent, la tête enfoncée entre les jambes. Ils prièrent le Grand Esprit de leur venir en aide. Watjunka sentit une caresse velue dans son cou et des doigts crochus s'agripper à son épaule. Il se souvenait de l'histoire que racontait son père sur les esprits malfaisants qui enlevaient les enfants paresseux. Paniqués, ils hurlèrent de terreur en s'agrippant l'un à l'autre.

– Une petite vieille sans défense vous fait si peur ? constata une voix rieuse.

Watjunka, éberlué et soulagé, dévisagea la vieille femme : toute bossue, elle portait sur son dos un gros fagot semblant l'écraser. Son visage ridé était emmitouflé dans une sorte de capuche en peau de bête et son sourire grimaçant dévoilait une bouche édentée. Avec un rire nerveux, il bredouilla :

– Ce n'est qu'une vieille femme, tu peux te lever, Watakane.

– Mes petits, que faites-vous là en pleine nuit ?

Watakane, encore sous le coup de l'émotion, bégaya :

– No... notre p-pè...père nous a de...demandé de partir à la quête de l'oiseau de f...feu.

– Et votre père vous a demandé de le chercher à une heure pareille ?

– Euh, c'est que nous nous sommes perdus en pourchassant un lièvre, répondit Watjunka.

Et son jumeau, d'une voix faible, expliqua à la vieille :

– Nous sommes trempés jusqu'aux os, pouvez-vous nous aider ?

Watjunka, agrippé au bras de la vieille, supplia à son tour :

– Auriez-vous à manger et un petit coin pour cette nuit ?

– Il se peut que j'aie quelque chose à vous offrir, mais il faudra d'abord que vous m'aidiez à porter tout ce bois. Je suis vieille et n'ai plus votre force.

Ils acceptèrent de bon cœur la proposition, ragaillardis par cette aubaine.

Au fond d'une clairière se dressait un grand tipi blanc d'où s'échappait la fumée d'un foyer. Épuisés, ils s'écroulèrent devant la tente.

– Entrez vous réchauffer pendant que je range le bois.

Au centre, un feu crépitait. À leur plus grande joie, ils se précipitèrent pour s'y réchauffer. La vieille bossue entra en boitant. À la lumière du feu, elle retira la lourde peau de bête qui lui donnait cette apparence inhumaine. Interloqués, les yeux exorbités, ils virent apparaître une magnifique jeune femme. De longues tresses noires ornaient son visage aux traits délicats. Son regard les envoûtait. Autour de son cou, un pendentif en cristal brillait comme une étoile. Elle était vêtue d'un habit en peau de biche sur laquelle étaient incrustées de petites turquoises et des perles de toutes les couleurs. Les deux frères, incapables de prononcer un mot, restaient captivés. Ils rougirent, le corps saisi d'un trouble intense. La jeune femme se retenait de rire face aux garçons désarmés.

– On dirait que vous avez vu un fantôme, se moqua-t-elle.

– Mais, mais... où est la vieille ? bégayèrent-ils.

– Quelle vieille ? leur demanda-elle à son tour, en éclatant de rire devant leur expression ahurie.

Les deux frères s'interrogèrent du regard.

– Ce n'est pas possible ! reprirent-ils en chœur.

– Tout à l'heure, elle était laide et bossue, n'est-ce pas, Watjunka ?

– Oui, oui, confirma son frère avec conviction.

La femme revêtit sa peau de bête et les jumeaux virent réapparaître la vieille avec sa tête encapuchonnée. Stupéfaits devant une telle métamorphose, ils durent reconnaître leur méprise. Tous trois furent pris d'un fou rire.

– Je m'appelle Wanehani, et vous ?

Watjunka fit les présentations. Leur ventre se mit à gargouiller.

– J'entends que vous avez faim, leur dit-elle en souriant.

Avec ce qui lui restait de provisions, elle prépara un repas, qu'ils savourèrent avec plaisir. Sous le charme, tout au long de la soirée, ils la dévorèrent des yeux avant de sombrer dans le sommeil.

Les gazouillis des oiseaux célébraient le lever du soleil lorsque Watjunka se réveilla. Il fut étonné de voir que la couche de son frère était vide. Il repensa à Wanehani et voulut s'assurer qu'elle était bien réelle. Il la chercha du regard et la découvrit assise à même la terre devant l'ouverture du tipi. Avec lenteur, elle coiffait sa chevelure, qui brillait sous les rayons du soleil. Puis, avec délicatesse, elle tressa une natte. En tournant la tête, elle croisa le regard de Watjunka qui la contemplait. Celui-ci rougit et balbutia :

– Vous... vous... n'avez pas v... vu... mon frère ?

Elle fit signe que non de la tête et lui adressa un sourire éclatant. À la lumière du jour, il vit combien sa beauté était éblouissante. Bien qu'il fût gêné qu'elle l'ait vu troublé, il fut soulagé de constater qu'elle était bien réelle. Une voix joyeuse retentit à l'extérieur du tipi.

– Wanehani ! Wanehani ! J'ai apporté de quoi préparer un bon repas.

Watjunka le vit tenant fièrement un lapin dans chaque main. La jeune femme le complimenta :

– Quel excellent chasseur ! Grâce à toi, nous allons bien manger aujourd'hui.

Watjunka éberlué, apostropha son frère :

– Mais tu n'as jamais attrapé le moindre gibier...

– Il y a un début à tout, répondit-il fièrement.

– Avoue, tu l'as volé à un chasseur ?

Vexé, Watakane le foudroya du regard.

– Je ne suis pas un voleur. Je les ai chassés, que cela te plaise ou non !

– Bien, moi, je vais aller cueillir des baies.

– Oh, ne te fatigue pas, mon panier en est rempli.

– Watakane, tu feras un bon époux, affirma Wanehani en lui offrant son plus beau sourire.

Elle riait à toutes ses pitreries. Maussade, Watjunka bouda toute la journée. Le lendemain, à l'aurore, il sortit sur la pointe des pieds pour ne pas réveiller son frère. « Cette fois, c'est moi qui vais aller chasser le premier », pensa-t-il. Mais, en se dirigeant vers l'entrée du tipi, il se cogna la tête contre celle de son frère.

– Que fais-tu debout à cette heure-ci ?

– Et toi ? Moi, je vais dans les buissons, ça t'intéresse ? rétorqua Watakane, énervé.

– Moi aussi, marmonna Watjunka.

En un éclair, les deux frères disparurent dans l'obscurité. Ratissant toute la forêt, ils déployèrent toute leur ingéniosité pour capturer les plus gros gibiers. Au crépuscule, Watakane arriva enfin au tipi avec deux lapins dans chaque main qu'il tendit à Wanehani.

– Grâce à toi, nous allons encore avoir un festin ce soir.

Elle écouta avec plaisir ce que lui racontait Watakane. Il était transporté de joie devant ses yeux brillants d'émotion.

– Où est mon frère ? Il faut que je lui montre cette belle prise.

À ce moment-là, ils virent Watjunka arborer fièrement un énorme sanglier sur ses épaules. Il héla son frère :

– As-tu déjà vu une si grosse prise ?

Tandis qu'il se pavanait devant Wanehani, il déposa l'énorme bête à ses pieds. Elle sauta à son cou dans un élan de joie. Watjunka lança un regard de défi à Watakane, qui prit conscience que son frère désirait aussi conquérir le cœur de la belle. Il lui faudrait redoubler d'efforts et d'imagination pour la séduire. Il était déterminé à ne pas laisser son jumeau la lui ravir.

Atcheloma, du haut de son perchoir, riait en observant ses fils. Il n'aurait jamais imaginé qu'ils puissent devenir d'aussi bons chasseurs, même dans ses rêves les plus fous. Il éprouvait de la fierté en voyant ces deux gredins qui s'étaient épris de la belle jeune femme. Il pensa : « Ils sont bien ferrés ! » et savoura pleinement cet instant. Son plan se déroulait à merveille.

Le soir, autour du festin, Watjunka fit étalage de sa bravoure durant le combat féroce contre le monstrueux sanglier. Il l'agrémenta de détails qu'il amplifiait à souhait, allant jusqu'à montrer les égratignures sur son corps. Subjuguée, Wanehani, qui avait bu chacune de ses paroles, se précipita pour soigner ses plaies, appliquant avec douceur un onguent sur sa peau endolorie.

– Je l'ai préparé moi-même, précisa-t-elle d'une voix attendrie.

Il la remercia en caressant sa main.

– Je me sens beaucoup mieux.

Il la regardait tendrement dans les yeux quand Watakane sentit la jalousie le mordre tel un crotale se jetant sur sa proie. Il voyait, impuissant, Wanehani succomber au numéro de charme de son idiot de frère. Watjunka se pencha vers l'oreille de la jeune femme.

– J'ai un présent pour toi.

Il prit dans son carquois un paquet de longues feuilles nouées avec des brins d'herbe. Il les dénoua et les lui tendit des deux mains.

– Pour toi, Wanehani.

Elle retira délicatement les grandes feuilles et fut enchantée en découvrant deux magnifiques plumes d'aigle et une autre turquoise. Les yeux humides, profondément émue, elle lui donna un doux baiser sur la joue et s'éloigna pour ranger son précieux cadeau. Watjunka fut troublé par la chaleur de ses douces lèvres. Son cœur bondissait dans sa poitrine. Watakane, effondré, s'éclipsa pour aller dormir.

En plein milieu de la nuit, il fut tiré de son sommeil par un bruit. Il entendit la voix de son frère :

– Oh, ma belle Wanehani, c'est trop bon !

– Oui ! Oui ! Mon bel étalon sauvage !

Ils gémirent de plaisir en se murmurant des mots tendres. Pour Watakane, la nuit fut très longue. Il s'était recroquevillé sous sa peau de bête pour échapper à cette torture. Aux premières lueurs de l'aube, il sortit sans faire de bruit, erra le cœur plein de chagrin dans les sentiers ombrageux de la forêt. Plus il avançait dans les sous-bois, plus son cœur s'apaisait. Après que le vent eut sifflé dans son oreille, il eut une sensation étrange et reçut une vision : dans une forêt, apparut un grand cerf blanc majestueux. Il inclina sa tête, l'invitant à le suivre. Il marcha derrière lui avec les yeux émerveillés d'un enfant. L'animal disparut à l'approche d'un chemin conduisant à une petite clairière, où se dressait un très vieil arbre. Il fut attiré par un chant qui bouleversa tout son être. Puis il entendit une voix :

– C'est toi que j'attends. Oui, toi.

En se retournant, il vit une vieille femme qui offrait des feuilles de sauge aux esprits, que le vent emportait dans une ronde légère. Quand son regard se posa sur lui, elle le fixa avec intensité. Ses longs cheveux blancs argentés voilèrent son visage et la vision disparut.

Il sentit irradier dans sa poitrine une force lumineuse. Son cœur s'ouvrit, il était en paix avec lui-même et ne souhaitait que le bonheur des êtres qu'il aimait. Tandis qu'il flânait, il aperçut un ours brun qui s'efforçait d'atteindre un nid d'abeilles sur une branche. N'y parvenant pas, frustré, il s'éloigna en grognant, pourchassé par une nuée d'abeilles furieuses. Watakane en profita pour récolter l'excellent nectar.

Watjunka, qui guettait le retour de son frère, vit une silhouette marcher difficilement en direction du tipi. Inquiet, il alla aussitôt à sa rencontre. Son visage était tout boursouflé et rougi par les piqûres d'abeilles.

– Que t'est-il arrivé ?

La bouche déformée, il essaya péniblement d'articuler quelques mots :

– Tu vois bien, idiot !

Il lui tendit le nid gorgé de miel. Son frère éclata de rire devant son expression grotesque et l'aida à entrer dans le tipi.

– Allonge-le sur ma couche et apporte-moi de l'eau, ordonna Wanehani. Mon pauvre, tu dois beaucoup souffrir.

Tout au long de la journée, Watakane s'abandonna avec plaisir à ses soins. Watjunka, lui, était très contrarié de voir son frère devenir l'objet de toute l'attention de la belle Wanehani, qui lui manifestait bien trop d'affection à son goût. À la nuit tombée, fatiguée, elle s'endormit à ses côtés. Watjunka, rongé par la jalousie, ne put en faire autant.

Au milieu de la nuit, quand Watakane se réveilla, il ne ressentit plus aucune douleur. Wanehani, allongée près de lui, l'enlaçait. Il admira son doux visage et regarda sa poitrine se soulever au rythme de sa respiration. Il sentait son corps chaud abandonné contre lui. Il éprouvait un grand bonheur à la contempler dans son sommeil. Quand elle ouvrit les yeux et croisa son regard attendri, leurs lèvres se rencontrèrent pour un baiser passionné. Les deux amants se délectèrent du nectar enivrant de l'amour. Leurs corps enlacés s'abandonnèrent jusqu'à l'aube.

Aux premiers rayons du soleil, elle se leva, le laissant endormi. Watjunka, qui n'avait pas pu fermer l'œil de la nuit, était furieux contre son jumeau. Il alla droit vers la natte où il dormait l'air épanoui. Dans un élan de rage soudain, il tenta de l'étrangler et aboya :

– Tu as bien réussi ton numéro, tu es content de toi ?!

Ils s'empoignèrent férocement et roulèrent à terre quand une vieille femme entra dans le tipi. Elle leur frappa la tête de son bâton pour les séparer. Ils reconnurent avec stupeur Wanehani sous son affreux déguisement.

– Arrêtez de vous chamailler, les gronda-t-elle en riant. Vous n'allez pas vous entretuer pour une vieille bique comme moi, ajouta-t-elle avant de rire de plus belle en se tenant les hanches.

– Tu... tu... tu as une drôle de voix, remarqua Watjunka, troublé.

– C'est vrai, elle est bizarre, renchérit Watakane.

Elle s'arrêta de rire, reprenant difficilement sa respiration.

– Je n'ai jamais été une belle jeune femme, je vous ai joué un mauvais tour.

Watakane se leva pour enlever l'affreux déguisement, espérant trouver la belle Wanehani, mais ils virent qu'elle était réellement une vieille tout édentée. Ils se regardèrent, effarés, et s'exclamèrent d'une seule voix :

– Ce n'est pas possible !

Elle riait aux éclats en voyant leur expression déconfite.

– Nous sommes deux idiots qui nous sommes disputés les faveurs d'une laideronne !

Et tous deux partirent dans un fou rire nerveux. À ce moment-là, Atcheloma apparut, souriant. Choqués par cette apparition aussi soudaine qu'inattendue, en proie à une grande confusion, les jumeaux étaient au bord de l'évanouissement. « Que vient faire ici notre père ? », se demandèrent-ils.

Devant l'auvent du tipi, une jeune femme auréolée de lumière leur souriait. Déconcerté, Watjunka demanda à son frère :

– Tu la vois aussi ?

– Je... je la vois, moi aussi.

– Elle est bien réelle, conclut Wajunka, rassuré et très heureux de ne pas avoir été sujet à une hallucination.

Atcheloma et la vieille femme, qui se retenaient de rire, s'amusaient beaucoup de la situation. La belle Wanehani s'approcha.

– Je vous présente ma grand-mère, Cœur-de-la-Terre.

Atcheloma pris la parole.

– Où en est votre quête ?

Ils prirent soudainement conscience qu'ils l'avaient totalement oubliée. Watjunka, d'une voix grave, répondit en regardant son père droit dans les yeux :

– J'ai échoué, père.

Avec un sourire radieux, il lui répondit :

– Non, mon fils, tu n'as pas échoué.

Watakane, surpris, se tourna vers son frère et s'empressa de lui demander s'il avait capturé l'oiseau.

– Ça se pourrait bien, répondit son père en riant.

Et il désigna la jeune femme, qui prit la parole en regardant un des jumeaux amoureusement :

– Je suis Oiseau de feu.

Les frères se regardèrent et se comprirent sans un mot. Elle prit la main de Watjunka et l'entraîna à l'extérieur. Son frère, inquiet, interrogea :

– Et moi, père, qu'est-ce qui m'attend ?

– Ce n'est pas à moi de te le dire, mon fils, mais tout va bien, affirma-t-il en se tournant vers Cœur-de-la-Terre.

Watakane reconnut la femme aux cheveux d'argent qui lui était apparut dans une vision en pleine forêt. Elle avait le même regard profond en lui annonçant avec douceur :

– Maintenant que tu as passé l'épreuve de vie et de mort, je vais pouvoir te transmettre la sagesse de notre Mère Terre, puisque tu as été choisi par le grand cerf pour servir la voie des Ancêtres.

Récit III

La Jalousie

À la fin du récit, je suis révoltée par le stratagème imaginé par le père pour provoquer la jalousie entre les deux frères, dont la relation fusionnelle était heureuse. Face à ma réaction, Hirmann me dit :

– Vivre dans une sécurité illusoire ne permet pas d'être autonome. Est-ce là votre vision du bonheur ? Le père a usé de toute sa sagesse pour aider ses fils à franchir le rite de passage vers l'âge adulte. Chacun d'eux devait recevoir une vision, seul face à l'Esprit. Tel était leur défi, mais ils ont échoué, incapables de couper le cordon ombilical qui les reliait.

– Je n'avais pas vu les choses sous cet angle. Néanmoins, ce qui me surprend le plus est le fait que l'ouverture du cœur passe par l'épreuve de la jalousie. Cela peut-il se faire de cette manière ?

– La vie est une vaste mise en scène. Elle nous initie, en nous éprouvant à travers différentes situations, de manière à ce que nous expérimentions toutes les gammes de nos états intérieurs, afin que se révèle l'essence de notre être. La difficulté pour l'humain est de s'abandonner en toute confiance à ce que la vie lui donne à vivre. La force et la fragilité de son esprit sont les deux états qu'il doit apprendre à maîtriser pour atteindre un bon équilibre, soit son alignement entre le ciel et la terre. L'homme possède deux polarités : l'une, tellurique, qui lui vient de sa connexion aux énergies de la terre et l'autre, cosmique, qui le relie au plan subtil. Toute la quête de sens est de parvenir à trouver le juste alignement entre notre esprit et notre corps. L'union de ces deux dimensions permet la manifestation de notre lumière intérieure. Le centre de notre univers vibre alors en communion avec l'univers. Le sens de la création se révèle tout simplement dans cette danse entre les deux principes, féminin et masculin. Comprendre la nature paradoxale de la force et de la fragilité invite à voir, dans la force, la fragilité et dans la fragilité, la force. On retrouve cette nature oscillatoire au cœur même de l'atome, dans toutes les dynamiques du vivant, que ce soit dans les cellules de notre corps, le flux et reflux des océans et jusqu'à la grande respiration de l'univers. Tout ce qui anime le vivant est traversé par cette loi universelle : tout est vibration.

Je prends soudainement conscience de tous les efforts réalisés pour ne pas être dans une situation de faiblesse. Toute la volonté que l'on mobilise peut nous mettre dans une tension extrême, jusqu'à devenir ingérable. Lorsqu'une lame de fond surgit de nulle part et nous submerge, notre temps intérieur en est bouleversé.

– Les tempêtes émotionnelles qui se déchaînent en vous, charrient des mémoires de souffrances qui ne vous appartiennent pas. Ce sont des charges qui pèsent sur votre arbre généalogique depuis de nombreuses générations, c'est pourquoi vous êtes là. Ce n'est pas le fait du hasard, affirme Hirmann d'une voix chaleureuse.

Il rayonne d'amour. J'éprouve un profond sentiment de protection. Il insuffle en moi foi et confiance.

– Vous êtes sur la voie, prête à faire face à ce qui se cache derrière la Porte de la Jalousie.

À cet instant, je sais que je vais devoir me confronter à cette partie de moi que je rejette avec force depuis longtemps.

– C'est tout à fait naturel de vouloir échapper à la souffrance, personne ne la recherche, mais vient un temps où la vie nous invite à cesser de la fuir, sinon elle vous pourchasse indéfiniment. Son origine est liée à une division de notre énergie fondamentale lors de la descente dans l'incarnation. Nous perdons tous plus ou moins notre mémoire cosmique pour vivre pleinement notre expérience de la matière. Lorsque la mère incarne la qualité nourricière du féminin, elle invite l'âme de son petit à venir habiter son corps. Elle lui apprend à l'honorer en éveillant tous ses sens. Elle permet ainsi la rencontre entre l'esprit et la matière. Toutes les sagesses ancestrales célébraient la naissance comme un événement sacré qui unifiait le féminin, la mère sacrée, le masculin, le père sacré et Mère nature dans un rituel pour accueillir l'âme du nouveau-né lors de sa descente. La vie qui s'incarnait était accueillie dans la famille dans un esprit de communion.

J'interromps Hirmann :

– La société occidentale a totalement perdu le lien avec cette ancienne sagesse. Les valeurs du féminin ont été sacrifiées au profit d'un modèle patriarcal prôné par les institutions religieuses et le rationalisme scientifique. Nous vivons dans une société matérialiste qui n'accorde aucune place au sacré !

– Vous avez tout à fait raison. Toutes les traditions des peuples premiers reposaient sur l'équilibre entre les polarités féminine et masculine. Celles-ci représentent la verticalité s'érigeant à partir de l'horizontalité. L'équilibre de la création dépend de cette complémentarité. L'axe de l'univers repose sur ces deux principes. L'homme, telle une perle, symbolise la quintessence alchimique issue de l'épreuve de l'incarnation. Son défi est de réaliser les épousailles entre ses dimensions physique et spirituelle, le visible et l'invisible. En phénoménologie, on observe deux dynamiques qui obéissent aux lois de l'attraction et de la répulsion. Elles déterminent la construction de notre psyché. Ce point de vue permet de saisir toutes les subtilités liées à notre expérience de l'abandon et du rejet, qui sont les premières blessures originelles rattachées à la petite enfance. Elles seront d'abord ressenties comme une trahison avant d'être conceptualisées sous la forme d'une injustice.

Les paroles d'Hirmann entrent en résonance au cœur de mes cellules. Des larmes coulent le long de mes joues. Un profond silence m'envahit quand je sens une puissante présence féminine. J'entends au loin un appel et ferme les yeux. Apparaît une grande silhouette blanche. Quand soudain, nous nous retrouvons, ma mère et moi, à l'état embryonnaire, dans le ventre de la Mère originelle.

Dans ce voyage, nous sommes toutes deux portées par les eaux maternelles. Nos corps sont traversés des pieds jusqu'à la tête par les couleurs de l'arc-en-ciel, jusqu'à ce qu'ils vibrent d'une lumière chatoyante. Je vois alors ma mère, rayonnante, incarner la qualité nourricière. Elle est dans une communication pleine et entière avec son petit.

À cet instant, je vois qu'elle souhaitait m'aimer de cette façon, mais qu'elle ne le pouvait pas. De mon cœur s'élève un chant pour la remercier d'avoir fait tout ce qu'elle pouvait. Je sais, en deçà des mots et par-delà tous les maux, qu'elle m'a réellement aimée. Une fleur blanche éclot sur le ventre de la Déesse Mère, qui exhale le parfum du pardon pour toutes les mères qui n'ont pas pu donner cet amour dont l'enfant avait besoin.

– L'amour maternel commence à prendre racine au cœur même des cellules lors de la gestation. D'ailleurs, dans les traditions premières, dès la conception, une attention toute particulière était accordée à la future mère, qui vivait dans un espace protégé. Il était primordial qu'elle ait le cœur et l'esprit en paix pour envelopper le petit à naître de ses plus belles pensées. Ainsi elle pouvait créer un cocon de lumière pour accueillir le nouveau-né. Elle était cette mère divine qui participait à l'embryogenèse du fœtus. À cette étape, la qualité nourricière est cet amour qui tisse la matière pour recevoir toutes les énergies du futur bébé. À la naissance, il sort d'une relation de symbiose et se confronte d'emblée à la violence du monde extérieur. Il fait l'expérience incontournable de la souffrance, première loi auquel l'humain est confronté. Le nouveau-né connaît la séparation progressive avec la mère pour acquérir sa propre individualité. Dans le conte où les jumeaux vivent une relation fusionnelle, le père provoque délibérément la jalousie de ses fils, dans l'intention de les aider à grandir. Ils doivent se confronter à l'épreuve de la séparation pour suivre leur propre destinée. L'intelligence de la vie qui nous initie se retrouvait dans les rites de passage célébrés dans toutes les traditions anciennes. Celles-ci s'alignaient sur les rythmes de la nature et de ses cycles, pour que l'homme évolue en accord avec la roue du temps. Toutes les médecines sacrées visent à harmoniser les quatre corps pour traverser la vie avec foi, courage et détermination. Ces qualités sont les fondements de notre force intérieure. À chaque âge, un temps nous est donné pour vivre pleinement nos joies, nos découvertes, nos qualités et nos dons, mais parfois comme les deux frères, nous restons attachés au monde sécurisant de l'enfance.

Je me surprends à affirmer une vérité qui s'impose à moi :

– Ils refusent de faire face à l'épreuve de la vie qui les initie à travers l'adversité et la violence du monde. Chaque rite de passage exige de se positionner avec de nouvelles énergies. Or, ils préfèrent se réfugier dans leur propre univers douillet. Je m'aperçois que les mêmes peurs sous-tendent les choix de l'idéaliste que je suis.

– Ce n'est pas un mal en soi d'être idéaliste, à condition de ne pas se laisser enfermer dans l'imaginaire qui nous coupe de la dimension concrète de l'expérience. En ce qui concerne les jumeaux, il leur faut faire face au déchirement que provoque la jalousie. C'est une épreuve à laquelle tout être humain est confronté, sinon on ne peut voir la vraie nature de l'amour, qui se révèle dans le jeu de l'ombre et de la lumière. Dans le récit, Wanehani incarne la femme initiatrice et séductrice. En donnant son amour en partage aux deux frères, elle les a menés vers leur propre accomplissement. C'est en toute liberté que Wanehani choisira d'aimer Watjunka. Cette épreuve peut vous paraître terrible et même insupportable, ce que je comprends. Vous avez vécu une expérience violente avec votre bien-aimé et une femme rivale. Cet événement a réveillé les stigmates d'une ancienne blessure liée à l'abandon et au rejet. Ce qui sous-tend la problématique de la jalousie est lié à l'origine de la division de notre énergie fondamentale. Au cours de la gestation, la mère et l'enfant sont en symbiose, puis vient l'épreuve de la séparation physique à la naissance. C'est un choc pour le nouveau-né sur le plan énergétique. Le rôle de la mère pour préserver ce lien symbiotique sera fondamental dans le processus de construction, tant sur le plan physique, énergétique, émotionnel que psychique. Si elle vibre pleinement l'amour dans son corps, elle transmettra cette vibration au fœtus lors de la gestation. À la naissance, la joie de l'enfantement va envelopper le nouveau-né, avec la mère qui parle à son bébé et lui dit : « J'aime

ton petit pied, j'aime tes yeux, j'aime ton petit nez, ta petite bouille. »
Elle lui fait entendre qu'elle aime tout de lui, qu'elle va lui donner tout
ce dont il a besoin pour qu'il s'aime tel qu'il est. Lorsque la maman
est dans la présence, elle émet une vibration d'amour vers son nourrisson.

– En vous écoutant, cela m'évoque de magnifiques icônes de la
Vierge à l'enfant.

– Elles sont belles, n'est-ce pas ? Mais, attention, l'amour mystique peut nous éloigner de notre propre expérience de l'amour. Les
saints peuvent être une source d'inspiration, mais elle ne doit pas
devenir un modèle d'accomplissement auquel se conformer. En se
soumettant ainsi à une « autorité », nous y perdrions la valeur de
l'expérience personnelle, unique et singulière, au risque de nous
éloigner de notre nature fondamentale.

– Au risque de nous en éloigner ?

– Oui, nous sommes des êtres de lumière, notre champ énergétique
vibre selon la dynamique des polarités positives et négatives qui
nous constituent. Pour nous ouvrir à la conscience lumineuse de
nous-mêmes, il nous faut apprendre à les harmoniser. Or, le mystique qui se consacre à une vie spirituelle privilégiant les vérités de
l'esprit aux dépens des réalités matérielles crée une séparation entre
le profane et le sacré qui constituent le champ d'expérience menant
à la connaissance de soi.

Un doux chant de merle retentit à cet instant. Hirmann me regarde
avec une lueur dans les yeux :

– L'âme, tel un ange, descend pour nous aimer tels que nous
sommes. Elle nous dit : « Je t'aime avec tout ce que tu es, avec ta
lumière et toutes les mémoires de souffrances que tu portes. Accueille ma présence, je t'enveloppe sans rien rejeter de toi. Vois-tu
en ton cœur l'amour qui nous unit ? »

Le merle se tait et prend son envol. Un silence paisible s'invite. Chez
moi, tout semble être à sa juste place. Je m'éveille à la beauté de
l'instant présent. Hirmann acquiesce :

– C'est une illusion de croire que nous servons notre âme dans cette
quête mystique ou recherche spirituelle. Il n'y a pas de dichotomie
entre elle et le moi. Si l'homme trouve son équilibre entre ses aspi-

rations et ses désirs, il s'aligne en se positionnant de manière juste pour être transparent à la lumière de la conscience qui peut ainsi passer à travers la densité de nos mémoires, pour les illuminer et révéler que tout est amour. L'âme fusionne avec le moi, qui manifeste alors son essence divine. Vous comprenez qu'il n'y a pas de culpabilité à ressentir de la jalousie. Percevoir toute expérience d'un point de vue purement énergétique permet d'appréhender la vie de manière objective, c'est-à-dire impersonnelle. Dans cette perspective, nous pouvons mieux saisir le sens des étapes de transitions ou de grandes épreuves qui se présentent sur notre chemin. L'énergie qui anime le vivant est sans forme, c'est une intelligence vibratoire. La conscience humaine va définir une représentation du monde pour faciliter son évolution dans la réalité physique, mais lorsque celle-ci devient un concept ou une injonction imposant sa perception de la réalité, elle nous coupe de l'intelligence du vivant, qui est perpétuellement en mouvement. Elle fausse notre représentation de la réalité, qui inclut le visible et l'invisible. L'énergie fluctue toujours en nous et dans l'univers. Toutes nos émotions sont des vibrations obéissant à cette loi universelle. Nous vibrons et entrons en résonance avec le monde qui nous entoure. Et toutes les étapes de transitions qui appellent à un changement d'état visent à ce que nous entrions en contact avec notre force intérieure, notre être originel.

En écoutant les paroles d'Hirmann, je m'abandonne à un doux sentiment de paix. Mon esprit devient clair :

– Je vois chaque événement qui nous arrive sous la forme d'une vague gigantesque, brassant et soulevant continuellement les sédiments les plus noirs de nos profondeurs vers la lumière du soleil, pour révéler les ressources cachées à l'intérieur de nous.

– C'est une métaphore de la transmutation alchimique. Voyez l'attention de la mère qui enveloppe son nouveau-né à toutes les étapes de son développement, telle une mère-soleil éveillant les graines d'énergies indispensables à l'équilibre de sa personnalité. Cela étant dit, nous ne sommes pas parfaits, nous pouvons seulement faire de notre mieux. Et, quoi qu'il arrive, le plus beau des liens entre une mère et son petit est celui de la simplicité : quand elle émet une vérité qui émane de ce qu'elle est, avec tous ses états contradictoires, l'enfant a une intelligence sensorielle lui permettant d'appréhender ces phénomènes. Lorsqu'elle répond aux besoins fondamentaux de ses quatre corps, sa personnalité peut se construire de manière équilibrée. Il découvre deux dynamiques : la première est de se mettre en tension pour saisir, prendre, explorer le monde qui l'entoure ; la seconde consiste à exprimer ce qu'il ressent dans un état d'abandon, de relâchement. Il vit en toute innocence l'expression de son désir et de ses émotions. Il est dans la pleine jouissance de la vie.

– Et si une maman est angoissée ?

– Son champ énergétique va forcément vibrer de manière dissonante et le nourrisson, qui n'est que réceptivité à cet âge, percevra ses tensions sous la forme d'une répulsion, soit un rejet. C'est la non-transmission de cette qualité nourricière chez les mères qui provoque les carences à l'origine de la division au cœur de la structure fondamentale de l'enfant. Le germe de la jalousie naît de cette dualité. Je reviens sur ce point important, nous sommes fait de l'union de deux polarités contraires qui permettent d'appréhender le monde sous toutes ses formes. Si la mère vit un déséquilibre dans le jeu du yin-yang, elle induit inconsciemment le choix que prendra l'enfant. Selon les blessures de la mère, soit il s'adaptera à ses besoins à elle, au détriment des siens, jusqu'à apprendre à se sacrifier, soit il sera dans la revendication pour satisfaire ses propres besoins, jusqu'à céder à une forme d'avidité. On voit ainsi comment une relation symbiotique se transforme en une relation fusionnelle, pouvant aller jusqu'à provoquer des troubles graves du comportement, tels que l'anorexie ou la boulimie.

La confusion qui a toujours tourmenté mon cœur et mon esprit se dissipe. Elle fait place à une cartographie de l'être humain révélant une terre avec ses eaux souterraines et ses rivières irriguant un paysage unifié foisonnant de vie. J'ai la sensation agréable de sentir mon esprit s'enraciner dans mon corps. Je vois comment toutes les blessures d'abandon, de rejet, de trahison et d'injustice se sont cristallisées en Cristal, telle une malédiction. Il lui faudra se confronter au poids de la fatalité et de l'apitoiement qui emprisonnent les énergies de vie, non en rejetant l'ombre du passé qui la relie à la Dame des glaces, mais en apprenant à l'accueillir. C'est ainsi que sa quête aboutit à une réconciliation avec elle-même.

– Si l'épreuve de la jalousie est plus violente pour certains, sa nature reste la même. Que l'on soit renonçant ou avide, dans les deux cas, nous portons la même faille et recherchons une forme de complétude, celle de notre nature originelle.

Sur le seuil de la porte, Hirmann m'invite à noter mes rêves et siffle un air qui me rappelle les chants de l'Altaï.

II

La Porte de la Colère

Récit I

La Colère

Je sens que cet homme mystérieux va guider mes pas vers une nouvelle vie. Bien que je ne connaisse rien de lui, je suis prête à bouleverser mon monde pour m'ouvrir à cette sagesse du cœur qui s'exprime dans la simplicité. Sa présence rayonne d'une paix au-delà des mots, elle nous révèle notre lumière. Je sens que ce que je recherche depuis si longtemps devient enfin possible. Je suis déterminée à me confronter à tous ces états émotionnels qui entravent mes aspirations à vivre en harmonie.

Je note le dernier rêve que j'ai fait cette nuit, ainsi que me l'a recommandé Don Hirmann.

« Je me trouve avec des inconnus au bord d'une immense falaise. Chacun est invité à plonger sur le dos d'un grand oiseau blanc, au-dessus d'un gouffre où s'agitent les vagues immenses d'un océan recouvert d'écume. Si notre cœur n'est pas bon, l'oiseau nous emportera dans les eaux, pour disparaître à jamais. Plusieurs sombrent dans les flots. Le volatile continue sa ronde pour tous nous tester. Arrive mon tour. J'appréhende la chute, car elle est vertigineuse et pourrait être fatale. Sur le dos de l'oiseau, je plonge dans le vide. Puis il dévie de sa trajectoire pour m'emmener dans le ciel. Je me retrouve à voler dans les airs au-dessus d'un sentier sur lequel des hommes marchent en file indienne. »

J'ai l'agréable sensation que mes pas sont reliés au fil d'un rêve qui se tisse dans une réalité me dépassant.

Don Hirmann me guide à travers la voie des rêves. Il me transmet des exercices à pratiquer pour me renforcer et me met face à une situation m'invitant à changer mes habitudes, celle de me rendre toujours disponible aux autres. Je découvre combien il est important et nécessaire de préserver mon énergie pour évoluer sur la voie de la connaissance. Pour cela j'apprends comment me rendre inaccessible afin de porter mon attention sur ce qui me nourrit. Dans certains rêves, il insiste sur le fait de cesser de se plaindre pour solliciter la compassion, et dans d'autres, il me montre comment percevoir la souffrance d'un point de vue impersonnel.

Je prends conscience d'un penchant, celui de toujours chercher au-dehors un sentiment de bien-être. Je dois donc me départir de l'habitude de plonger corps et âme dans de multiples activités, qu'elles soient intellectuelles, artistiques, corporelles, sans jamais prendre le moindre repos, toujours volontaire et active, comme si ma vie en dépendait. Le corps a des limites que notre mental occulte. Il nous faut apprendre à le respecter pour nous éveiller à l'amour. Je suis déterminée à vraiment apprendre à m'écouter.

À la lumière de l'un de mes rêves, je comprends que les épreuves de l'enfance ne sont pas placées au hasard sur notre chemin : elles relèvent d'un véritable parcours initiatique. Les difficultés existentielles nous permettent de rechercher avec force une voie qui mène à la compréhension, à la paix et à l'amour. Les défis jalonnent le chemin de l'homme comme autant de zones d'ombre qu'il doit apprendre à mettre en lumière pour atteindre une compréhension globale, libre de toute croyance ou préjugé, dont sont issues la plupart de nos habitudes et de nos peurs.

Je prépare un thé et dispose deux tasses sur le plateau, quand je m'aperçois que je suis seule. Quelqu'un sonne à la porte... Pourtant, je n'attends personne. Puis j'entends siffler une mélodie qui m'est familière : Don Hirmann est revenu me voir. Heureuse, je lui ouvre la porte.

Après lui avoir confié ma difficulté à me libérer de la jalousie, il affirme d'une voix inflexible :

– Vous n'êtes pas jalouse : votre plus grande peur, c'est l'abandon. Le plus difficile pour l'être humain est d'accepter de se voir tel qu'il est. Perdre ses illusions exige honnêteté et courage. Ce sont des qualités essentielles pour s'engager sur le chemin de la connaissance de soi. Maintenant, vous êtes au seuil de la deuxième porte. Pour que vous puissiez la franchir, je vais vous raconter une histoire sur l'origine de la colère.

La Mère des Cinq Vents

Au temps où l'homme n'était pas encore né, Père-Mère de l'univers avait confié aux deux Serpents cosmiques Upak et Unchuk la mission de créer la terre qui accueillerait les humains.

Un jour, alors que les huit œufs allaient éclore sous les rayons de Père Soleil, Upak interrogea Unchuk :

– Comment parviendront-ils à être conscients d'eux-mêmes, puisqu'ils naissent aveugles à notre réalité ?

Unchuk réfléchit.

– Je sais ce qu'il faut faire.

Aussitôt, il gonfla sa poitrine. Elle enfla jusqu'à ce qu'elle libère un grand nuage blanc. Voilà comment naquit Mère Vent. Les deux Serpents cosmiques annoncèrent à Apama, Mère Terre, leur départ vers la Porte du Soleil, puis ils prononcèrent ces mots :

– Le moment est venu pour nous de disparaître. Toi, Mère Vent, tu as pour mission de raviver le feu sacré dans le cœur des hommes. Tu les aideras à voir que tout ce qui émane du sein de la Terre est un don des dieux qui leur permettra de s'éveiller à leur essence divine.

Les deux Serpents cosmiques s'illuminèrent et se fragmentèrent en une myriade de petites lumières. Une pluie lumineuse fécondait tout ce qui avait été créé sur la Terre, les êtres humains, les pierres, les arbres, les fleurs, les animaux, pour recevoir en leur cœur l'essence d'Unchuk et d'Upak.

Du haut de son royaume, Mère Vent s'émerveillait devant l'éclosion de tous les œufs de lumière. De magnifiques corps d'hommes et de femmes, rouges, jaunes, noirs et blancs apparaissaient. Ils étaient petits et frêles, mais vibraient d'un éclat et d'une force intenses.

Année après année, Mère Vent vit les humains se multiplier. Grand était son regret en constatant qu'ils étaient sourds aux paroles des anciens, qui ne parvenaient pas à leur transmettre leur sagesse. C'est alors que l'un d'eux vint lui demander de l'aide :

– Ô toi, Mère Vent qui incarne le souffle des Serpents cosmiques, aide-nous à réveiller la flamme dans le cœur de l'homme.

Aussitôt, la déesse comprit la tâche qu'elle devait accomplir. Elle gonfla et gonfla encore, puis vint le jour où elle ouvrit grand la bouche. Une légère brise s'en échappa, puis quatre autres vents : violent, glacé, très chaud et, enfin, puissant et instable. C'est ainsi que naquirent ses cinq fils.

– Brise, à toi, je donne la douceur ; tu es le messager de la joie. Vent violent, à toi, je donne la force agressive ; tu es le messager de la peur. Vent glacé, à toi, je donne l'intériorité ; tu es le messager de la tristesse. Et toi, Vent chaud, je te donne le courage ; tu es le messager de la passion.

Le cinquième attendait, impatient d'être nommé et de connaître ses qualités, mais elle demeura silencieuse et lui adressa un sourire pour seule réponse.

Un matin, sur la place du village, tandis que les hommes, comme à leur habitude, vaquaient à leurs occupations dans la plus grande indifférence, Brise apparut, s'élança dans une danse légère, effleurant la main d'une mère qui, soudainement inspirée par cette douceur, caressa tendrement son enfant endormi. Puis il frôla l'épaule d'un adolescent ; porté par son souffle, ses pas devinrent gracieux. Et Brise toucha le cœur d'une petite fille, qui ouvrit des yeux émerveillés devant le vol de papillons tournoyant autour d'elle.

Un après-midi, une meute de loups affamés rôdait autour du village. Vent violent, qui errait dans le bourg, vit un homme encerclé par eux. Il était sans défense et inconscient du danger qui le menaçait. Aussitôt, il l'enveloppa d'un grand tourbillon et pénétra en lui, insufflant la peur dans son cœur. Mû par cette émotion, il saisit une torche pour défendre sa vie. Les loups prirent la fuite devant les flammes. L'homme prit conscience du pouvoir de la peur.

Ce jour-là, il y eut d'innombrables victimes parmi les villageois. Insensibles, leurs proches les jetaient comme de vulgaires carcasses.

Vent glacé, qui les observait, vit qu'ils ignoraient le chagrin. Il cerna le village et s'immisça jusque dans leurs os. Leurs cœurs furent recouverts du voile de la tristesse et les larmes emplirent leurs yeux. Pour la première fois, ils ressentirent la douleur de perdre un être cher. Ce sentiment leur apprit à être à l'écoute de leur petite voix intérieure.

Tout l'hiver, les villageois, plongés dans une profonde tristesse, restèrent enfermés dans leurs maisons. Un après-midi, Vent chaud constata avec étonnement l'absence de toute vie dans les rues. Il força portes et fenêtres et vint réchauffer le foyer d'un couple en deuil de leur petit garçon. Chacun, en proie au chagrin, ignorait l'autre. Ils ne se parlaient plus. Il étreignit dans la chaleur de ses bras l'homme et la femme, qui ressentirent l'appel d'un désir fougueux. Dans chaque demeure, il faisait naître la flamme de la passion.

Pendant ce temps-là, Cinquième Vent vivait tapi dans le ventre d'une montagne. Il attendait désespérément de connaître sa mission pour être aux côtés de ses frères.

Des années s'écoulèrent. Apama était heureuse d'offrir aux humains tout ce qui les réjouissait. Elle appréciait la présence de ces petits êtres dont les pas résonnaient avec le battement de son cœur. Désormais, ils voyaient la manifestation des quatre vents qui leur insufflaient chaque émotion en accord avec le rythme des cycles de la terre et du ciel.

À l'aube, elle entendait les chants transmis par les anciens. Ils louaient et priaient le ciel pour que leur cœur soit toujours plein d'amour et de gratitude envers la vie et tous ses dons précieux. Cependant, il arriva un temps où Apama fut affligée de voir que la plupart des hommes ne s'abandonnaient plus au cours naturel des émotions. Ils avaient appris à en contrôler l'expression et les manipulaient pour influencer le cours des événements. Plus ils maîtrisaient cette aptitude, plus ils devenaient indifférents aux paroles des vents, succombant à l'orgueil et à l'avidité de pouvoir. Mère Terre vit que les quatre Vents étaient totalement impuissants face à l'obstination des hommes à vouloir façonner le monde. Ils créèrent une réalité avec leurs propres lois, assujettie à leurs seuls désirs. En s'opposant aux rythmes de la nature, ils devenaient une redoutable menace pour tous les êtres vivants. Quand Apama apprit qu'un cinquième fils de Mère Vent vivait depuis des années dans une caverne, elle décida qu'il était temps de le faire émerger de son sommeil.

– Qui me dérange ?

– Apama. Les humains sont devenus sourds et aveugles aux manifestations de tes frères.

– En quoi cela me concerne-t-il ? C'est leur affaire. Va-t-en !

– Écoute mes paroles, Cinquième Vent. Tes quatre frères ne parviennent pas à mener les hommes vers la voie de l'équilibre. Il est temps que tu te manifestes et fasses retentir ta voix. J'entends la colère tapie au fond de toi depuis toutes ces années. Ne veux-tu pas t'en libérer ?

– Je t'ai entendue.

Cinquième Vent, qui se sentait enfin utile, éprouva de la gratitude à l'égard d'Apama. Une petite tornade sortit de la caverne et survola les forêts. Il entendit la tourmente des esprits et la colère des animaux liées au chaos provoqué par les hommes. En traversant les océans, la tornade aspira la colère des esprits des eaux et gonfla jusqu'à devenir un cyclone. Il provoqua un raz-de-marée, qui engloutit la cité entière, tandis qu'un terrible déchaînement d'éclairs frappait les hautes murailles, qui s'écroulèrent comme un château de cartes. Les humains, qui se croyaient invulnérables dans leurs gigantesques tours touchant le ciel et s'enorgueillissaient tant de leur puissance capable de dominer les forces de la nature, furent balayés en un instant. À la fin de la journée, seule subsistait une terre désolée, recouverte par les eaux.

Une femme s'était réfugiée au sommet de la plus haute colline pour échapper au déluge. Cinquième Vent rassembla ses dernières forces pour raviver la flamme de l'amour enfermée en son cœur, car une colère sourde la coupait de ses sentiments. Ses frontières intérieures tout comme les murs de la cité s'effondraient. En s'unissant à sa rage, il lui permit de libérer un terrible cri, laissant jaillir une colère sacrée. Une partie de son être venait de se libérer d'une prison silencieuse. Elle se sentit reliée à ses frères animaux, aux arbres et aux éléments, qui exprimaient d'une même voix leur courroux contre la folie des hommes.

Mère Vent descendit sur terre et appela ses fils.

– Brise, Vent violent, Vent glacé et Vent chaud, vous avez accompli votre mission. À toi, mon cinquième fils, mon cyclone, ma tornade, mon ouragan, je t'ai donné la colère sacrée ; tu es le messager de l'humilité.

Cinquième Vent fut soulagé d'avoir enfin trouvé sa place auprès de ses frères. La femme sur la colline qui percevait la présence des esprits et entendait les paroles de Mère Vent, devant une telle puissance, se sentit aussi petite et fragile que la coccinelle qui venait de se poser sur sa tête. Une vague d'émotions les inonda. Cinquième Vent la vit le regarder. Il la prit dans ses bras et la posa sur le flanc d'une montagne où se tenait un groupe d'hommes et de femmes épargnés par le grand cataclysme. Une voix résonnait dans toute la vallée : un Ancêtre offrait son chant à toute la création.

Récit II

La Colère

Une bourrasque entrouvre les fenêtres qui se mettent à claquer violemment au moment où Don Hirmann termine son récit. Énervée par le bruit incessant, je me lève pour les refermer. Le froid s'est engouffré dans ma chambre et les grêlons agressent mon visage. Les plantes se sont renversées sur la moquette. Je suis très contrariée par cette intrusion. Je sens qu'une colère ancienne guette la moindre occasion pour s'échapper. Je remets de l'ordre rapidement. Je m'étonne de la coïncidence : chaque fois que Don Hirmann aborde une émotion, je m'y retrouve plongée ! À croire que, dans chaque situation, je suis au cœur d'une mise en scène habilement menée. Je retourne dans le salon.

Il me montre sa tasse vide pour me signifier qu'il aimerait encore boire du thé. Sa rudesse me surprend. Il ne m'adresse pas un seul mot, pas même un sourire pour me demander de le préparer. La colère monte en moi. Finalement, je dépose devant lui une théière fumante. En pointant son doigt vers mon ventre, il s'exclame d'une voix rieuse :

– Il y a un fauve qui grogne là-dedans.

Je me sens soudain menacée. Il lit en moi comme dans un livre ouvert.

– Il y a beaucoup de fauves en cage.

– Dès que je sens de la tension, de l'agressivité ou une communication trouble, je suis désemparée et en proie à la panique. Le doute m'assaille et mon monde intérieur en est bouleversé. Depuis que je me consacre entièrement à ma passion, tout ce que j'ai contenu en moi depuis l'enfance surgit d'une manière chaotique. J'ai pratiqué différentes techniques comme Feldenkrais, le Body Mind Centering et bien d'autres pour me libérer de mes tensions. Cela m'apaisait et rendait mes mouvements plus fluides, mais les angoisses persistaient. J'ai alors cherché l'aide de thérapeutes. Malgré tous mes efforts pour comprendre l'origine de mes états émotionnels, je n'ai rien pu apaiser en profondeur. Les états d'angoisse et la colère demeuraient toujours aussi vifs.

– Vous n'avez cessé de vouloir contrôler vos émotions et cela depuis trop longtemps. Parfois, elles surgissent de manière imprévisible et vous submergent telles des lames de fond.

– J'ai tout essayé pour me libérer de tous ces blocages, mais rien n'y fait. À toutes les auditions de danse et chaque fois que je monte sur scène, le trac me fait perdre mes moyens. Ce sentiment d'impuissance est exaspérant.

Hirmann montre du doigt le livre intitulé *Dompter le Tigre*.

– Je m'apprête à le lire...

Il m'interrompt :

– Vous recherchez l'harmonie, il est donc tout à fait légitime de vouloir trouver la maîtrise de soi. Or, il ne s'agit pas de dompter le fauve, mais de l'apprivoiser. Les émotions sont des énergies de vie qui ont leur propre intelligence. Elles sont tels des êtres vivants qui, réduits à vivre confinés, protestent et se révoltent contre leur geôlier, ce qui est tout à fait naturel. S'éveiller à leur sagesse demande une grande écoute et beaucoup de bienveillance. On peut avoir une autre perception de la colère, qui permet de ne plus la juger négativement. Prenez l'exemple de Cinquième Vent : il incarne la colère sacrée. Elle est une expression libératrice des énergies qui doivent circuler pour que la vie retrouve son rythme naturel. Lorsque son souffle va s'unir au feu intérieur de la femme, il éveillera en elle la colère qui se rebellera contre l'inertie et l'inconscience.

– Je n'aurais jamais imaginé que cette émotion puisse être perçue sous un angle aussi lumineux et jouer un rôle aussi essentiel dans notre vie.

Quelque peu désorientée, je regarde Hirmann qui semble amusé devant mon expression perplexe. Les frontières du monde que je croyais solides commencent à s'effondrer.

– La colère sacrée prend racine dans l'amour de la vie. Elle est salvatrice lorsqu'elle protège les forces vives de la création et préserve les rêves.

– Mais cette énergie qui nous traverse, comment savoir si elle est bénéfique ou destructrice ?

Je vois briller une lueur dans ses yeux. Il affiche subitement une expression implacable, une sorte de mise en garde qui ne tolère aucune indulgence. En une fraction de seconde son visage s'illumine d'un magnifique sourire.

– Vous avez vu la manifestation de la colère impersonnelle. C'est celle qui nous rend clairvoyant lorsqu'on a appris à l'écouter. Elle se distingue d'une colère personnelle, qui nous aveugle du fait qu'elle n'exprime que nos anciennes revendications et frustrations. À l'amorce du rite de passage de l'adolescence à l'âge adulte, l'enfant prend conscience de son individualité. Il fait l'expérience du pouvoir de la colère, qui l'aide à s'opposer aux limites et projections de sa famille qui ne répondent pas à ses aspirations. Cependant, elle est destructrice dès lors que l'on se l'approprie pour imposer ses désirs et soumettre le monde à sa volonté. Elle est également nuisible lorsqu'elle a été refoulée, car elle finit par se retourner contre soi.

– Je comprends maintenant pourquoi elle est devenue aussi incontrôlable et combien il était illusoire de croire qu'en cherchant à la contrôler, elle finirait par disparaître. Comment puis-je apaiser le fauve en moi ?

– Cela prend du temps, vous l'apprendrez au fil des histoires que je vais vous partager. Commençons par le conte de Petite-pierre. Ouvrez grand vos oreilles.

Petite-pierre et le talisman

Au cœur de la forêt, une petite créature venait de naître sur une roche réchauffée par les premiers rayons du soleil. Fine-amande sentit un cercle d'esprits protecteurs se former autour de son enfant. Ces êtres bénéfiques lui parlaient avec le langage secret de la nature. Dans un silence profond, elle souffla sur la plante des pieds de son nouveau-né et le long de ses jambes, puis, après une profonde inspiration, puissamment vers le nombril. Elle garda un instant les yeux clos, puis reprit une dernière inspiration pour former des cercles sur le cœur de Petite-pierre en soufflant délicatement du bout des lèvres. Un chant mélodieux de rossignol célébra cet instant unique. La brise matinale caressa la gorge et le visage de la petite qui émit un son cristallin et ouvrit de grands yeux. Ses mains cherchèrent à attraper la chevelure noire qui ondulait sur la poitrine de sa mère, recueillie dans une joie émerveillée. Son cœur battait tel un tambour victorieux. Elle offrait la création la plus magnifique qu'elle puisse partager avec Terre Mère, un petit être lumineux conçu dans la passion. La brise estompa peu à peu la brume qui les avait enveloppées de son voile pudique, offrant une vision enchanteresse aux arbres et aux esprits de la forêt alentour. Après que Fine-amande eut contemplé son visage, elle l'embrassa. Elle porta la main droite vers la terre qu'elle caressa et pria pour que son énergie créatrice et nourricière lui inspire force et courage. Puis elle posa sa paume sur le cœur et le petit ventre chaud pour que sa volonté soit guidée par l'amour.

Vint le moment de se mettre en route pour rejoindre le village. Elle serait seule pour élever son enfant car le père était un aventurier. Ils vécurent une passion intense, mais éphémère. Le cœur de l'homme était appelé par les grands espaces, aussi était-il parti après une longue nuit d'étreintes.

Depuis sa naissance, toutes les personnes qui côtoyaient l'enfant ressentaient aussitôt une profonde sérénité. À l'aube de ses cinq ans, un vieil homme surnommé l'Ancien-qui-savait-presque-tout observa un phénomène qu'il qualifia d'heureux présage. Lorsque

Petite-pierre s'approchait d'un nourrisson souffrant d'un rhume ou d'un mal inconnu, elle soufflait vers sa bouche et il se calmait pour s'endormir. L'ancien voulut que sa mère en soit avertie car, selon lui, la petite jouissait d'un don. Fine-amande, elle-même guérisseuse, pourrait l'aider, afin qu'elle accomplisse la mission que les esprits lui avaient confiée. Une veillée fut préparée. À la fin du repas, Petite-pierre, avec un lys blanc dans les cheveux, entra dans le cercle des sages. Tous étaient assis, silencieux, immobiles, autour d'un feu qui crépitait. Les flammes éclairaient leurs visages expressifs sous un ciel étoilé. Ils offraient au regard un tableau atemporel. L'enfant se dirigea vers une ancienne, lui prit le poignet gauche endolori qu'elle garda un instant dans ses mains, puis souffla sur son œil gauche. Bretelle était heureuse, elle avait retrouvé la vue et ne souffrait plus de son entorse. De ce jour, la nouvelle se répandit que Petite-pierre transmettait la force des esprits naturels. À l'âge de sept ans, elle découvrit le langage des pierres : les unes apaisaient les chagrins ou les tourments de l'esprit, les autres guérissaient les maux du corps.

Un matin, au bord de la Rivière Oubliée, tandis que la fillette se promenait, elle trouva un joli caillou bleu au reflet argenté qui racontait des histoires. Il la fit voyager dans un autre monde, emportée dans les airs par un cheval ailé gigantesque, sur une île céleste très loin de la Terre. Il lui parla avec sagesse du chemin de l'homme et tourna autour du Soleil pour lui remplir le cœur de lumière. Puis, s'étant glissée à l'intérieur d'une grande pierre blanche, elle devint roche. Son esprit lui parla des mystères du vaste univers qui les entourait. Chaque arbre, chaque fleur, chaque oiseau était unique et portait une âme créatrice de beauté et d'amour.

Le clapotis de la rivière ramena Petite-pierre sur les rives de notre monde. Elle garda précieusement le caillou dans une étoffe émeraude et demanda à sa mère un cordon de cuir pour la porter autour du cou. Le lendemain, elle fit un rêve où un enfant souffrait. Une voix mélodieuse lui indiquait quels gestes apporteraient la guérison. Elle reçut la bénédiction de cette femme qu'elle n'avait jamais vue mais avait l'impression de connaître depuis toujours. C'était mystérieux, sa présence lui était aussi familière que celle de sa propre mère qui l'éclairait quotidiennement de conseils, lui racontait d'anciennes légendes, tout en la réjouissant de ses rires éclatants. C'est au cœur de ses nuits que maints rituels, visions ou paroles de sagesse nourrirent son esprit, alors qu'elle était encore toute à ses rêveries d'enfant. Les mères inquiètes face aux maux de leurs nouveau-nés firent de plus en plus appel à Fine-amande pour que sa fille vienne se pencher au-dessus des précieux berceaux. Chaque fois que l'on avait besoin de son aide, il y avait un lys blanc déposé devant la porte.

Elle avait la passion de ces fleurs, aussi lui en offrait-on pour la remercier. En portant son souffle vers les nourrissons, Petite-pierre leur transmettait la lumière des esprits de la nature. Ainsi venaient au monde des enfants qui chérissaient les arbres, les fleurs, les pierres et les insectes, car ils entendaient leurs chants, sentaient leur amitié et partageaient leur imaginaire. Liés à une pierre particulière, certains accueillaient ses messages. Elle les ouvrait à une nouvelle perception du vent, de la lune, des étoiles et des animaux. Certains devenaient musiciens, utilisant cailloux, souches de bois et bruits de l'eau, imitant le vent, le tonnerre et les oiseaux. Parmi tous ces sons, comme sortis d'un écrin précieux, un chant cristallin irradiait, uni aux éléments.

Lors de sa onzième année, en se rendant au centre du village, Petite-pierre croisa un inconnu qui boitait, le pied droit enflé. Elle l'invita à venir chez sa mère, qui était guérisseuse. Il la suivit. Bien que peu soigné de sa personne, sentant mauvais, avec une barbe mal rasée et des cheveux roux attachés négligemment, il lui parut aussitôt sympathique. En arrivant à la chaumière, elle constata l'absence de sa mère. Elle proposa à l'inconnu, s'il le souhaitait, de préparer une bassine d'eau chaude pour faire sa toilette, ce qu'il accepta volontiers.

– Je m'appelle Reïn-art, et toi, jeune fille ?

– Petite-pierre.

– Je te remercie pour ton accueil. Tu m'as l'air bien dégourdie pour ton âge.

Il était impressionné par cette jeune fille si autonome et vive d'esprit avec un joli minois.

– C'est la première fois que je rencontre quelqu'un avec la même couleur de cheveux que moi, s'exclama-t-elle, toute joyeuse.

Il lui sourit.

– Ta maison est bien soignée, mais où sont tes parents ?

– Ma mère doit être auprès d'un malade, elle sera bientôt de retour.

– Et ton père ?

– Je n'en ai pas.

L'homme alla faire sa toilette. Quand il revint, elle le complimenta :

– Vous êtes beau, je ne m'en étais pas rendue compte.

Et tous deux se mirent à rire. À ce moment-là, Fine-amande arriva. Son expression se fit intense lorsqu'elle reconnut Reïn-art riant avec sa fille. Son cœur se mit à battre la chamade, elle trembla et sentit renaître sa passion, comme au premier jour. La petite s'éclipsa, sentant qu'il se passait quelque chose.

Au dîner, tout le monde était heureux et Petite-pierre, qui aimait bien Reïn-art, accueillit la nouvelle avec joie :

– Voici ton père, lui annonça simplement sa mère.

La famille enfin réunie connut le bonheur et la chaleur d'un foyer. La petite était heureuse d'avoir un père avec qui partager ses joies et ses peines.

Lors de sa douzième année, elle fit un rêve qui lui laissa une sensation désagréable et inquiétante : elle avait vu une ombre s'élancer sur la chaumière et renverser tous les pots remplis de simples. Pendant plusieurs jours, une angoisse sourde la tourmenta.

Un matin, pressentant que sa mère était en danger, elle courut jusqu'à la maison et trouva Fine-amande penchée sur ses fleurs. Un hérisson noir gigantesque se tenait derrière elle. Démesurément grand, il exhalait une odeur nauséabonde : celle de la haine, une très vieille haine...

Petite-pierre l'alerta du danger en la priant de se retourner très lentement. Fine-amande fut effrayée par l'aspect monstrueux de l'animal qui se rapprochait d'elle de plus en plus. Elle ne comprenait pas ce qu'il lui voulait, quand il la cogna du bout de son museau et la jeta à terre. Affolée par la bête qui se dressait sur ses pattes, Petite-pierre l'implora de ne pas faire de mal à sa mère. Il se tourna vers elle avec un regard noir et accusateur et, d'une voix pleine de colère, il raconta son histoire :

– Voilà bien des années, j'étais le père d'une portée de hérissons, quand j'ai assisté, impuissant, à la mise à mort de tous mes petits. Ta mère, ce jour-là, n'a rien fait pour les secourir. Elle restait indifférente à leur sort.

C'est donc contre elle que toute sa rage se tourna. Fine-amande pleura en ressentant le chagrin de l'animal et tenta de lui expliquer :

– J'ai essayé en vain de convaincre mes camarades d'arrêter de frapper tes petits avec leurs bâtons, malheureusement je n'ai pas pu empêcher leur jeu cruel. C'est alors que j'ai prié, espérant les sauver, mais il était trop tard. Devant leurs corps inanimés, j'ai promis de porter toute votre peine dans mon cœur.

Petite-pierre suggéra au hérisson d'une voix douce et compréhensive :

– Regardez-la avec de nouveaux yeux, elle rayonne de bonté. Vous pourriez laisser la colère vous quitter et votre chagrin s'en aller.

Aveuglé par tant de rancune accumulée tout au long des années, il ne voyait en Fine-amande que la complice de la mort de ses petits. Dans un élan de rage, il la renversa. Elle hurla de douleur, la peau transpercée par ses longs pics, tandis qu'il prit la fuite. Alerté, Reïn-art accourut auprès de sa bien-aimée qui gisait, blessée, et la porta sur son lit. Petite-pierre prit soin d'elle, effectuant les mêmes gestes précis qu'elle l'avait vue pratiquer sur les malades. Pour soulager la douleur, elle appliqua un onguent sur sa peau. Toute la journée, sa mère dormit profondément.

Tard dans la soirée, elle fut en proie à de terribles cauchemars. Petite-pierre fut réveillée et la trouva en sueur, la fièvre s'était emparée d'elle. Inquiète, elle fit appel à un ancien pour déceler le mal qui était en train de prendre possession de son corps. Il lui conseilla de lui prodiguer les mêmes soins sans s'inquiéter. Pour réconforter sa femme délirante, Reïn-art lui promit que, dès le lendemain, il pourchasserait et tuerait le monstrueux animal. Chaque matin, Petite-pierre prenait soin de nettoyer ses plaies d'où suintait un liquide noir et gluant. C'était horrible à voir. Au bout de plusieurs semaines, la fièvre s'était enfin dissipée, elle retrouva ses esprits. Reïn-art et Petite-pierre étaient néanmoins attristés : elle avait perdu sa beauté, amaigrie, frêle et toute recroquevillée, l'éclat de ses yeux avait disparu. Face à son impuissance, Reïn-art ressentait une colère grandissante. Jusqu'alors, sa fille l'avait convaincu de rester à son chevet plutôt que de poursuivre la maudite créature, mais il devenait de plus en plus difficile de le retenir. Il n'aspirait plus qu'à une chose : venger sa femme.

Une année s'écoula. Toujours aussi faible, Fine-amande restait alitée, l'esprit souvent absent. Tous les après-midi, Reïn-art, bien déterminé à tuer le hérisson, apprit à sa fille à tirer au fusil. Elle pourrait ainsi, le jour venu, tuer la maudite bête.

Incapable de vaincre le mal qui rongeait sa propre mère et affectée par l'humeur maussade de son père, la douce Petite-pierre s'en voulait chaque jour davantage. Pour les villageois, elle trouvait toujours un remède aux maux les plus rares, ce qui la contrariait d'autant plus. En proie à de profonds ressentiments, sa colère se retourna contre ses propres dons. Elle en vint à maudire le jour où elle les reçut et hurla à qui voulait l'entendre là-haut dans le ciel.

– À quoi me servent-ils si je ne peux guérir l'être que j'aime le plus ?

Une mère frappa à la porte.

– Mon enfant a la fièvre. Pourrais-tu t'en occuper ? supplia-t-elle d'une petite voix anxieuse.

À contrecœur, elle le prit dans ses bras. Il se mit à pleurer. À leur plus grande surprise, elle ne parvint pas à soulager sa souffrance. Énervée, elle déclara qu'elle ne pouvait rien pour lui, puis retourna aux côtés de sa mère. Tandis qu'elle lui parlait, Fine-amande sembla ne plus l'entendre ni même la reconnaître. Petite-pierre pleura. Ses dons l'avaient quittée, elle ne savait plus que faire.

Son nom retentit à plusieurs reprises dans le jardin. Elle reconnut la voix de l'Ancien-qui-savait-presque-tout.

– J'amène un guérisseur itinérant, il pourra peut-être soigner ta maman. Je te présente Mille-bonheurs.

– Bonjour, soyez le bienvenu, Mille-bonheurs.

Elle le conduisit dans la chambre de Fine-amande et lui dit avec tristesse :

– Son corps semble guéri, mais son esprit est ailleurs. Je ne comprends pas ce qui lui arrive.

Devant la malheureuse, le guérisseur resta silencieux. Il observa sa respiration, sa peau sèche et froide. Le pouls très lent et le regard inexpressif semblèrent lui indiquer le mal dont elle souffrait. Avec une expression grave, il murmura :

– Je vois.

Il posa une main sur la poitrine et le crâne de la femme et souffla. Puis il émit des sons rauques près de sa gorge. Son corps frémit légèrement. Mille-bonheurs leur déclara :

– Fine-amande est prisonnière d'une vieille promesse, mais c'est au-dessus de ses forces. Son âme est partie trop loin pour répondre à mon appel. Elle est en train de nous quitter.

Il regarda Reïn-art qui tremblait d'inquiétude et lui demanda :

– Connaissez-vous la nature de cette promesse ?

Petite-pierre répondit aussitôt :

– Lorsqu'elle était enfant, maman promit de porter la souffrance des parents hérissons dont toute la portée avait été tuée par ses camarades. Et le père, plein de ressentiments, est venu se venger.

– Je vois. Sa colère s'est transformée en haine et c'est ce poison qui l'affaiblit jour après jour.

– Que faire pour la sauver ? demanda le père.

– Il faut vite mettre un terme à cette promesse. Vous devez vous confronter à la bête, c'est la seule solution.

L'Ancien-qui-savait-presque-tout proposa de rester à son chevet et Mille-bonheurs donna à Petite-pierre un talisman en lui soufflant ces mots :

– Mon enfant, mes prières t'accompagnent.

Reïn-art et sa fille préparèrent quelques affaires avec des provisions pour pouvoir partir dès les premières lueurs du jour. À l'aube, munis de fusils, ils s'éloignèrent en quête des moindres traces qui les mèneraient vers la tanière du hérisson. Ils s'enfoncèrent profondément dans la forêt sans prononcer un mot. Le visage fermé, il marchait d'un pas nerveux ; essoufflée, elle peinait à le suivre. Quand il s'arrêtait pour manger ou dormir, il ne lui adressait la parole qu'avec brusquerie. Il arriva même qu'une nuit, il ne desserra pas les dents et ne mangea rien. Petite-pierre n'était pas rassurée et tremblait de froid. Elle entendit un bruit dans les fourrés et une immense masse sombre s'avança vers eux. Reïn-art, en proie à une folie furieuse, se dressa sur ses jambes, saisit sa carabine et hurla :

– Approche, monstre, approche. Je ne te laisserai jamais tuer Fine-amande, jamais !

Et tous deux disparurent parmi les arbres. Petite-pierre se retrouva seule au milieu de la nuit, Reïn-art et la bête courant bien trop vite pour elle. Malgré l'obscurité, elle tenta de les suivre en écoutant les moindres bruits qui pourraient la guider jusqu'à eux, jusqu'au moment où un coup de feu retentit. Elle se précipita vers l'endroit d'où provenait la détonation et vit une masse sombre prête à engloutir la petite silhouette de son père. Ils se tenaient face à face quand le hérisson haineux tomba ensanglanté aux pieds de Reïn-art, également blessé, qui fulminait de rage. Il hurla à sa fille :

– Tire, achève ce monstre tout de suite, allez !

Petite-pierre était tétanisée. Le hérisson tenta de fuir, mais sa blessure le fit tomber à nouveau. Elle ne cessait d'entendre les hurlements de Reïn-art qui lui ordonnait d'achever le monstre. Ces cris nourrissaient une rage enfouie en elle depuis plusieurs années, et une soudaine envie de meurtre la saisit. Elle voulait tuer la bête de tout son être. Son désir de vengeance la fit trembler. Elle voulait le voir souffrir autant que sa pauvre mère. Alors que la haine s'emparait d'elle, un léger son de clochettes retentit dans le silence de la nuit et des fées de lumière dansèrent autour d'elle. Le son cristallin de leurs voix toucha son cœur et leurs petits rires enfantins éveillèrent son âme. Devant leur beauté extraordinaire, le voile de haine qui recouvrait son cœur se dissipa. Le pouvoir magique du talisman qu'elle portait à son cou l'avait arrachée à l'étreinte d'une folie meurtrière. Soudain, les yeux pleins de larmes, elle reconnut cette bête monstrueuse en elle, prête à tuer par vengeance. Petite-pierre vit toute la noirceur qui l'habitait et comprit qu'elle avait le choix de répondre à sa colère ou de la dépasser en s'abandonnant à la voix des esprits de la nature, qui apaisait son cœur et élevait son esprit. Dans un éclair de clairvoyance, elle perçut le petit hérisson captif de l'énorme masse noire. La bête se dressa sur ses pattes pour l'attaquer. Elle braqua son fusil et visa l'ombre gigantesque.

– C'est sans colère que je te demande de partir. Je comprends ta douleur, mais nous tuer maintenant ne soulagera pas ton chagrin. Je ne souhaite pas te faire de mal, mais tu dois t'en aller à présent.

Elle posa son fusil à terre, saisit son amulette et la plaça devant le monstre, qui libéra un terrible cri de douleur tandis que la masse obscure de son corps était aspirée. Le regard haineux de la bête s'adoucit et se remplit de gratitude.

Petite-pierre remercia du fond du cœur Mille-bonheurs pour le précieux talisman. Puis elle aida son père à se relever pour reprendre le chemin du retour. Ils marchèrent le cœur serein. À leur côté, un petit hérisson blanc les suivait.

Récit III

La Colère

– Où pourrais-je me procurer un tel talisman ? Ce serait une aide précieuse.

Don Hirmann imite un grand sorcier faisant des incantations aux sonorités étranges, puis il incline la tête solennellement et dépose un joli caillou dans ma main.

– Il vous aidera à libérer tous les fauves en vous.

Je le garde dans le creux de la main en espérant secrètement que son pouvoir soit réel...

Il me demande :

– Est-ce que ça marche ?

– Comment pourrais-je le savoir ? La colère est enfouie en moi si profondément que je ne la ressens même pas. Mais j'imagine qu'elle ne peut pas disparaître d'un simple coup de baguette magique !

– Il y a beaucoup de bruit ! me dit-il en posant doucement sa main sur ma tête. Vous qui aimez les pierres, je vous propose de vous concentrer sur toutes les sensations que celle-ci vous procure.

Mes pensées se bousculent. Pour faire l'exercice, je ferme les yeux et me concentre sur mes sensations. La texture est douce et agréable, et calme ma respiration. Un espace de silence s'ouvre en moi après avoir posé cette pierre sur mon front. Je goûte pleinement cet instant.

– Maintenant que vous êtes en silence, visualisez une scène où vous étiez en colère. Et placez votre attention sur tout ce que cela provoque dans votre corps. Observez simplement ce qui se passe, sans juger.

Je plonge dans un souvenir douloureux. Une vague d'émotions me submerge, mais je reste attentive. Des larmes coulent, mon corps se relâche. En observant ma jalousie et ma colère, j'accepte enfin ce que je rejetais avec force. Je ne juge plus l'enfant blessé à l'intérieur. Je lui accorde le droit d'être triste et d'avoir mal. Je laisse la peine s'écouler au-dehors. Je sais maintenant que l'acceptation de cette partie de moi, retenue en cage depuis tant d'années, est la seule voie pour me libérer de ma colère et de mon chagrin. Le temps de la tyrannie du mental est révolu, place est faite pour rendre honneur au corps. Je découvre avec quelle simplicité il est possible de rompre le dialogue intérieur. Ce bruit persistant qui charrie jugements, re-proches et exigences, peut être réduit en ayant l'intention d'aimer le corps. Tel un talisman, il peut m'aider à traverser toutes les dé-sillusions. Retrouver le lien sacré qui nous unit à notre corps nous permet de nous ouvrir à toutes les énergies, pour laisser libre cours à son expression naturelle.

– Dans le silence, notre esprit trouve le calme nécessaire pour mieux appréhender la souffrance. Il devient possible de se libérer du men-tal qui alimente nos peurs et nous pousse à la fuir. C'est en éduquant notre esprit à porter son attention sur les sensations que nous ap-prenons à nous recentrer. Nous trouvons alors la force d'accueillir les émotions que nous avons rejetées.

Hirmann croise ses mains sur la poitrine. Je sens la valeur précieuse qu'il accorde à son corps.

– Maintenant que vous avez vu les fauves à l'intérieur de vous, vous savez qu'ils ne s'apprivoiseront qu'avec amour. Voici venu le mo-ment de vous conter une nouvelle histoire.

Le Tigre et le Samouraï

Un cri vigoureux retentit aux abords du quartier malfamé d'Edo. Dans la maison close des Camélias, un bébé hurlait dans les bras d'une femme parée d'un kimono luxueux, dont la longue chevelure noire descendait en cascade jusqu'à la taille. Son visage exagérément fardé avec des lèvres grossièrement maquillées laissait deviner une ancienne beauté. Des femmes tout aussi excessivement fardées vêtues de kimono aux couleurs défraîchies l'entouraient. Elles étaient impressionnées et riaient devant le nouveau-né.

– Comment un si petit corps peut-il libérer un cri aussi puissant ? s'étonna l'une d'elles.

La mère, agacée par les pleurs du bébé et ses coups de pieds, ordonna à l'une des prostituées :

– Fais-moi taire ce petit chiot, il va faire fuir tous les clients.

Otsune prit le nourrisson dans ses bras et tenta de le calmer. Elle le berça et, presque aussitôt, il s'endormit. La mère lui intima d'une voix criarde ne tolérant pas la moindre contestation :

– C'est toi qui t'occuperas de lui et je ne veux plus l'entendre brailler, c'est compris ?

– Quel nom lui avez-vous donné, maîtresse ?

– Aucun. Va-t-en avec ce petit bâtard et donne-lui le nom que tu veux, répondit la maquerelle irritée.

Elle frappa dans ses mains pour ordonner à ses filles de retourner se préparer afin d'accueillir les premiers clients. Otsune était charmée par le visage de l'enfant, qui semblait lui sourire. Elle lui donna le nom de Masama. Il grandit au milieu d'elles. Seul mâle de la maisonnée, il essuya chaque matin les injures de ces prostituées pleines de ressentiments et d'amertume à l'égard de la gent masculine. Il était contraint d'exécuter toutes les sales besognes, comme vider les pots de chambre, laver les tatamis, aller chercher le bois... En guise de remerciements, il ne recevait que des taloches. La seule personne lui témoignant de l'affection était Otsune, mais elle était peu disponible. Dès qu'il avait un moment de liberté, il observait les passants dans les ruelles. Chaque fois qu'un samouraï passait devant ses yeux, vêtu de son kimono et de son attirail guerrier, la démarche fière, il plongeait dans une douce rêverie. Il s'imaginait fils d'un grand samouraï, lequel viendrait un jour le chercher avec Otsune pour les délivrer de son horrible mère. Cependant, ses gifles le ramenaient à la dure réalité. En le rabrouant, elle lui répétait chaque jour : « Vaurien, tu n'es qu'un sale bâtard. Tu es né dans les bas-quartiers et tu y resteras jusqu'à la fin de tes jours. Alors cesse de rêvasser, pauvre imbécile, et va plutôt vider les pots de chambre ! »

Masama cherchait désespérément un signe de reconnaissance de sa mère, à défaut d'un geste d'affection ou d'un mot gentil qu'il n'espérait plus, mais elle ne lui manifestait pas le moindre intérêt. Pire que tout, elle le rejetait au point de lui faire ressentir qu'il était aussi inexistant à ses yeux qu'un misérable insecte. Elle ne lui adressait la parole que pour lui ordonner d'accomplir des corvées. Garçon plein d'énergie et d'entrain, il devint renfermé et timide en grandissant dans cet environnement féminin acariâtre, humiliant et violent.

Adolescent, il était devenu fin observateur à force de regarder le jeu des filles avec leurs clients. Il voyait comment elles rusaient et jouaient de leurs charmes pour extorquer, tromper et manipuler les hommes les plus fortunés. À leurs côtés, il apprit l'art de la manipulation et comment se protéger derrière un masque.

Le jour où l'on célébrait l'éclosion des fleurs de cerisiers dans les rues de la ville, peu de clients se rendaient à la maison des Camélias. Otsune observait l'adolescent rêveur devant le spectacle des passants dans leurs beaux habits de fête. Elle se réjouissait de voir que ce petit homme ne perdait pas l'espoir de voir ses rêves se réaliser un jour. Elle s'approcha de lui et chuchota :

– Moi, je suis une femme, je n'ai aucune chance de quitter cet enfer.

Elle se pencha vers lui et posa les mains sur ses épaules.

– Toi, tu es jeune, et tu as appris à survivre dans ce milieu impitoyable. Mon petit Masamune, tu pourras t'en sortir, j'en suis certaine. Tu n'es pas comme tous ces mâles qui fréquentent notre misérable maison, mais si tu continues à vivre ici, tu ne connaîtras jamais l'homme que tu es. Puis elle s'assura que personne ne les écoutait. Je veux que tu ailles chercher du bois comme à ton habitude, je t'y attendrai au pied du grand pin.

Chaque fois que Masama rencontrait Otsune, c'était un moment de réconfort. C'est grâce à elle qu'il trouvait la force de continuer à croire en ses rêves. Avant le crépuscule, il alla couper du bois dans la forêt jouxtant les bas-quartiers. Il ignorait ce que préparait Otsune à son intention. Comme convenu, il la trouva derrière le pin et s'étonna de la voir encombrée d'un baluchon.

– Si tu veux partir et découvrir le monde, c'est maintenant ou jamais. J'ai rassemblé toutes tes affaires et je t'ai apporté un kimono neuf juste à ta taille.

– Mais, Otsune, toi qui n'as pas de quoi t'acheter un nouveau kimono, comment as-tu fait ?

– Ne t'inquiète pas pour moi.

Puis elle prit sa main et y déposa une bourse en tissu dans laquelle tintaient quelques pièces en argent.

– C'est pour toi. Ce n'est pas grand-chose, mais cela t'aidera pour commencer ta nouvelle vie.

Masama serra Otsune fortement dans ses bras. Les yeux remplis de larmes et la voix émue, il lui dit :

– Tu es une mère pour moi. Je reviendrai te chercher.

Otsune lui sourit, les yeux embués. C'est avec le cœur mêlé de joie et de tristesse qu'il se laissa porter pour la première fois par l'élan de son corps. Il s'éloigna en bondissant comme un petit félin. Elle était heureuse devant le spectacle de ce jeune tigre retrouvant sa liberté. Quoi qu'il advienne, elle ne regretterait jamais cet instant...

Masama quitta le quartier nord où il était né. Il décida de rester à Edo pour trouver du travail. De temps à autre, il travaillait comme porteur ou livreur au service de commerçants et gagnait ainsi quelques piécettes de cuivre. Un jour, alors qu'il déambulait dans les quartiers marchands, il s'arrêta devant un étal de vannerie tenu par un vieil homme. Il n'avait encore jamais vu de corbeilles, de pièges à poissons et de chapeaux aussi finement tressés. Le vieil artisan se prit d'affection pour l'adolescent, qui ne manquait pas de lui rendre visite chaque jour. Il voyait combien il appréciait son métier et s'intéressait à sa technique de tressage. Un matin, le voyant inquiet de n'avoir pas trouvé de travail, il lui proposa de le prendre comme apprenti.

Masama passa trois années auprès du vieil homme, qui lui transmit son art. Ses longues journées étaient chargées. Il travaillait dur et s'appliquait dans tout ce qu'il faisait. La famille du vieil homme l'appréciait et l'aimait comme un fils, mais il n'était pas heureux de cette vie. Il s'ennuyait profondément, cela ne lui suffisait plus. La sensation de vide persistait et ses rêves de richesse et de grandeur étaient nourris chaque fois qu'il voyait passer un cortège de nobles. Un soir, sa petite vie tranquille bascula, lorsqu'il rencontra, dans une taverne, un homme richement vêtu travaillant au service d'une famille productrice de saké. Il lui raconta être né dans les quartiers pauvres de la ville et qu'un bienfaiteur l'avait sorti de la misère. L'homme chuchota à l'oreille de Masama :

– Tu as de la chance, aujourd'hui je suis dans un jour de bonté, je vais être généreux avec toi : je te propose d'être cet homme providentiel qui changera ta vie.

Masama voyait qu'il tentait de l'appâter en agitant ses doigts couverts de bagues en or serties de pierres précieuses. Il lui fit miroiter un avenir brillant au sein de la grande famille en échange d'un petit service. Il s'agissait juste de livrer quelques tonneaux de saké dans un entrepôt situé dans les bas-quartiers. Cependant, il ne fut pas dupe : il comprit que l'homme s'enrichissait en volant son patron et se gardait bien de le lui dire. Masama, qui vit à quel genre d'individu il avait affaire, joua habilement de sa naïveté en confortant son interlocuteur dans l'idée qu'il était un simple d'esprit. En confiance, l'escroc alla jusqu'à lui donner une lettre signée de sa main à l'adresse de son complice. Muni de ce sésame, Masama se rendit chez le riche producteur de saké et lui exposa par le menu toute l'opération qu'avait mise au point son employé. Ayant des doutes sur la fiabilité de ce dernier, le producteur espérait le surprendre en flagrant délit. La preuve que lui fournissait Masama lui permit non seulement d'appréhender le voleur, mais aussi de connaître le lieu où il entreposait les tonneaux détournés. Reconnaissant, il lui proposa de prendre le poste de l'escroc en plus de la récompense pour tout le saké récupéré. Masama imagina un instant sa vie de riche négociant, mais maintenant que son rêve de richesse était à sa portée, son cœur aspirait à autre chose. Il s'étonna lui-même de refuser une si belle proposition. Le patron, déçu qu'il repousse son offre, s'enquit auprès de Masama de ce qui lui ferait plaisir. Ce dernier le pria de payer la dette d'une prostituée honnête du nom d'Otsune, car elle avait été une mère pour lui. Il ajouta :

– Si vous la prenez à votre service, je vous garantis qu'elle vous offrira grande satisfaction.

Convaincu par la sincérité de Masama, il accepta de bonne grâce. C'était bien peu de chose en contrepartie du service que le jeune homme lui avait rendu.

Masama quitta Edo le cœur léger, heureux d'avoir tenu la promesse qu'il avait faite à Otsune. Il erra de ville en ville, jusqu'au jour où il se retrouva sans le sou. Tout au long de son errance, il se plaisait à écouter dans les tavernes les récits des voyageurs évoquant les hauts faits et légendes de guerriers intrépides. Nourri de ces exploits héroïques, il espérait devenir, un jour, un grand samouraï, dont on conterait la bravoure et l'héroïsme.

Une fin d'après-midi, tandis qu'il déambulait ivre et joyeux avec une calebasse de saké dans chaque main en chantant des poèmes épiques louant les hauts faits de samouraïs légendaires, il aperçut deux hommes en armure, le visage livide, qui accouraient dans sa direction, comme pourchassés par le Diable en personne. Masama les interpella d'une voix moqueuse :

– Qu'est-ce qui vous effraie autant, braves soldats ?

L'esprit embrumé par les vapeurs d'alcool, se prenant pour un preux samouraï, il déclara avec grandiloquence :

– Rien ne m'effraie, je suis le grand guerrier Masamune !

Puis il continua à tituber, en bombant le torse.

Un homme richement vêtu tomba à ses pieds et s'agrippa à ses jambes, tremblant et pleurnichant. Il le supplia :

– Sauvez-moi, sauvez-moi… brave guerrier, vous serez généreusement récompensé.

Masama, qui n'avait jusqu'alors jamais été sollicité pour sa bravoure et sa force, se sentit flatté par la prière de l'homme, et lui répondit d'une voix se voulant martiale :

– Qu'est-ce qui vous fait si peur ? Je vous… prie… euh… levez-vous.

Ivre, il avait quelques difficultés à parler. Au bord de l'asphyxie, l'homme tremblait en pointant son doigt pour désigner l'objet de sa terreur, puis il s'évanouit. Masama redressa la tête et vit un énorme tigre dressé sur ses pattes, l'air menaçant. En un instant, son corps se vida de tout son sang... Son visage passa du rouge au blanc, malgré son état d'ébriété. Sa superbe fit place à un couard tremblant de peur devant la bête féroce qui s'avançait vers lui. Tétanisé, il ne pouvait même pas bouger le petit doigt. Il était seul face au fauve avec un homme inconscient à terre pour unique allié. Le tigre se dressa sur ses pattes arrière, prêt à bondir sur le pauvre Masama. Soudain, il entendit le bruit d'une étoffe qui se déchirait et vit une tête humaine sortir du ventre de la bête, les yeux ahuris. Le tigre était coupé en deux. Masama comprit la supercherie : deux brigands se cachaient dans un costume de tigre à la tête monstrueuse pour détrousser les malheureux voyageurs de la région.

Il ramassa un vieux sabre abandonné par l'un des fuyards et menaça les brigands qui tentaient de se dépatouiller avec leur déguisement. L'esprit toujours embrumé par l'alcool, il retrouva de sa superbe et gronda :

– Vous avez osé me duper, moi, un si grand samouraï ! Vauriens, je vous avertis, vous allez sentir le fil tranchant de ma lame. Je vais vous découper en petites rondelles, bande de lâches !

Lorsqu'ils virent Masama brandir son sabre, rouge de colère, ils détalèrent sans demander leur reste. Il découvrit un superbe coffre abandonné au milieu du chemin par les fuyards. Il était rempli de soieries et d'objets précieux. Tandis qu'il admirait un sabre au fourreau orné d'un splendide dragon d'or ciselé, il entendit des rugissements derrière lui. Aussitôt, il brandit le sabre et vociféra en tapotant des doigts sur le fil aiguisé de la lame.

– Vous n'avez pas peur de vous retrouver sans tête, sales vermines ?

L'animal ne bougea pas face à ses menaces. C'est alors qu'il saisit le tigre par la peau du cou. Dans sa précipitation, il ne vit pas que, cette fois, il avait affaire à un véritable fauve. Il secoua l'animal dans tous les sens. Le félin fut désemparé face à cet homme qui ne le craignait point. « D'habitude, pensa le tigre tout tremblant, les hommes détalent à toute vitesse en me voyant. Celui-ci est un redoutable guerrier doté d'une force surhumaine ! »

L'homme évanoui se redressa et crut qu'il rêvait en assistant à cette scène incroyable : celui qu'il avait supplié quelques instants auparavant tenait d'une seule main un énorme tigre blanc qu'il secouait comme un petit chiot. La bête faisait au moins deux fois sa taille. Le haut dignitaire se frotta les yeux pour s'assurer que ce qu'il voyait était réel. Ça l'était : la bête la plus féroce de la région se débattait pour se libérer de la poigne de l'homme qui le menaçait de son sabre. Puis il le vit s'enfuir dans les fourrés, gémissant sous les derniers rayons du soleil. Soudain, Masama pâlit en sentant l'odeur forte du fauve et s'évanouit de frayeur. L'homme versa l'eau d'une gourde sur son visage, persuadé qu'il était tombé ivre mort tant il dégageait une forte odeur de saké. Masama bondit sur ses pieds et découvrit le regard admiratif de l'homme agenouillé à ses côtés.

– C'est extraordinaire. Vous devez être un grand samouraï ! Quel est votre nom, mon brave ? demanda l'homme en se prosternant.

Abasourdi devant tant de déférence pour un pauvre bougre comme lui issu de la plus basse classe, il répondit :

– Je me nomme Masamune, mais vous pouvez m'appeler Masama.

– Je suis Iderota, le conseiller du seigneur Kobayashi. Je vous dois la vie et vous avez sauvé mon honneur en protégeant le sabre au dragon d'or. C'est un présent destiné à mon seigneur de la part du shogun. Je vous prie d'accepter mon invitation, je serais très honoré de vous présenter à mon maître.

Masama était aux anges : son rêve de grandeur allait pouvoir se réaliser. Face au château dressé au sommet d'une colline avec ses remparts impressionnants, Masama resta muet d'admiration. En traversant le portail imposant de l'enceinte, il se sentit soudain mal à l'aise. Il n'était plus très fier du tour que prenaient les événements et se rendait compte de la mascarade. Il entendit les soldats acclamer son courage et scander son nom. Son exploit s'était répandu sur les lèvres comme une traînée de poudre dans tout le domaine. Avec regret, il réalisa qu'il était pris au piège de son propre jeu. Le lendemain, dans la salle de réception, assis parmi tous les conseillers et les notables, il conversa avec difficulté, la peur au ventre. Iderota parla à l'oreille du seigneur Kobayashi.

– Monseigneur, voici l'homme qui a chassé le démon qui sévissait dans toute la région.

– Tout cela est-il vrai ?

Pétrifié, Masama n'osa parler : il ne pouvait mentir au seigneur. Iderota, enthousiaste, s'empressa de répondre à sa place, ce qui le soulagea :

– Maître, vous auriez dû voir comment il maîtrisa le tigre d'une seule main. Après une telle frayeur, je crois qu'il ne sévira plus jamais par ici.

Kobayashi lissa sa barbe, l'air pensif.

– Je ne doute pas un instant des paroles de mon conseiller. Je vous remercie de nous avoir débarrassés de ce fauve. J'avais envoyé un petit détachement d'hommes en armes, mais ces couards sont revenus terrorisés.

– Maître, avec un tel homme dans nos rangs, nous serions invincibles.

Kobayashi, enchanté par les paroles de son conseiller, saisit l'opportunité de renforcer son armée.

– Quelle erreur de ne pas vous avoir sollicité plus tôt pour la diriger ! Le poste de général vous conviendrait-il ?

Masama se trouvait plongé dans un grand dilemme : son rêve d'héroïsme était enfin à sa portée, mais serait-il capable d'honorer cette haute fonction ? Néanmoins, son besoin de reconnaissance l'emporta.

Kobayashi invita tous ses hôtes à lever leur coupe pour fêter le nouveau général des troupes armées. Masama était exalté devant tant d'honneur.

Les jours qui suivirent, il profita de la vie agréable dans ses nouveaux quartiers tandis que le seigneur préparait ses troupes pour la bataille à venir. Masama s'imaginait déjà victorieux et couvert de gloire. Il reçut une armure sur mesure et un sabre digne d'un grand combattant. Avant l'aube, les troupes de Kobayashi se dirigèrent vers le champ de bataille pour mener campagne contre les opposants au shogunat.

Ce jour-là, Masama entrait dans sa vingt-cinquième année. Sous un ciel azur, il chevauchait fièrement son étalon bai, cheveux au vent. Dominant ses troupes du haut d'une colline, il balaya du regard son armée s'étendant à perte de vue, avec ses étendards bleus ondulant dans le vent. Transporté de joie et fier d'être le commandant d'un tel bataillon, il vivait éveillé son rêve d'héroïsme. Cependant, il pâlit devant la marée de guerriers lui faisant face. La bataille s'engagea dans un fracas de lances brisées et de cris. Le sang giclait de toutes parts, l'horreur le saisit en voyant les têtes et les membres des soldats rouler à terre. Il n'avait jamais envisagé cet aspect dans la vie d'un guerrier. Son rêve s'effondrait au rythme des corps fauchés. Dans la confusion de la bataille, son cheval se cabra et le projeta au sol. Perdu parmi tous les cadavres, Masama était paralysé, les yeux hagards. Soudain, effrayé à l'idée de mourir, il se badigeonna avec du sang, fit le mort et pria le Ciel pour que la bataille s'achève. À la tombée de la nuit, il s'enfuit à toutes jambes. Son rêve s'était envolé... Il prit conscience qu'il n'avait du samouraï que l'armure, mais ni le tempérament ni l'esprit.

Anéanti, il arriva devant une petite maison en ruine au bord d'un chemin. Il entra et se laissa tomber contre une poutre en bois. Au moment où il allait s'abandonner au sommeil, il sentit une tape sur son épaule. Il bondit devant un homme au teint blafard, affichant un sourire macabre.

– Je vois que tu viens juste de mourir, dit le fantôme.

Masama ne comprit pas le sens de cette parole. Terrorisé, il ne put prononcer un seul mot tant il claquait des dents.

– En plus, pauvre malheureux, je constate que tu n'es pas conscient d'être mort.

Le fantôme scruta l'armure ensanglantée de Masama.

– Je comprends : c'est parce que tu viens de perdre la vie.

– Je suis m-m... mort, bégaya Masama, tout tremblant ?

Il se souvint qu'il avait le corps recouvert de sang. Craignant que le fantôme ne lui vole son âme, il feignit d'être un esprit.

– Je suis mort, ah oui...

– C'est normal que tu sois confus, d'ailleurs je dois te conduire chez ma maîtresse, l'Impératrice des ténèbres. Tout défunt doit se rendre dans son royaume. Tu as de la chance de m'avoir trouvé sur ton chemin, tu aurais pu errer ainsi pendant de longues années. Je me nomme Yosuke. Et toi ?

– Masama, répondit-il en grelottant de froid.

– Mais... un fantôme ne peut pas trembler de la sorte !

– C'est sûrement parce que je suis mort de fraîche date.

– Tu as sans doute raison.

Épuisé de fatigue et accablé par son sort, le sommeil l'emporta aussitôt. Au petit matin, Yosuke secoua Masama.

– Profitons de la lumière du jour pour voyager, c'est une heure où les humains ne peuvent pas nous voir.

– Et pourquoi puis-je te voir ?

Perplexe, Yosuke lui répondit :

– Parce que tu es un fantôme !

Toute la journée, il garda le silence de peur d'éveiller les soupçons de Yosuke. Quand ils arrivèrent sur les berges d'une rivière, il eut l'idée de le questionner sur les pouvoirs des fantômes :

– Il paraît que vous avez le pouvoir d'apparaître sous différentes formes, est-ce vrai ?

– Oui, je peux me transformer en tout ce qui me plaît et j'ai bien d'autres pouvoirs, s'enorgueillit-il.

Masama, voyant qu'il était sensible à la flatterie, lui dit :

– Toi, rien ni personne ne peut te nuire, tu es tout-puissant, mais moi, un tout petit fantôme, j'ignore tout de mes forces et de mes faiblesses.

Yosuke, confiant dans sa bonté, lui révéla :

– Jeune ou vieux, nous craignons de nous confronter à des humains qui manifestent leur dédain en nous crachant dessus, cela nous paralyse.

Ils entrèrent dans les faubourgs d'un village. Masama réfléchit aux moyens de remplir son estomac vide et de se débarrasser de ce compagnon, certes sympathique, mais qui le conduisait droit au royaume des ténèbres.

– Peux-tu te transformer en cochon ?

– Pourquoi ? interrogea le fantôme, soudain soupçonneux.

– Je veux juste voir comment tu t'y prends pour changer d'apparence.

– Ah... si c'est pour cela, je peux te montrer un cheval ou un phœnix.

Masama insista :

– Allez... C'est beaucoup plus mignon, un petit cochon.

Yosuke ne l'entendait pas de cette oreille.

– C'est ridicule. Tu m'offenses, à la fin.

Masama, qui s'impatientait, le menaça :

– Si tu ne te transformes pas en cochon bien dodu tout de suite, je te crache dessus !

Face à la terrible menace, Yosuke s'exécuta.

Masama porta un gros cochon chez le boucher du village. Fier du mauvais tour qu'il avait joué à son ancien compagnon, il partit à vive allure avec sa bourse pleine avant que le commerçant ne s'aperçoive de la supercherie. Sous le soleil couchant, Masama s'enfonça dans les bois en quête d'un endroit sec pour passer la nuit. Autour d'un feu, il s'apprêtait à engloutir son cuissot de porc avec du saké quand il vit le fauve blanc. Le tigre, de nouveau en présence de l'homme qui l'avait empoigné, fut saisi de frayeur. Face à l'animal, Masama comprit qu'en dépit de sa masse, il était aussi peureux que lui. Il eut un élan de sympathie pour ce fauve magnifique qui, à sa façon, lui ressemblait beaucoup. Il décida de l'appeler Yogoro.

Alléché par l'odeur, le tigre s'approcha lentement et ils partagèrent tous deux le cuissot de porc, avant de s'endormir l'un contre l'autre pour se tenir chaud, et de devenir inséparables.

Une nuit, endormi et ronflant sous les étoiles, Masama fut réveillé en sursaut par un visage au teint blafard. C'était Yosuke, qui le secouait nerveusement.

– La fille de ma maîtresse a été capturée par des démons. Ils la retiennent prisonnière près d'ici. Si tu m'aides à la libérer, je suis prêt à te pardonner ta trahison. Et je te promets de ne pas en toucher mot à ma maîtresse, qui pourrait te transformer en pourceau pour le restant de tes jours.

Horrifié à cette idée, Masama accepta sans hésiter la proposition du fantôme. Ils arrivèrent devant une maison abandonnée. Tandis que Yosuke se métamorphosait en un jeune adolescent pour attirer les trois démons, les deux compagnons se faufilèrent à l'intérieur pour délivrer la princesse. Ils découvrirent une jeune femme attachée à une poutre, vêtue d'un kimono déchiré recouvert de motifs floraux. Elle était de toute beauté, avec ses yeux en amande.

– Qui êtes-vous ? Ne me faites pas de mal, supplia-t-elle.

– Certainement pas ! Je viens vous délivrer de ces monstres. C'est Yosuke qui m'envoie. Mon nom est Masamune et lui est mon ami Yogoro. Vous n'avez plus rien à craindre, je vais vous détacher. Nous devons faire vite avant que ces démons ne s'aperçoivent du subterfuge.

Devant ce visage angélique, il s'exclama :

– Je croyais que vous étiez un fantôme. Yosuke m'a dit que vous êtes la fille de l'Impératrice des ténèbres.

– Je suis la princesse Heiko et je sers sa famille, mais je suis bien humaine.

Dans un élan de bravoure, Masama, avec la belle Heiko sur le dos, dévala la pente abrupte au-dessus du gouffre. Yogoro le suivit comme son ombre. Elle apprécia le dévouement et le courage de cet homme qu'elle connaissait à peine. Pourtant, il n'hésitait pas à braver la mort pour la sauver de ces horribles créatures. Ils s'éloignèrent, soulagés d'avoir survécu à une aussi terrible rencontre. La jeune femme les conduisit au royaume des ténèbres. Elle leur confia être la fille d'un riche et puissant seigneur, puis avoua être proche de son père, qui l'adorait. En revanche, elle resta évasive quant à ses liens avec l'Impératrice, semblant vouloir éviter le sujet. Le voyage rapprocha les deux jeunes gens. Lui qui n'avait connu que des femmes de mauvaise vie découvrait la féminité dans toute sa fraîcheur. Dans son malheur, il était heureux : il avait rencontré un ami félin et une belle princesse.

Au fil des jours, Heiko marchait d'un pas traînant, la mine sombre et renfrognée. Elle devenait même irascible, Masama n'en comprenant pas les raisons. Plein de bons sentiments, il multiplia les attentions pour la distraire de son humeur maussade.

Les trois compagnons s'engouffrèrent au cœur d'une forêt et descendirent le long d'un sentier sinueux, de plus en plus étroit et sombre. Heiko s'arrêta et annonça d'une voix teintée de tristesse :

– Nous sommes arrivés.

Puis elle pointa sa main en direction d'une barrière translucide où apparaissait un petit lac au cœur de la forêt. Yosuke surgit en plein milieu du chemin. Malgré le sourire qu'il affichait, son expression était grimaçante.

– Notre maîtresse vous attend, mais toi, Yogoro, tu n'es pas invité.

– Je n'irai nulle part sans lui, protesta Masama.

La princesse Heiko était nerveuse. Inquiété par son silence, il l'interpella :

– Peux-tu me dire ce qui se passe ?

Elle l'implorait du regard pour qu'il cessât de la questionner. Une femme apparut à travers le portail. C'était l'Impératrice. Sur un ton affable, elle s'adressa au jeune homme :

– Je suis venue accueillir le sauveur de ma belle Heiko.

Il était impressionné par sa noblesse. Avec respect, il inclina la tête pour la saluer.

– Je suis contente que tu sois saine et sauve, ma fille.

Heiko resta figée sur place. Ses mains crispées s'agitaient nerveusement sur la ceinture de son kimono et son regard sombre ne quittait pas Masama. Elle semblait vouloir lui parler, mais ses lèvres scellées gardaient le silence. L'Impératrice déclara d'une voix mielleuse en l'attirant dans ses bras :

– Ma chère, ton père s'est beaucoup inquiété en ton absence, ne le fais pas attendre plus longtemps.

À contrecœur, Heiko s'avança vers l'Impératrice. Masama était troublé par ce comportement étrange face à l'amabilité de la souveraine. Lui, si habile à déceler les manipulations, ne percevait aucune perfidie chez cette dernière. En revanche, le fauve se mit à feuler.

– Votre voyage a été long et éprouvant, venez donc vous restaurer.

Masama franchit le portail. Alors qu'il s'attendait à voir des paysages effrayants, il s'émerveilla devant le domaine : ce lieu se révélait paradisiaque. Dans les jardins du château, l'Impératrice tapa des mains et de longues ombres bleu nuit avec des têtes en forme de cloche apparurent de toutes parts, disposant les vins et les mets raffinés sur une table en bois précieux. Elle pria ses hôtes de bien vouloir s'asseoir. Au moment où Masama allait croquer dans une belle poire, Heiko agita la tête pour l'avertir de ne pas manger le fruit. Il arrêta net son geste, malgré sa faim.

– Il y a là des mets délicieux, prends tout ce qui te plaira. N'aie pas peur de te servir copieusement, mon enfant, insista leur hôtesse.

Contrariée par l'attitude récalcitrante de la princesse, la dame des ténèbres s'adressa à elle :

– J'ai invité cinq convives à partager notre repas. Ton père va nous rejoindre, cela te mettra sûrement en appétit.

Cinq hommes vinrent s'installer autour de la table après les avoir salués courtoisement. Masama les observa attentivement. Le premier, gros et bedonnant, se goinfrait sans retenue. Dans ses yeux ne brillait aucune lueur de plaisir. Le deuxième, bellâtre bien mis de sa personne, parfumé, l'œil aguicheur, ne cessait de lancer des œillades pleines de sous-entendus à Heiko. Le troisième, le corps raide, le visage dur avec les lèvres pincées, mangeait tout en jetant des regards envieux à Masama. Le quatrième, un noble richement vêtu, paré de bijoux, semblait convoiter les couverts en argent posés sur la table. Le cinquième, installé nonchalamment sur sa chaise, avait des gestes d'une lenteur extrême et sollicitait ses voisins de gauche et de droite pour le servir. Arriva le père de Heiko, marchant fièrement, le torse bombé, le menton relevé. Il salua sa fille d'une voix forte pour capter l'attention de tous. Masama fut troublé de voir le visage de la jeune femme sombrer dans la tristesse alors que son père était d'humeur joyeuse. Il commença à suspecter que quelque chose se tramait. Il s'apprêtait à manger un mets appétissant lorsque Yogoro lui mordit la fesse. Il hurla de douleur, provoquant la stupeur de tous les convives. Heiko profita de cet instant pour saisir son bras et lui révéler son lourd secret, mais, à cet instant, l'Impératrice tonna d'une voix glaciale :

– La mascarade a assez duré, n'est-ce pas, Heiko ? Tu as été parfaite, tu as réussi à attendrir le cœur de ce malheureux rejeté par sa propre mère comme un vulgaire cafard. J'avoue que je ne pensais pas que tu serais aussi redoutable.

Masama reçut ces paroles comme une gifle. Il se tourna vers la princesse pour avoir une explication, mais elle restait silencieuse, le visage blême. Regardant Masama, l'Impératrice rit aux éclats :

– Toi qui as trompé tout le monde en faisant croire que tu étais quelqu'un de valeureux, tu n'es qu'un misérable, comme ta mère. Tu as lâchement abandonné tes soldats en te dissimulant sous leurs cadavres. Je vois tes rancœurs et ta colère contre les femmes qui t'ont humilié. Tu ne peux plus te cacher devant moi, espèce de bâtard ! Regarde Heiko : n'est-elle pas l'image de la tromperie, comme toi?

Elle lança sa tête en arrière et rit à gorge déployée. Elle savourait d'avance sa victoire, certaine d'avoir soumis l'esprit de Masama, comme ceux des autres convives. Masama, commença par s'apitoyer sur son sort : il pleurait en pensant à cet être pitoyable qu'il était et que l'Impératrice avait révélé au grand jour. La maîtresse des ténèbres vit la faille par laquelle elle pouvait l'anéantir.

– La belle Heiko, qui a inspiré tes premiers émois amoureux, ne t'at-elle pas trahi avec habileté ?

La jeune femme voulut s'expliquer, mais Masama la repoussa d'un mouvement brusque. La colère grondait de plus en plus fortement en lui. L'Impératrice, pensant avoir vaincu ses résistances, commit l'erreur de s'en prendre à son ami. Les ombres, qui s'étaient jetées sur Yogoro, le virent se métamorphoser en l'espace d'un instant en un véritable fauve, rugissant toutes griffes dehors. Le tigre retrouvait enfin sa férocité et tint en respect les ombres qui les encerclaient. Voyant le jeune homme bondir de son siège, l'Impératrice ricana méchamment, se faisant l'écho en Masama des sarcasmes de sa mère et des prostituées. Il vit au fond de lui l'enfant en souffrance, tapi dans une pièce sombre où lui-même l'avait condamné et rejeté. Tel un fauve en cage, il sentit soudain la rage le dévorer et prit conscience de la colère qui l'avait toujours habité, mais qui s'était accumulée au long des années sans jamais pouvoir s'exprimer. Il comprit que son idéal visait à attirer l'admiration des autres pour combler un manque d'amour et de reconnaissance. Les larmes ruisselant sur ses joues, il prit le petit garçon dans ses bras. Il avait érigé de hautes murailles derrière lesquelles le petit être avait été réduit au silence sous une montagne de chagrin. Soudain, il libéra une colère terrible.

Stupéfaite, l'Impératrice vacilla devant la vision d'un Masama transfiguré. Il affichait un sourire serein et son corps irradiait d'une grande force. Elle n'avait plus aucune emprise sur lui : ni ses ombres, ni sa volonté, pourtant toute-puissante, ne pouvaient l'atteindre. Elle se mit à hurler de douleur, touchée par la lumière éclatante émanant de lui. À présent, il était libre.

Récit IV

La Colère

– Comment la colère exprimée par Masama a-t-elle pu libérer son enfant intérieur ?

– Je vois ce qui vous étonne. Sa confrontation avec l'Impératrice lui permet de retrouver un lien d'amour avec l'enfant meurtri par tant d'années d'humiliations. Son intention de protéger les êtres qu'il aime va lui permettre de s'élever au-dessus des ressentiments le maintenant dans ses illusions. En acquérant ce discernement, il a pu changer la nature de sa colère, qui devient alors une force au service de la vie. Dans cette épreuve, Masama est confronté à un choix radical : soit il accepte de faire face à sa souffrance, soit il mourra s'il continue à la fuir en se cachant derrière un masque, celui que l'Impératrice lui révèle. Elle est tout à la fois le miroir de sa mort comme celui de sa libération. Elle incarne toutes les forces obscures enfouies en nous qui peuvent altérer, corrompre ou aspirer la luminosité de notre âme. À l'image de Mara tentant de faire obstacle à l'éveil du Bouddha, l'Impératrice provoque Masama pour qu'il succombe à la colère et nourrisse ainsi l'égrégore de la haine, dont elle est la souveraine manifestation. Avant qu'il ne laisse exploser sa colère, voyez-vous par quel chemin détourné elle se manifestait ?

– Je ne vois pas puisqu'il ne l'exprimait jamais.

– En êtes-vous certaine ? Prenez l'exemple des prostituées auprès desquelles il a grandi. Toutes ces filles se retrouvent dans les bas-fonds malgré elles, victimes de la misère. Face à leurs clients, elles se cachent derrière des faux-semblants. Elles prennent des mines enjouées, aguicheuses et burlesques, et que font-elles lorsqu'elles se retrouvent seules ?

– Elles projettent leur colère et leur haine sur le petit Masama, qui cristallise l'image négative qu'elles ont des hommes.

– Elles ont appris à taire leur colère en présence des clients et, dès qu'elles en ont l'occasion, deviennent de véritables tortionnaires pour le petit garçon. Toute personne qui subit la violence et les humiliations éprouve forcément de la colère. Si elle ne trouve aucun chemin pour s'extérioriser, elle finit par se retourner contre soi et vous ronge de l'intérieur.

– Exactement. Lorsqu'il est petit, Masama, rejeté par sa mère, subit sa colère et celle des prostituées. Seul face à la violence de ces femmes, il ne peut combler ses manques affectifs. Dans cet environnement toxique, il lui est impossible de se connaître et savoir comment devenir un homme ; il n'apprend qu'à survivre, en étouffant ses sentiments. Dans ce monde d'artifices, il n'a d'autre choix que de refouler sa colère derrière une façade avenante.

– Autrement dit, les tromperies et les ruses de Masama ne font qu'exprimer toute la colère qu'il éprouve contre lui-même.

– Oui, le simple fait qu'il ne s'accepte pas en est l'expression. En projetant un rêve de richesse et de grandeur, il cherche à combler son vide affectif et son manque de reconnaissance à l'extérieur.

Hirmann se sert une part de gâteau au chocolat. Il semble beaucoup l'apprécier et, à ma grande surprise, se sert une deuxième part. Cela me ravit. Il me complimente et, derrière ses paroles, j'entends une invitation à reconnaître la valeur de ce que je fais.

Je repense au parcours de Masama. Il cherche à apaiser une blessure d'amour dans sa quête de richesse. Il y renoncera, pressentant qu'elle ne le comblera pas. En lui, néanmoins, subsiste toujours une aspiration qui se manifeste à travers sa quête de grandeur. Il aurait voulu devenir un grand samouraï pour incarner les qualités de noblesse et de courage qui rendraient fier un père imaginaire. Sa mésaventure sur le champ de bataille le met face à la réalité cruelle et sanguinaire de la guerre et le conduit à se confronter à lui-même : il n'est pas cet homme qu'il rêve d'être, il est toujours cet enfant craintif, caché sous un masque. Je réalise que, derrière nos idéaux, se dissimulent les peurs de l'enfant. Hirmann acquiesce à mes pensées.

– Maintenant, nous pouvons parler de la victoire de Masama lorsqu'il aura pris connaissance du plan machiavélique élaboré par l'Impératrice. Comprenez-vous pourquoi je parle de victoire ?

– Je crois. Masama éprouve pour la première fois des sentiments à l'égard d'une femme qui l'apprécie et avec laquelle il peut être lui-même. À ses côtés, il se révèle même capable d'exploits. Et lorsqu'il sera trahi par la princesse, il sera profondément blessé, mais ne se laissera pas consumer par le désir de vengeance, en projetant sur elle toute sa rancœur, ni d'ailleurs contre les manipulations de l'Impératrice. Je pense que c'est là sa grande victoire.

– Oui, il va plonger dans un gouffre, celui où est enfermé le petit enfant qu'il a rejeté. C'est là qu'il verra le visage de sa colère, et qu'il comprendra qu'il est le seul à pouvoir l'apaiser. De cette reconnaissance naît une force qui emplit tout son être, provoquant l'écroulement de ses murailles. L'amour est né de ce face-à-face avec lui-même.

En présence d'Hirmann, mon esprit est plus clair, j'accède à une perception plus globale.

– Vous avez saisi : en refoulant ses sentiments, ainsi que ses frustrations, il est devenu sourd à lui-même et à sa souffrance. D'ailleurs, le tigre, qui symbolise sa part animale, est le miroir de sa masculinité réduite à l'impuissance. C'est en créant un lien avec son animalité que Masama pourra trouver le chemin de sa libération. À la fin du récit, Yogoro redevient un fauve puissant et redoutable. Il a intégré sa véritable nature, lui montrant ainsi la voie. Elle le mène vers la réconciliation, qui permet d'être autonome. Voyez-vous ce que je veux dire ?

– Un être qui ne dépend plus d'un amour extérieur, qui connaît ses besoins essentiels et sait comment les satisfaire.

– Oui, mais c'est surtout être conscient que tout est déjà en soi pour nous aider à grandir. Il y a en chacun de nous un monde magnifique à découvrir qu'il nous faut explorer pour que puissent se révéler toutes nos potentialités. Vous avez vu, à travers le récit de Mère Vent, la manifestation de la colère sacrée et, à travers celui de Petite-pierre et du Talisman, l'expression de la colère personnelle. En revanche, dans le conte du Tigre et du Samouraï, on peut voir comment la colère personnelle évolue vers la colère sacrée. Toutes deux font partie du cycle de la vie et de la mort.

Les mains posées sur les genoux, Hirmann a les yeux mi-clos et reste silencieux. Il est assis dans cette pièce aussi naturellement qu'un arbre en pleine forêt. La vie circule dans ses membres comme l'eau dans le lit d'une rivière. En sa présence, je retrouve le même état d'innocence que dans la nature. Je le regarde telle une enfant émerveillée. Dans cet espace, avec ses angles et ses meubles contrastant avec les courbes de la nature, son corps trouve sa place avec le naturel d'un chat.

Dehors, le vent fait craquer les branches du frêne et siffle encore plus fort une sorte de complainte. Je suis agacée. Hirmann, les yeux clos, est toujours aussi calme. J'ai l'impression d'être une petite braise sur laquelle le moindre événement attise le feu de la colère. Face à lui, cela me paraît flagrant et m'irrite d'autant plus.

Il ouvre les yeux, un léger sourire se dessine sur ses lèvres.

– Le vent du nord vous aime bien. Entendez-vous ses paroles ?

– Sa présence est loin de m'être agréable, je dirais même qu'il m'est hostile.

– Écoutez-le, écoutez-le attentivement…

Je tends l'oreille : les sifflements me mettent dans une tension extrême. Je sens monter une pulsion, que je réprime aussitôt. La main d'Hirmann se pose sur mon épaule. À son contact, je relâche les poings. Je ne m'étais pas rendu compte que je les avais serrés. J'aimerais pouvoir hurler. La pression de sa main m'encourage à poursuivre. Le vent chuinte toujours aussi fortement dans les branches du frêne, je sens que j'arrive à un point de rupture, et tout cesse en un instant. J'écoute le silence au milieu de ce vacarme, une mélodie joue ses notes qui résonnent dans ma poitrine. J'entends clairement la plainte si longtemps étouffée : « Délivre-moi, délivre-moi de cette froide solitude. »

Des larmes chaudes emportent une tristesse ancienne. Le vent s'est tu.

– Les vents vous parlent, leur sagesse résonne en vous. Toutes les tonalités de vos sentiments peuvent vibrer et s'accorder au chant de votre âme. D'ailleurs, les médecines sacrées ont cette perception unifiée du vivant, où les étapes d'évolution de l'homme s'inscrivent dans le cycle de la roue de la vie. Elles s'articulent autour d'une intelligence à l'œuvre dans toute la création. Lors de ses premiers pas, les parents accompagnent l'enfant pour lui permettre d'interagir avec le mystère qui anime le monde, en toute confiance. À cette étape, son identité se définit à partir des relations qui se créent entre son environnement familial et le monde. L'équilibre entre ces deux univers est primordial pour qu'il puisse atteindre son centre et laisser rayonner son âme. La vie lui apprend à accorder ses élans intérieurs avec les rythmes de la nature. En s'éveillant à sa nature profonde, il entre en relation avec l'intelligence qui gouverne la création, et s'aligne sur l'axe terre-ciel. C'est ainsi qu'il peut réaliser en lui l'unité.

– J'ai toujours eu l'intuition de cette essence divine, et tous mes choix ont voulu honorer cette réalité de moi, mais je n'ai jamais pu trouver cet équilibre, malgré toutes les disciplines que j'ai pratiquées assidûment pour être centrée.

– Vous avez toujours été connectée avec le ciel, mais les énergies qui devaient accueillir l'âme lors de la descente dans l'incarnation ne se sont pas déployées. Elles sont restées cristallisées dans la matière. Vous n'avez pas été initiée à faire croître les énergies primordiales des quatre éléments, le feu, la terre, l'eau et l'air, qui constituent le corps physique. C'est dans le cocon familial que l'enfant découvre la joie d'habiter son corps. Or, cette étape de développement se réalise grâce à l'expression des cinq sens. Pour comprendre la problématique de l'enracinement liée aux blocages de certaines de ces énergies, nous devons nous poser quatre questions majeures : dans la cellule familiale, est-ce que l'autorité de la mère et du père a respecté tous les élans de vie de l'enfant ? Y a-t-il eu une bonne communication pour permettre d'instaurer un climat de confiance au sein du foyer ? Quels sont les interdits ou les non-dits qui ont entravé sa liberté d'expression ? Et quelles peurs ont-ils transmises ? Vous comprenez que l'équilibre que vous recherchez ne peut se réaliser par la seule volonté. Quand l'âme a pour mission de s'incarner dans une famille sortie de la roue de la vie, elle doit apprendre à se reconnecter à l'intelligence oscillatoire des énergies. Ce mouvement de flux et de reflux est la respiration de l'univers. Il impulse le rythme et les cycles du temps : il y a un temps pour chaque chose, un temps pour vivre et un temps pour laisser partir, que ce soit une possession, une sensation, une émotion ou un rêve. La vie nous appelle toujours à suivre son initiation pour marcher en accord avec la roue du temps. Si nous ouvrons nos yeux dans la prière, nous voyons la vie, telle une mère qui nous attend au seuil de sa porte. L'âme aspire à habiter le corps pour vivre toutes les tonalités de la vie humaine. Notre conscience se déploie dans cette fusion avec la matière, elle peut alors entrer en résonance avec la grande musique cosmique. Plus vous habitez votre corps avec amour, plus votre âme désire vibrer au cœur de la matière. Cette rencontre entre le corps et l'esprit mène à l'unité avec la lumière de la source originelle.

– J'ai toujours eu l'intuition que la paix intérieure se trouvait dans ce lien subtil avec le Grand Mystère. Votre présence et vos paroles confortent ce sentiment et me donnent foi.

Une pie jacasse devant ma fenêtre.

– Mon amie s'impatiente.

Nous nous saluons. J'ai le cœur débordant de reconnaissance et de joie. En l'embrassant, je lui dis n'avoir jamais été aussi heureuse de ma vie.

III

La Porte de la Culpabilité

Récit I

La Culpabilité

Aujourd'hui, je note le rêve de cette nuit : « Je dois faire un grand saut dans le vide tandis que je suis seule au bord d'une falaise. Je me prépare intérieurement, afin que mon corps soit le plus relâché possible, de sorte que l'atterrissage ne soit pas brutal. Arrive le moment où je dois me laisser tomber au fond du précipice. Mes mains glissent le long des parois verticales, ma chute défie la loi de la gravitation. Pendant la descente, je veille à rester détendue, puis je me pose tout en douceur, sans peur et sans la moindre douleur. Ensuite, je me retrouve à une table avec plusieurs femmes. Don Hirmann nous demande pourquoi nous désirons rencontrer un homme sage. Il s'adresse à moi et insiste pour que je prenne la parole. Il me pousse à sortir de mon habitude à rester en retrait dès que je suis en groupe. Il prononce mon prénom, Ambre, et je lui réponds que je veux être en présence d'un sage car je souhaite connaître véritablement ce qu'est l'amour pour pouvoir changer de point de vue sur ma vie et sur le monde. »

Dans ce rêve, je fais l'expérience de l'état d'abandon, tel un acte de foi. Je comprends que ce saut dans le vide est une invitation à s'aventurer vers l'inconnu, et que ce choix exige d'affronter ses peurs et oser plonger au cœur de nos blessures. Il m'enseigne que le corps est un allié incontournable pour se confronter à nos souffrances. L'atterrissage me semble être une allégorie de la descente de la conscience dans le corps. Effectuer ce retour à soi en commençant par faire taire le mental, qui nous a déconnecté de la matière, permet de nous recentrer et de nous ouvrir à de nouvelles énergies. Une sagesse propre au corps s'éveille. Je découvre une voie de guérison qui passe par l'amour du corps, et prends conscience que les défis de l'existence sont, en fait, des opportunités de changement et de transformation.

Je prépare un plateau avec quelques gâteaux au chocolat et un thé de Chine. Au même moment, j'entends siffler une mélodie joyeuse dans l'escalier. Je regarde ma montre, il est dix-sept heures. J'ajoute une seconde tasse. Don Hirmann vient s'asseoir à sa place.

– C'est une bonne chose de se rendre compte que l'on manipule le monde.

Puis il me sourit en me jetant un coup d'œil. Je sais aussitôt qu'il connaît tout de moi, dans les moindres détails. Face à lui, je ne peux plus me cacher ni me mentir à moi-même. Je saisis alors le message d'un rêve dans lequel il nous enjoignait de ne plus faire semblant. Il m'adresse une remarque au sujet de mon humeur inconstante :

– Certaines personnes, à la simple vue des nuages qui obscurcissent le ciel, changent d'humeur. Elles sont comme des girouettes influencées par la pluie et le beau temps. Or, nous pouvons percevoir le temps autrement. Voyez le peintre Turner : il s'est inspiré de ces journées de grisaille, de brumes et de tempêtes. Dans ses toiles, les nuances de gris, de rose et de jaune révèlent une harmonie particulière. Vous pouvez également vous laisser inspirer par votre ciel obscur pour découvrir les subtilités de vos émotions. Elles contiennent toutes une palette de couleurs qui renvoient le jeu de la lumière. Parfois, un arc-en-ciel apparaît, comme par enchantement.

– Après la confrontation douloureuse avec la jalousie et la colère, je ne pensais pas découvrir en moi cette facette de la manipulation qui me fait tant horreur. C'est encore plus difficile à accepter : ce que je croyais beau et bon en moi n'est en fait qu'une illusion, une croyance. Cela me rend profondément triste.

– Quand vous commencez à marcher sur la voie, votre cœur voit la réalité des choses, mais c'est encore une illusion, il ne faut pas s'y arrêter, me dit-il avec douceur. Parvenir à une perception objective et non-duale de la réalité nécessite du temps. Nous devons tous passer par là. Les illusions doivent tomber, afin de révéler la nature paradoxale de notre véritable beauté. Pour continuer à cheminer sur cette voie, il vous faudra franchir une troisième porte et affronter un redoutable ennemi : la Culpabilité. Pour que vous puissiez saisir tout ce qui sous-tend cette émotion, je vais vous conter une histoire sur l'origine de ce sentiment.

La Voie des Quatre Ancêtres

Avant de franchir la Porte du Soleil, Unchuk et Upak désignèrent quatre Ancêtres pour guider les humains, qui allaient naître après l'éclosion des huit œufs. Les humains des quatre peuples vécurent un cycle d'harmonie pendant lequel ils purent partager la connaissance universelle transmise par les Ancêtres.

Le moment venu, Uchapak, l'Ancêtre noir, et Utilakapan, l'Ancêtre rouge, puis Chulikan, l'Ancêtre jaune et, enfin, Pachak, l'Ancêtre blanc, conduisirent leur peuple vers les vastes territoires que la Terre leur offrait.

Du ciel, on pouvait observer une toile s'animant de couleurs contrastées et de formes foisonnantes. Ces éléments hétéroclites offraient une composition aux rythmes harmonieux. La Terre était parée d'œuvres magnifiques créées des mains de l'homme.

Uchapak, l'Ancêtre noir, vivait au cœur d'une tribu dans une petite hutte en terre. Il passa de longues années à observer ses habitants. Il découvrit ses cérémonies, ses rituels, écouta ses chants et ses histoires et admira les rythmes de leurs corps gracieux.

Un petit garçon, du nom de Moussa, venait chaque jour l'interroger sur l'origine de l'univers, des mots, des pensées, des fleurs, des animaux, des hommes, sur la vie, la mort... Pour satisfaire cette curiosité insatiable, Uchapak lui contait des histoires qu'il s'empressait de raconter à ses proches.

Uchapak sentit approcher le moment du grand voyage. Il lui fallait choisir l'homme qui serait le gardien de la sagesse noire. Une nuit, il reçut un rêve lui annonçant la venue d'un disciple. Ce même soir, Moussa réjouit toute sa famille avec une histoire sur l'origine des girafes et des baobabs. Le lendemain matin, il se réveilla tôt et partit dans la forêt. Du haut d'un manguier, il aperçut Uchapak en contemplation devant le lever du soleil. Le cœur rempli de gratitude envers cet homme qui illuminait sa vie chaque jour, il prit la direction de la hutte de l'Ancêtre. Uchapak, de retour chez lui, découvrit une magnifique mangue dans une petite écuelle en bois. Il vit là un présage qui confirmait son rêve. Un autre jour, il remarqua Moussa suspendu à une branche en train de cueillir des mangues.

Depuis ce jour, Moussa était l'heureux disciple à qui Uchapak transmettait ses connaissances par la voie des rêves, lui apparaissant tantôt sous une forme animale, tantôt sous une forme humaine. Il le guida sur le chemin de l'émerveillement, où chaque instant est précieux.

Une nuit, Moussa fit un songe : un magnifique oiseau bleu azur déployait ses ailes devant lui dans une parade éblouissante. Il lui faisait admirer la beauté de son plumage multicolore et l'agilité de ses déplacements. Il s'approcha de lui et l'invita à monter sur son dos pour survoler l'immensité des paysages du peuple noir.

Toutes les nuits, l'oiseau magique lui rendait visite et partageait son ivresse, en réalisant des voltiges sensationnelles, des piqués vertigineux et de soudaines ascensions. Chaque matin, l'enfant se réveillait, impatient. Il ne vivait plus que pour voler sur le dos de son ami. La journée, il était si captivé par ses rêves qu'il en oubliait même d'accomplir les tâches les plus élémentaires, ce qui inquiéta sa mère.

– Quel mauvais esprit a bien pu prendre possession de mon enfant ?

Moussa se désintéressa des histoires de l'Ancêtre et finit par ne plus lui rendre visite. Puis, une nuit, l'oiseau ne se présenta pas. Au bout de plusieurs jours à l'attendre, il se fit une raison : il ne viendrait plus. Triste et déçu, il reprit ses tâches quotidiennes, au grand soulagement de sa mère. Un matin, en allant chercher du bois, une idée lui traversa l'esprit. Tout excité, il ramassa des branches, des plumes et de fines lianes pour fabriquer une paire d'ailes. Au crépuscule, sa mère, anxieuse, guettait son arrivée. C'est alors qu'elle vit s'avancer vers elle une ombre difforme mi-homme mi-oiseau, qui boitait. Elle hurla de peur.

– Un démon, un démon !

À son grand étonnement, elle reconnut son fils claudiquant comme un vieillard appuyé sur une canne, le visage grimaçant, un œil gonflé et une bosse sur le crâne. Face à son état, partagée entre la colère et l'inquiétude, elle évita de le rabrouer. Elle l'aida à se débarrasser de son attirail et fut rassurée de constater qu'il n'avait rien de cassé.

Uchapak, en méditation devant le soleil couchant, vit le petit Moussa lui rendre visite à une heure bien tardive. Il rit intérieurement de l'état pitoyable de son jeune disciple, avant de ne pouvoir réprimer un éclat de rire en le voyant. Le garçon ne perdit pas un instant et demanda d'un air grave :

– Comment pourrais-je devenir un oiseau ?

Face au désespoir du petit Moussa, qui ne comprenait pas le message de la créature ailée, Uchapak chercha comment l'aider à se libérer de son obsession. Une idée lui vint à l'esprit.

– Cette nuit, tu as besoin de repos. Viens me voir demain à la première heure. Je t'expliquerai ce que tu veux savoir.

Moussa retourna chez lui le cœur en fête. Cette nuit-là, l'Ancêtre prit l'apparence d'un oiseau de nuit et se glissa dans le rêve du jeune garçon, qui entendit ses paroles : « Je suis venu de loin pour répondre à ton appel. Si tu le souhaites, je peux t'emmener dans mon monde où, métamorphosé, tu pourras voler éternellement. »

Tout heureux, Moussa se hissa sur son dos. Ils s'envolèrent de plus en plus haut, jusqu'à ne plus voir la Terre. « Tu désires toujours aller dans mon monde, toi qui n'as pas encore vécu tout ce que la vie te réserve ? »

À cet instant, Moussa se pencha et s'aperçut que la Terre avait disparu. Autour de lui, tout n'était qu'immensité, obscurité terrifiante. Une peur effroyable le saisit et le vertige le plongea dans un tourbillon qui le fit défaillir, au point de le réveiller sur sa natte trempée de sueur, le corps brûlant de fièvre. En ouvrant les yeux, il découvrit le visage de sa mère qui lui souriait tendrement. Il sentit toute son affection au contact de sa main sur ses joues. Une douce brise caressa sa poitrine et son visage, d'où la fièvre s'était dissipée, grâce aux bons soins de sa maman, qui le prit dans ses bras et le laissa se blottir contre sa poitrine. Moussa accueillit sa chaleur protectrice et sentit le battement de son cœur résonner dans son corps. Son rythme régulier le berçait. Il se vit fleuve né de l'amour de la mère océane. Il sentit un rayon de soleil irradier tout son corps. Père Soleil remplit son être de lumière. Moussa accueillit avec ravissement les sons de la vie qui s'unissaient en un seul chant.

À la grande joie de l'Ancêtre, le jeune Moussa ne vint pas lui rendre visite. Il avait réussi à traverser avec succès la première épreuve de son initiation. Uchapak le laissa alors vivre ses années d'innocence, car il était désormais conscient de la nature sacrée du corps.

Uchapak poursuivit l'initiation de l'enfant devenu adolescent, qui devait prendre conscience de sa nature sauvage. En s'éveillant à sa part animale, le jeune homme serait à même de trouver sa place dans la création et pourrait prendre pleinement conscience de l'expérience unique qu'il lui était donné de vivre sur Terre.

Une nuit, Moussa fit un rêve dans lequel il vit un vieux lion à la magnifique crinière ambrée trônant tel un sphinx sur un rocher surplombant la savane. Fasciné par sa beauté rayonnante, il s'en approcha. Une implosion de sensations envahit tout son corps, des effluves musqués et fleuris remontèrent le long de ses narines. Le paysage alentour lui parut soudain d'une luminosité éclatante. Au premier pas, il sentit avec une intensité extraordinaire les vibrations de la terre monter le long de ses membres, ses muscles ondulant avec grâce et puissance. À chaque pas, il laissait son empreinte dans la terre, qui lui insufflait son énergie, soulevant ses pattes avec souplesse et légèreté. Sous l'effet d'une impulsion, il bondit en l'air et fut surpris de constater, à l'extrémité de ses membres, deux grosses pattes de félin. Tout heureux de se retrouver dans le corps d'un jeune lion débordant d'énergie, il exprima sa joie et sa fougue sans la moindre réserve. Rugissant à tout-va, il s'épuisa en courant après maints rongeurs, bondissant de-ci de-là après les papillons et les coléoptères. Exténué, le ventre à terre, il se retrouva face à un phacochère, qui le provoquait du regard, bien campé sur ses pattes. Notre lion se trouvait dans une fâcheuse posture. À bout de souffle, il devint la proie du phacochère, qui le prit en chasse, les défenses acérées prêtes à le transpercer. Le vieux lion bondit de son rocher et fit entendre un puissant rugissement. Il effraya le phacochère, qui s'enfuit aussitôt. Se tournant vers le jeune félin tout honteux, il lui adressa un regard désapprobateur, suivi d'un sourire.

Une voix résonna dans la tête de Moussa : « Tu as reçu l'influx d'énergie qui t'a fait vivre l'expérience unique d'être un félin. Tu as découvert la perception du monde et la palette de sensations de cet animal, mais tu t'es laissé aller, au point de sortir de l'ordre naturel dans lequel tu avais une place en tant que prédateur. Tu as épuisé toute l'énergie dont tu disposais au point de devenir la proie de ta propre proie. Or, le propre de l'animal est de vivre relié à son environnement et d'être constamment vigilant. Tous ses actes découlent d'une écoute de chaque instant. Il ne prend dans la nature que ce dont il a besoin. Il nous faut acquérir cette sobriété qui est la quintessence de la sagesse animale, pour pouvoir vivre en harmonie. Acquérir cette intelligence du corps est primordiale pour s'éveiller sur le chemin de l'humain. »

Derrière ses paupières, Moussa sentit une clarté éblouissante. Elle le tira de son sommeil. À travers la porte de la case, il entrevit le disque solaire émergeant de la terre. Un flux de joie le traversa et il se leva aussitôt. Il accueillit avec ravissement le frémissement de la vie qui s'éveillait. Un héron prit son envol en déployant ses ailes avec grâce. Il s'éleva dans le ciel. Son cœur mû par le même souffle de vie entraîna Moussa dans une danse, où il offrit au monde l'expression de son allégresse. Il réalisa que tous ses rêves nocturnes avaient été l'œuvre d'Uchapak et fut émerveillé de la subtilité avec laquelle l'Ancêtre l'avait mené sur la voie de la sagesse noire. Un soir, tandis qu'ils étaient tous deux réunis autour d'un feu, l'Ancêtre parla :

– Tes actes participent de la création lorsque ton corps s'accorde avec les rythmes et les lois de la nature.

Au terme de son initiation, Uchapak adressa ces dernières paroles :

– Les animaux sont nos frères d'âme, ils sont les reflets de nous-mêmes. Maltraiter un animal, c'est blesser notre propre animalité. Il ne faut jamais oublier que nous sommes tous reliés. Il fit un geste ample de la main en montrant le paysage alentour. Il y a la part humaine en l'animal et la part animale en l'homme. En intégrant ton animalité avec amour, tu dépasses le conflit qui oppose le corps et l'esprit, l'homme et l'animal. Désormais, tu es un être complet, prêt à servir tes frères et sœurs, tu seras le passeur. Le moment est venu pour moi de rejoindre mes ancêtres. Je t'ai transmis la voie de l'homme noir qui te relie à la sagesse universelle.

Cette nuit-là, Moussa ne put trouver le sommeil. En plein milieu de la nuit, il se leva pour s'apaiser. Au bord de la rivière, le magnifique lion à la crinière ambrée s'abreuvait. Il se retourna et adressa à Moussa un regard plein d'amour. Le jeune disciple le vit s'illuminer au cœur de la nuit étoilée…

*****

Utilakapan, l'Ancêtre rouge, vivait au cœur d'une tribu nomade dans un tipi blanc orné d'un grand cerf rouge. Il prodiguait conseils et soins à toute personne venant quérir son aide avec douceur et calme. Reconnu comme un saint homme, il était aimé de tous. Sa médecine était empreinte d'une connaissance profonde de l'Esprit œuvrant à travers le monde végétal, animal et celui des ancêtres. Un matin, plongé dans une méditation profonde, il aperçut la petite Cheyenne qui le fixait du regard avec une lueur intense. Immobile, tel un félin, elle était entrée sans faire le moindre bruit. Ils se regardèrent sans un geste et sans prononcer une parole. Cette rencontre lia leur destin.

La ravissante petite Cheyenne aux yeux bruns s'éclipsa. À la grande surprise d'Utilakapan, elle apparaissait devant lui chaque fois qu'il avait une vision ou effectuait un voyage sacré auprès des Ancêtres ou de son animal allié. Elle se tenait toujours devant lui, les yeux fixés sur son visage, sans babillage ni geste. Elle l'observait puis s'éloignait discrètement. Ses visites enchantaient Utilakapan, qui se prit d'affection pour cette enfant au comportement mystérieux.

Tout au long de l'année, ils tissèrent un lien au cœur du silence. Le jour où Cheyenne apprit à marcher, elle se dirigea vers le tipi d'Utilakapan. Déjà consciente qu'un monde nouveau s'ouvrait à elle, elle repartit d'un pas affirmé révélant un tempérament passionné. Il sourit en la regardant s'éloigner. Une telle force irradiait de ce petit corps qu'il en fut profondément ému.

Un matin, elle alla le rejoindre au pied d'un grand pin. Au moment de partir à la cueillette de plantes médicinales, une petite main s'accrocha aux franges de sa longue veste en daim. Il aperçut la mère de l'enfant, qui lui fit un signe en souriant. D'un commun accord, Cheyenne l'accompagnerait dorénavant.

Elle examinait tous ses faits et gestes, observant attentivement tout ce qu'il ramassait. En prenant les simples dans ses petites paumes, elle les tournait puis respirait leur parfum. Elle s'imprégnait de leur essence et mémorisait leur nom, ainsi que chaque parole de remerciement qu'Utilakapan leur adressait. Quatre saisons s'écoulèrent, pendant lesquelles Cheyenne apprit à marcher avec respect sur la terre de ses ancêtres. Elle suivait les pas d'Utilakapan, qui veillait à ne pas déranger l'ordre naturel des sous-bois et des rivières. Elle communiquait joyeusement avec les esprits de la nature.

Au cours des années, il lui enseigna les vertus de toutes les plantes qu'il utilisait. Apprendre aussi les histoires du peuple rouge transmises depuis d'innombrables générations l'enchantait. En les découvrant, son visage expressif témoignait d'une grande sensibilité, elle en comprenait toutes les subtilités. Le jour de son septième printemps, tel un aigle porté par les vents, elle dessina des cercles en exprimant sa joie de vivre. Le ciel se mit à tonner et fut traversé par un éclair quand apparurent deux aigles. Parcourue d'un frisson, elle retint son souffle. Un lien mystérieux venait de se créer avec les deux créatures ailées. Lorsqu'elles se mirent à planer en formant de grands cercles, elle demeura immobile, captivée et émerveillée par leur vol silencieux. Le temps semblait s'être arrêté à la lueur du crépuscule, qui accueillit un terrible orage et une averse diluvienne.

Le lendemain, la pluie avait reverdi les plaines alentour et le soleil brillait de mille feux, quand Cheyenne se réveilla d'un long rêve. Elle avait reçu de ses ancêtres maintes informations au sens énigmatique. Elle s'empressa de raconter chaque détail à Utilakapan. Ce jour fut consacré à la contemplation. Au sommet de la montagne embaumant sous la lumière de midi, ils prièrent pour qu'elle reçoive la vision lui révélant sa mission.

À l'adolescence, après avoir perdu sa mère et son jeune frère, elle devint orpheline. C'est dans la vallée du chagrin que Cheyenne découvrit une force intérieure irradiant tel un soleil. Chaque jour, elle remerciait le Grand Esprit de lui avoir accordé un père de cœur.

Un jour de printemps, assise sur un rocher du Mont des Deux Étoiles, elle s'allongea et s'endormit aussitôt. Ce fut le bruit d'un caillou près de sa tête qui la réveilla. Elle se redressa vivement, il n'était pas dans ses habitudes de s'endormir en plein après-midi. Son regard croisa celui du grand aigle perché sur un rocher quelques mètres plus loin. Saisie d'un vertige, sa vue se troubla. Elle sentit sa conscience flotter et s'ouvrir aux pensées de l'aigle, puis son corps se mit à frémir. Une onde d'énergie s'éleva le long de sa colonne vertébrale et une force se concentra au centre de son ventre, tel un feu, qui se propagea dans tout son corps. Celui-ci fut soulevé et se retrouva propulsé dans les airs. Cheyenne sentait le vent caresser ses plumes et pouvait voir ses puissantes serres flotter à une hauteur vertigineuse. L'ivresse du vol dans les courants chauds l'entraîna de plus en plus haut dans le ciel. Elle s'enivrait de toutes les sensations que lui offrait le vol. Clarté et acuité de la perception captivaient toute son attention. À cet instant de grande exaltation, elle entendit une voix la mettre en garde : « Cheyenne, ne te laisse pas piéger par tes nouveaux sens, tu pourrais t'oublier en tant qu'humaine ! » Soudain, sa vue se focalisa sur un rongeur savourant une tige d'herbe verte près d'un buisson. Son corps plongea telle une flèche et saisit un chien de prairie entre ses serres. Ses sentiments humains se débattirent pour écarter l'instinct du prédateur. Dans un élan de compassion, elle rendit sa liberté au petit animal. Cheyenne se posa sur la cime d'un vieux pin où se tenait le grand aigle. Au pied de l'arbre, elle aperçut un corps endormi sur un rocher. Tandis que son regard se focalisait sur le visage de la femme, elle se reconnut. Aussitôt, son esprit fut tiré vers son corps. Elle ouvrit les yeux, troublée par ce voyage qui lui laissait des sensations étranges, quand elle entendit le cri perçant du grand aigle.

Devenue une jeune femme au tempérament passionné, elle avait la grâce d'un oiseau et le geste sûr. Son regard clair et profond teinté de gravité révélait une grande douceur. Un soir, parée d'une jolie robe blanche, les cheveux ornés de perles de turquoises, elle prépara un festin en l'honneur d'Utilakapan. Vers son dix-septième printemps, Cheyenne ouvrit son cœur à son père spirituel. Elle lui exprima toute sa gratitude, les joues rosies par l'émotion.

– Tu m'as fait prendre conscience que j'étais une fille de la terre en m'apprenant à marcher dans le respect et l'amour de tous mes frères et sœurs, les animaux, les plantes, les arbres et tout ce qui vit. Tu m'as appris à écouter le cœur de notre mère la Terre qui m'a révélé la voie sacrée de la femme, tant dans l'art de guérir et d'accueillir la souffrance que dans la sagesse du silence qui nous éveille au mystère de l'Esprit. J'ai découvert la beauté de notre univers grâce aux messages du vent, des pierres, des arbres et des animaux, et c'est au chant d'amour de Terre Mère que mon corps a appris à aimer la vie.

Utilakapan souriait intérieurement. Une douce brise les enveloppa. Silencieux, leurs cœurs accueillirent ce moment de grâce. Cheyenne reprit la parole.

– Je me souviens du jour où je suis retournée à mon lieu de pouvoir. Un cercle d'anciens s'était formé autour de moi. Une lumière blanche nous enveloppait quand une voix féminine pleine d'autorité m'adressa ces mots : « Je t'attendais, mon enfant. » Je reconnus en elle une mère et tremblai d'émotion sans pouvoir retenir les larmes qui s'écoulaient. Ce lien si profond qui nous unissait autrefois, avant que je ne sois humaine, me rappelait mon origine cosmique. Une pluie d'amour avait ruisselé en moi et je vis le voyage qu'avait fait mon âme et ce qu'elle souhaitait apprendre et partager avec mes frères et sœurs humains. « En effet, me dit mon ancêtre, tes dons de guérisseuse vont t'éveiller à l'art de voir pour aider à ouvrir la voie à ceux qui aspirent à vivre selon leur cœur. » Soudain, je me retrouvai face à un vieil homme qui se métamorphosa en grand aigle blanc. Il prit son envol et disparut dans les hauteurs infinies du ciel.

Cet homme aux cheveux d'argent se retrouvait assis, le visage radieux, devant la jeune femme qui s'était éveillée au monde de l'Esprit et lui racontait sa première vision.

Un matin, aux aurores, Cheyenne entendit le doux appel du vent et le suivit. Dans le bois de chênes, elle aperçut l'ombre d'une ramure et s'immobilisa pour laisser l'esprit du grand cerf l'approcher s'il le souhaitait. Elle respira l'odeur humide de la terre et des feuilles qui avaient verdi les plaines en un seul jour. Elle se recueillit dans le grand silence aux senteurs printanières. Là, elle reçut la vision du cerf rouge l'invitant à se fondre dans un rocher bleu. Cheyenne respira au cœur du minéral, chercha son centre lumineux pour s'unir à son esprit. En elle, il déposa des chants pour recevoir la mémoire de la Terre.

Ce soir-là, elle pressentit qu'elle était à l'aube d'un nouveau cycle et vit pour la première fois la beauté du monde. Elle aspirait à transmettre toutes les connaissances que lui avait insufflées son père spirituel. Utilakapan sentit que le moment était venu pour partager à la jeune femme sa vision prophétique.

– Tu suis la voie de l'homme rouge qui est le gardien de Terre-Mère. Nous avons reçu un vaste et riche territoire dans lequel nous avons toujours vécu isolés de nos autres frères humains. Or, un jour viendra où l'homme jaune foulera le territoire rouge, il deviendra un véritable frère et se mêlera à notre peuple. Puis, les visages pâles accosteront sur les côtes de notre continent dans de grandes jonques. Malheureusement, ils apporteront avec eux des flèches de tonnerre et toutes sortes de fléaux meurtriers qui sèmeront la mort. Quand l'homme blanc se répandra sur notre territoire, ce temps sera celui de la dévastation et de la détresse de tout un peuple privé de sa médecine, de ses traditions, de sa sagesse et de sa dignité. Lorsque ce cycle de l'histoire sera en marche, les hommes rouges seront dépossédés de tout, leur terre ne leur appartiendra plus et leurs rituels sacrés seront saccagés par l'ignorance et la colère des blancs. Ils enchaîneront nos frères noirs pour les contraindre à travailler sur nos terres. Traités comme des animaux, ils seront niés jusque dans leur humanité.

Utilakapan parlait de plus en plus lentement tant la vision de cet avenir l'oppressait. La tristesse était palpable dans chacune de ses paroles. Cheyenne se débattait contre le chagrin qui lui déchirait les entrailles. Malgré l'immense révolte qui grondait en elle, elle s'efforça d'écouter les moindres détails de cette vision de cauchemar. Utilakapan respira profondément avant de reprendre le cours de son récit :

– L'homme rouge sera le témoin de l'oubli du frère blanc, qui aura totalement perdu le lien avec la sagesse de ses ancêtres et ne reconnaîtra pas ses propres frères en l'homme noir, jaune et rouge.

Un rire nerveux leur échappa lorsque le hululement comique d'une chouette interrompit cette sombre révélation. Ils furent soulagés de retrouver l'harmonie de leur monde. Puis Utilakapan poursuivit :

– Avant que les quatre peuples ne se rencontrent et ne se respectent, bien des saisons s'écouleront sur la Terre. Chacun d'eux devra reprendre le chemin de la voie sacrée, afin d'apporter au monde sa propre lumière. C'est alors que la Prophétie arc-en-ciel pourra s'accomplir. Tous les hommes ont pour mission d'incarner la sagesse universelle en s'ouvrant à leur propre voie, qui inclut la sagesse des autres peuples.

Cheyenne comprit que l'humain est complet lorsqu'il parvient à se voir à travers les autres.

– Tout est accompli, ajouta l'homme sage.

Il sourit et dit :

– Je suis content.

Ce furent ses derniers mots avant de franchir la Porte du Soleil.

******

Chulikan, l'Ancêtre jaune, vivait dans une grotte sur le flanc d'une montagne surplombant une magnifique vallée recouverte de rizières. Il aimait contempler le lever du soleil et regarder les hommes cultiver la terre au rythme des saisons. Tous les matins, le tableau vivant d'un père qui travaillait au champ avec son petit garçon taquin l'amusait. Chaque jour, le petit garçon jouait des mauvais tours à son père, lui faisant toutes sortes de farces. Celui-ci riait toujours de bon cœur avec son petit diable de fils.

Des années passèrent. Un matin, Chulikan, surpris de leur absence, vit une procession funéraire sur un sentier. Trois jours passèrent sans que personne ne vienne travailler la terre. Au bout du quatrième, le jeune adolescent était seul à piquer les plants de riz. Il accomplissait chaque mouvement dans un rythme solennel, semblant suivre les mêmes gestes que ceux de son père. Il n'exprimait plus cette inconscience juvénile qui enchantait Chulikan. Ce dernier fut attristé du malheur qui venait de toucher le jeune homme.

Une nuit, il reçut un rêve dans lequel l'esprit du père le priait de transmettre un message à son fils. Le lendemain, c'est avec plaisir qu'il alla rejoindre l'adolescent pour lui communiquer les dernières paroles de son père. Il se présenta comme le messager de son papa et lui répéta ses propres mots : « Mon enfant, j'ai été très heureux de t'avoir comme fils. Tu m'as comblé de joie depuis le jour de ta naissance. J'ai rejoint ta mère que tu n'as pas connue, mais, là-haut, elle ne t'a jamais oublié. Tu as reçu le meilleur de nous. Tu as en toi toutes les ressources nécessaires pour devenir un homme. J'ai foi en toi. Ta mère et moi serons toujours là pour te protéger. »

L'adolescent, ému jusqu'aux larmes, remercia l'Ancêtre pour ces précieuses paroles à travers lesquelles il reconnaissait toute sa gentillesse. Il était bouleversé d'apprendre que sa maman, qui lui avait tant manqué, n'avait jamais cessé de veiller sur lui. L'Ancêtre le salua puis s'éloigna.

– Je m'appelle Miao ! cria le garçon.

Au cours des années qui suivirent, Miao méditait de longues heures sur la nature de l'esprit. Les paroles que Chulikan lui avait rapportées l'amenèrent à s'interroger sur le voyage de l'âme après la mort. Vint le moment où le flot de questions laissées sans réponse commencèrent à le tourmenter au point de perdre le sommeil, jusqu'au jour où il prit la décision de partir à la recherche du vieil homme dans l'espoir d'obtenir des précisions. Il interrogea les villageois pour savoir où il demeurait, mais personne ne put l'aider. Déterminé à le trouver, il s'engagea sur un sentier sinueux et escalada le flanc de la montagne surplombant son champ. Il se trouva au pied d'une cascade, quand il vit une silhouette lumineuse flottant au-dessus du vide. Il se rapprocha et reconnut Chulikan. Celui-ci vit que Miao le regardait, stupéfait. C'était la première fois qu'un humain percevait son corps de lumière.

Il se déplaça pour vérifier que l'adolescent le voyait réellement. À sa grande surprise, Miao le suivait des yeux. Il vit là un présage et décida de le guider jusqu'à lui. Quand Miao arriva devant la grotte, il découvrit un homme nimbé de lumière. Il méditait dans la position du lotus, un sourire mystérieux sur les lèvres, sourire propre au peuple jaune. Déconcerté par cette expérience surnaturelle, il resta sans voix en découvrant un deuxième Chulikan. L'homme ouvrit alors les yeux et invita Miao à s'asseoir près de lui. Il lui révéla que l'esprit des Ancêtres l'avait choisi afin de lui transmettre la voie du peuple jaune. Dans la brume matinale, deux petites silhouettes accueillirent les levers de soleil en écoutant la musique ruisselante d'une cascade. Chulikan enseigna à Miao les principes de la respiration pour le mener au cœur du silence, là où son âme vibrait à l'unisson du souffle de tous les êtres vivants. Chaque jour, à l'écoute de sa respiration, il développait en son cœur la connaissance du monde. Plus il plongeait en lui-même, plus il touchait des mystères de l'univers. Il eut accès aux différentes dimensions, celles du monde de la matière, des élémentaires et de l'esprit. Chulikan apprit à Miao comment s'aligner sur son être pour s'unir aux souffles des éléments dans une danse aérienne pour nourrir sa conscience. Puis il l'initia à la sagesse sans parole. Au cours de sa pratique méditative, l'enseignement se fit par télépathie ou à travers des visions. Il apprit à accueillir la connaissance qui pouvait descendre par la voie des rêves. L'Ancêtre vit que son disciple était prêt à recevoir son dernier enseignement. C'est lors d'une méditation que Miao put voir, pour la seconde fois, le double de Chulikan flotter devant lui. Celui-ci l'invita à le suivre. Aussitôt, il se retrouva près de lui. Il lévitait au-dessus de la cascade sans avoir fait le moindre mouvement. Ils volèrent dans les airs et traversèrent la matière avec leurs corps de lumière. Miao découvrit la liberté de voyager là où il le désirait. Lorsque sa conscience réintégra son corps, il ouvrit les yeux et sut qu'ils avaient réellement voyagé.

– Le moment est venu pour moi de partir. Je t'ai enseigné tout ce que je sais. Tu es maintenant le passeur de la sagesse de l'homme jaune. Tu connais le chemin qui te relie à la sagesse universelle des Ancêtres. Je suis heureux et te fais don de mon dernier souffle sur Terre.

Le corps de Chulikan s'illumina. Il irradiait comme un soleil, jusqu'à devenir une sphère de lumière. Elle disparut et Miao vit une étoile filante traverser le ciel.

*****

Pachak, l'Ancêtre blanc, vivait au cœur de la forêt dans une petite chaumière. Il aimait contempler la nature en toute saison. Ce matin-là, le chant des mésanges annonçait le printemps. C'était une belle journée, fraîche et lumineuse. La neige commençait à fondre. Les forêts s'éveillaient pour célébrer la venue des beaux jours, les bourgeons apparaissaient, les loutres batifolaient dans l'eau après une longue hibernation et les éperviers parlaient aux esprits des arbres. Pachak marcha jusqu'au sommet d'une colline surplombant le village, où les hommes s'affairaient à leurs tâches quotidiennes. En échange du savoir et des soins qu'il dispensait aux villageois, ces derniers partageaient avec lui le fruit de leur labeur. Ainsi, il ne manquait jamais de rien. Il enseignait à certains l'art des cultures, les soins du corps ou de l'esprit avec les plantes ; à d'autres, il transmettait sa connaissance des astres et l'art d'interpréter les rêves. Il apprenait aussi à toute la communauté comment bâtir leur village en respectant l'équilibre de la nature.

Un matin, aux premiers rayons du soleil, Pachak vint à la lisière du bois pour écouter la voix pure et mélodieuse d'une jeune fille qui conversait avec les oiseaux. Il cessa tout mouvement, de crainte de briser le charme de cette musique féerique. Il ne connaissait pas son nom, car elle fuyait à la vitesse du vent quand elle sentait une présence. La forêt semblait la cacher jalousement des regards indiscrets. Chaque jour, Pachak se levait à l'aurore, impatient d'entendre la voix mystérieuse. Lors de la nouvelle lune, à l'aube, il marcha dans les bois avec de beaux habits verts. La terre humide rafraîchissait ses pieds nus, embaumant à cette heure du jour. Il pouvait sentir la vigueur des racines d'arbres centenaires, où les rayons du soleil venaient danser à travers les feuillages couverts de rosée.

Il entendit d'innombrables oiseaux, mais, ce jour-là, aucune voix ne répondit à leur chant. Pachak ressentit une légère déception et continua sa promenade. Il cueillit quelques herbes médicinales puis retourna à sa cabane. Une jeune fille, vêtue d'une légère robe blanche, attendait devant sa porte. Elle avait une longue chevelure auburn, un bouton d'or dans les cheveux. À son approche, elle se retourna et vit Pachak.

– Bonjour, jeune fille, que puis-je pour vous ?

– Pourriez-vous vous occuper de la blessure de cette mésange, elle a l'air mal en point ?

– Eh bien, entrez, nous allons voir cela...

– Je m'appelle Luneviele.

Elle posa délicatement la petite mésange bleue sur la table près de la fenêtre. Pachak constata que l'oiseau était en voie de guérison. Alors il lui donna quelques gouttes d'une potion à base de racines et de fleurs, pour lui redonner de la vigueur. Il remarqua qu'il avait été bien soigné et demanda :

– Qui a prodigué ces soins ?

– Moi-même.

– Bien, bien, c'est formidable.

Les joues de Luneviele rougirent aux compliments du vieil homme. La mésange se mit soudain à sautiller et se posa sur son épaule. Heureuse, elle remercia Pachak et sortit de sa demeure d'un pas enjoué. Quelques instants plus tard, il entendit le chant d'une mésange et une voix divine lui répondre. Il reconnut aussitôt cette voix cristalline.

Dès le lendemain, Pachak se rendit au village. Il voulait absolument rencontrer les parents de la jeune fille. Ils étaient artisans ciriers et tenaient une échoppe près de la place du marché, confectionnant toutes sortes de bougies à partir de cire d'abeille. Surpris par sa visite, ils se réjouirent en le voyant admiratif devant leurs créations.

– Votre fille a des prédispositions pour la guérison. Dans ces territoires du nord, où la vie est rude, si je lui transmettais mes connaissances, elle serait d'une aide précieuse pour le village. Accepteriez-vous que Luneviele devienne mon apprentie ?

Les parents, honorés d'une telle proposition, acceptèrent avec joie.

Auprès de l'Ancêtre, Luneviele apprit les secrets des plantes et des arbres. Pachak lui montra comment cueillir les simples sans les blesser et lui indiqua les heures propices à la cueillette liées aux cycles de la Lune.

De longues années s'écoulèrent. Un soir, Pachak mit un chaudron à bouillir et prépara une tisane. Ils burent en silence leur bol fumant, appréciant les forces que la plante diffusait dans leur corps. Il l'avertit :

– La vertu médicinale des plantes nécessite que l'on soit à leur écoute et que l'on respecte le lieu où elles ont choisi de prendre racine. On ne doit pas modifier ou contraindre leur environnement.

Le lendemain, Luneviele fit une promenade dans la forêt. Sentant un appel au tréfonds de son être, elle s'arrêta au pied d'un grand chêne. Elle entendit la brise frémir dans ses branches et l'étreignit avant d'écouter le battement de son cœur. L'arbre lui communiquait son amour. Ses hanches et ses bras ondulèrent en harmonie avec les branches se balançant au gré du vent. Ses talons frappaient le sol au rythme de sa joie et un chant s'échappa de ses lèvres, offrant une ode à ses frères feuillus. Elle resta un instant immobile, debout, les yeux fermés. Ses pieds, tels des racines, s'enfonçaient profondément dans la terre, où son corps puisait de la force. Luneviele faisait l'expérience du lien sacré l'unissant à ses frères, les arbres, qui existaient bien avant l'homme. Elle entendit dans sa tête la voix de Pachak : « Tu devras guider tous ces orphelins qui ont perdu leur connexion à la Terre Mère. » Elle médita longuement ces paroles, quand il continua : « Il faudra également leur apprendre que les arbres sont non seulement nos frères d'âme mais aussi nos tuteurs. Ils nous enseignent comment vivre en symbiose avec Mère Nature. »

Depuis plusieurs jours, Luneviele ne voyait plus sa mésange bleue. Habituée à sa présence, elle éprouva un manque et se mit à chanter pour l'appeler. Une main effleura délicatement son épaule, imitant le bruissement des ailes d'un oiseau.

– Je suis là, susurra Pachak d'une voix grotesque.

Elle sursauta, contrariée. Il fronça légèrement les sourcils et prononça ces mots :

– La nature nous fait don de sa beauté. Ne pas savoir se satisfaire de ce qu'elle nous offre et exiger d'elle toujours davantage pour combler nos frustrations est une de nos pires faiblesses. En lui imposant notre volonté et nos caprices, nous menaçons son équilibre. Or, cet écosystème s'accorde au rythme des pulsations de la Terre. Pour que nous participions à la création, nous ne devons pas nous l'approprier comme si elle nous appartenait de droit. Nous ne sommes que des voyageurs de passage qui expérimentons ce qu'est l'humain. Nous devons la servir et la sauvegarder pour laisser à nos enfants une terre d'amour. L'homme blanc, qui a la faculté de projeter son esprit et de modeler son environnement, doit être très prudent, car cette propension pourrait se retourner contre lui.

Pachak lui transmit ses connaissances tout au long des années. Elle prenait soin des villageois qui la nommaient « la jolie sorcière ». Lorsqu'elle atteignit l'âge de la sagesse, il vint la retrouver une dernière fois.

– Maintenant que tu sais ce qu'est l'harmonie, tu es prête à accueillir cette vision.

Elle vit dans ses yeux des animaux asservis aux caprices et à la cruauté des hommes. Certaines espèces étaient en voie de disparition. Un choc violent frappa sa poitrine, son cœur fut foudroyé par une atroce douleur, son âme gémissait. Devenus captifs, les animaux étaient en proie à une colère se retournant contre les humains qui les avaient réduits en esclavage et, pire que tout, les avaient dépouillés de leur âme. De même, la part animale de l'homme, longtemps occultée et brimée, finissait par se retourner contre lui à travers toutes sortes de maux physiques et mentaux. Des hommes erraient sans conscience, avides et réduits à l'état de prédateurs fous. Le souffle haletant, terrifiée, Luneviele supplia :

– Pourquoi me montrer quelque chose d'aussi abominable ? Ce n'est pas réel !

– Luneviele, je t'ai montré ce qui arrivera aux hommes lorsqu'ils rejetteront leur part animale. La violence qu'ils feront subir à leurs frères de la nature est le miroir de ce qu'ils s'infligeront eux-mêmes.

Soudain, elle eut une vision. La vie se déployait sous la forme d'un gigantesque arbre cosmique. Ses innombrables racines s'étendaient à l'infini. Parmi elles, elle vit les quatre Ancêtres prendre soin de celles de couleurs noire, rouge, jaune et blanche. Elles leur insufflaient force et sagesse. Puis, Luneviele se vit au pied de l'arbre. Après elle, se succéda toute une génération d'hommes et de femmes. Ainsi se créait une chaîne humaine ininterrompue protégeant l'Arbre sacré. Elle put contempler ses fruits qui nourrissaient l'esprit de l'homme et perpétuaient le rêve de tous les êtres vivants. Elle perçut avec gravité l'immense responsabilité qui était la sienne. Elle ne devait pas rompre le lien qui l'unissait aux Ancêtres et aux futures générations. Pachak ajouta :

– Il est essentiel, Luneviele, d'apprendre à l'homme blanc la patience et l'humilité.

Après avoir accompli sa mission de passeur, il quitta la terre par la Porte du Soleil et rejoignit ses frères...

*****

Dès que les quatre Ancêtres des humains – Uchapak, Utilakapan, Chulikan et Pachak – eurent initié les futurs gardiens de la sagesse universelle, ils rejoignirent les autres Ancêtres.

Des années plus tard, ils accueillirent Moussa, Cheyenne, Miao et Luneviele une fois leur mission accomplie. La sagesse des anciens se transmit ainsi de génération en génération. Au fil des siècles, les passeurs franchissaient la Porte du Soleil lorsqu'ils avaient réalisé leur destin. Les Ancêtres assistèrent à l'évolution de tous les êtres vivants et accueillirent les humains au terme de leur voyage terrestre après avoir éveillé leur mémoire cosmique.

Au fil des siècles, toutes les voies furent léguées à leurs descendants, sauf la blanche, qui se perdit et sombra progressivement dans l'oubli.

Les Ancêtres formèrent un cercle de conseil car, pour que s'accomplisse la Prophétie arc-en-ciel, les quatre peuples devaient unir leurs sagesses, afin de permettre à l'humanité d'entrer dans un nouveau cycle cosmique. C'est pourquoi ils décidèrent que le moment était venu pour que l'homme blanc rencontre enfin ses frères. Ainsi, pensèrent-ils, il pourrait retrouver la mémoire de leur propre tradition. Or, lorsqu'il s'aventura vers leurs terres, il n'eut de cesse de les conquérir.

Le jour où il rencontra l'homme jaune, face à sa culture réservée et discrète, il ne sut pas comprendre son monde intérieur. Or, celui-ci aurait pu lui donner accès à une voie permettant d'appréhender la sagesse cosmique.

Le jour où il rencontra son frère noir, il l'assujettit, car il ne correspondait pas à l'image qu'il se faisait de l'homme civilisé. Non seulement il s'enrichit de ses biens et de ses terres, mais il s'arrogea aussi le droit de vie et de mort sur lui. L'homme noir, dans sa nudité, lui renvoyait son état originel, qu'il avait rejeté sous le poids de la culpabilité, et dissimulé derrière un masque de moralité.

Son mode de vie naturel exprimait l'amour du corps dans toute son innocence. Il acceptait sa fragilité face aux forces de la nature. Il était conscient de ne faire qu'un avec la terre. La sagesse du corps l'ouvrait à la mémoire cosmique. Cela, l'homme blanc ne put le saisir.

Le jour où il rencontra son frère rouge, là encore, il le considéra comme un païen ignorant, ne comprenant pas le lien sacré le reliant à la nature. Il méprisa cet homme qui n'accordait aucune valeur à l'or et honorait davantage le Soleil et la Terre.

L'homme rouge, qui était le gardien de la Prophétie arc-en-ciel, avait accueilli son frère blanc avec l'intention de lui partager sa médecine sacrée, mais il constata que son cœur était fermé. Coupé de son âme et de sa terre nourricière, ses actes et ses paroles étaient mus par une grande colère prenant la forme d'une terrible avidité due à la perte de sa voie.

Non seulement aucune rencontre ne put avoir lieu avec ses autres frères, mais il les jugea indignes d'être des hommes et les priva de leur droit d'aller au paradis. C'est pourquoi le cycle de la voie blanche ne put s'accomplir, empêchant la rencontre fraternelle des quatre peuples de la Terre.

Des siècles s'écoulèrent. Les Ancêtres s'attristaient de voir que l'homme blanc n'entendait plus ses prières. Son esprit s'était fermé à leurs messages prodigués à travers les rêves et le langage des esprits de la nature. Il avait choisi une autre voie dans laquelle il soumettait la nature à sa volonté. Il était sorti du cercle sacré. Les Ancêtres comprirent que le temps n'était pas encore venu pour que s'accomplisse la Prophétie arc-en-ciel.

Les peuples frères vécurent une guerre fratricide où l'intolérance et la haine se déchaînèrent. De cette rencontre à l'issue meurtrière, il ne ressortit que colère et ressentiment, chaque peuple étant contaminé par ce fléau. Le monde connut alors des périodes sombres. La Terre, dans sa propre chair, ainsi que tous ses enfants, subirent les affres de cette violence dévastatrice.

Les Ancêtres virent qu'un sentiment de culpabilité naissait chez les quatre peuples. Certains hommes de couleur, par convoitise, se rallièrent à la cause des blancs. Inversement, par humanité, certains blancs défendirent la cause de leurs frères.

Puis ils assistèrent, impuissants, à la propagation du fléau de la culpabilité. Elle s'étendait de plus en plus tel un poison rongeant les entrailles de la Terre. Celle-ci ne parvenait plus, malgré tout son amour, à porter le mal perpétué par les hommes. Pour survivre et appeler ses enfants sur la voie sacrée, tel un animal assailli par des parasites, elle se secoua, allant jusqu'à déclencher de redoutables cataclysmes.

Cette culpabilité devint un lourd héritage, qui ne cessa de corrompre l'arbre généalogique humain.

Quand les hommes arrivaient au terme de leur voyage terrestre, ils étaient conscients de n'avoir pas laissé une trace d'amour derrière eux. C'est pourquoi les ancêtres voyaient leur âme irradiée de tristesse. Cependant, ils étaient émerveillés devant la descente des âmes étincelant au cœur de l'immensité pour venir s'incarner. Elles ressemblaient à de petites étoiles tombant du ciel et portaient en elles le germe d'un grand amour pour féconder la Terre. Dans l'autre réalité, ils unirent leurs prières à celles des Ancêtres pour insuffler foi et force à leurs descendants. Ils avaient l'espoir qu'un jour, l'un d'eux puisse purifier l'arbre généalogique de ses ancêtres afin que tous les êtres qui viendraient à s'incarner puissent accomplir leur mission.

Toutes les âmes aux couleurs de l'arc-en-ciel, qui scintillaient dans leur descente sur Terre, furent bénies par Pachak, Chulikan, Uchapak et Utilakapan. Aux confins de l'univers, elles offraient une magnifique mélodie cristalline. Ils prièrent pour qu'elles puissent offrir leur chant au cœur de Terre-Mère.

Depuis que Mère Vent avait insufflé aux hommes toutes les émotions, les éveillant aux sentiments qui les uniraient à leurs frères humains, Apama, notre Terre, les avait vus se couper des cycles naturels de la vie. Elle assistait à la perdition d'une sagesse millénaire. La rupture des liens avec leur mère nourricière et l'oubli de leur origine cosmique les privaient de la connaissance de leur véritable essence. Cette absence de connexion avec la terre et le ciel de leurs ancêtres les condamnait à l'errance. Plongés dans une profonde solitude et une grande confusion, ils devenaient la proie d'innombrables peurs, qui prenaient progressivement le contrôle de leur esprit. Elles revêtaient la forme d'un monstre hideux aux multiples têtes, créant une réalité dans laquelle ils étaient soumis à son pouvoir.

Les hommes devaient s'éveiller du cauchemar créé par cette hydre à l'appétit insatiable, qui se nourrissait de toutes leurs émotions au détriment du rêve humain. Elle soumettait leur volonté sous la menace des monstrueuses têtes de la jalousie, de la colère, de la culpabilité et de la haine. Afin de les aider, les quatre Ancêtres insufflèrent dans la trame de toutes les histoires qui allaient naître, une parcelle de leur lumière.

Récit II

La Culpabilité

– Les hommes arc-en-ciel sont des passeurs, dépositaires des quatre voies de la sagesse, ils ont toujours existé. Leur configuration énergétique leur permet d'accéder au monde de l'invisible. Cette perception globale leur permet de saisir la trame qui sous-tend chaque événement. Leur mission est d'aider l'humanité à traverser les différents cycles d'évolution. La Terre est en phase pour accueillir le cinquième âge de l'homme, l'ère de l'unité, celle du cinquième soleil. Actuellement, les scientifiques observent que les rayonnements solaires et la fréquence vibratoire de la Terre augmentent. Nous entrons dans un nouvel âge, celui de l'homme multidimensionnel, où la conscience humaine peut désormais s'éveiller à la manifestation de l'Esprit dans la matière. Les quatre voies représentent les quatre chemins de l'accomplissement de l'humanité. Elles constituent la réunification des quatre piliers de la constellation humaine permettant de recevoir les énergies cosmiques, à l'image de la pyramide à quatre côtés d'où l'énergie cosmique est canalisée en son sommet pour venir spiritualiser la matière. La convergence de ces quatre directions permet d'accueillir au centre l'énergie qui va rayonner et ainsi former un cercle, la structure parfaite sur le plan énergétique pour recevoir et manifester l'harmonie. Il est le modèle divin se reflétant dans l'univers comme dans celui de la cellule. L'homme actuel entre dans cette ère multidimensionnelle où le dedans est le dehors, où le visible est l'invisible. Nous sommes à la fois dans ce temps linéaire et dans la simultanéité que nous pouvons observer dans les phénomènes de synchronicité.

– Le dedans est le dehors, le visible est l'invisible ?

– Ce qui se manifeste au-dehors est à l'image de notre monde intérieur. Lorsque nous vivons des états conflictuels, le monde extérieur met en scène une situation cristallisant cette dualité, afin de nous permettre d'intégrer l'énergie qui nous fait défaut.

– Quand il s'agit de génocide, comment l'expliquez-vous ?

– Je vous ai parlé du conflit existentiel que nous traversons tous, qui est lié à la perte de notre mémoire cosmique. Les contes retracent les différents événements tragiques qui nous ont amenés sur le chemin de la destruction, lié à la perte du lien avec Mère Nature. Or, sans cette connexion, nous sommes soumis aux conséquences des fluctuations du temps. L'alignement du corps, de l'âme et de l'esprit passe obligatoirement par une longue pacification des mémoires transgénérationnelles. Retrouver un lien d'amour avec Terre Mère fortifie notre corps pour lui permettre de recevoir la lumière divine. Sur la voie de la connaissance, nous apprenons à unir en notre centre le ciel et la terre, ce couple divin. Dans les sociétés occidentales conditionnées par un modèle patriarcal, l'équilibre entre l'autorité équanime de la mère et du père a été rompu. Tous les drames collectifs qui prennent la forme de guerres, de génocides et de régimes totalitaires sont la somme des conflits familiaux explosant à l'échelle d'un pays, jusqu'à l'échelle planétaire. L'homme est dans cette phase charnière où il est impératif de régler les problématiques transgénérationnelles. Il lui faut guérir pour passer de l'état de mutant à l'état d'humain. Lorsque nous réalisons cette unité en nous, nous atteignons cette autorité équanime. Nous pouvons alors manifester une réalité centrée sur notre cœur qui n'est plus dépendante d'une autorité extérieure. Nous devenons des êtres autonomes.

– J'ai compris que la Prophétie arc-en-ciel n'avait pas pu se réaliser parce que le cycle de l'homme blanc ne s'était pas accompli. Que doit-il faire ?

– Par le passé, il s'est privé des enseignements des jolies sorcières en les condamnant au bûcher. Cette tragédie, qui a résulté du conflit entre les valeurs féminines et masculines, est gravée dans les mémoires. Il s'est perdu en s'écartant de la voie de ses ancêtres, les druides. En s'éloignant du chemin du cœur, sa culpabilité n'a engendré que plus d'orgueil, de violence et de guerre dans le monde. Il est urgent qu'il prenne conscience de sa fonction de gardien de la Terre. Depuis l'avènement de l'ère industrielle, des sages des peuples premiers, face à la désacralisation de la vie humaine, viennent de plus en plus en Occident partager leur connaissance, afin d'éveiller les hommes à leur propre voie spirituelle. D'ailleurs, si nous prenons l'exemple des hommes médecines amérindiens porteurs de la mémoire de l'un des plus grands génocides, ils nous ont démontré qu'il est possible de pardonner. La transmission de cette énergie du pardon nous enseigne la véritable humilité, qui mène à l'ouverture du cœur. Or, dans notre monde actuel, tout obéit au dictat de la productivité et du profit, engendré par un système consumériste, où tout est exploitable, que ce soit dans le règne animal, végétal, humain ou même spirituel. Pourtant, tous les peuples sont concernés par le devenir de notre humanité. L'hégémonie du modèle occidental, arrivée à son paroxysme avec ses conséquences désastreuses, invite chaque être humain à assumer le passé de son peuple, qu'il soit blanc, rouge, noir ou jaune. Le devoir de mémoire envers tous les êtres ayant subi l'esclavage, la colonisation ou les génocides, ne peut plus continuer à nourrir le ressentiment et la culpabilisation au nom de leur souffrance, car il n'honore pas la mémoire des aïeux, mais alimente la vengeance et la haine de l'autre.

Toute la difficulté dans le travail de réconciliation au niveau personnel, comme à l'échelle collective, repose sur notre capacité à assumer le passé tel qu'il a été et d'avoir foi en notre pouvoir créateur pour le transformer, afin de donner vie à un monde où s'expriment la pluralité des différentes formes d'intelligence, de perceptions, de connaissances, toutes sources d'enrichissement intérieur et d'évolution. Le devoir de mémoire vise à honorer les disparus en célébrant la vie avec la joie d'être vivant et non en cultivant les souvenirs des douleurs vécues, car le poids de la culpabilité ne fait que peser de plus en plus sur la conscience collective. Les âmes trépassées se trouvent sur un plan de lumière où vibre l'amour, leur présence à nos côtés ne vise qu'à nous rendre heureux le temps de notre voyage sur terre. De plus, tout ce qui fut vécu de terrible n'est que le reflet de notre propre violence. L'autre est le miroir de notre humanité déchue ou honorée. C'est grâce à un travail de libération des mémoires de souffrance, dont nous avons tous hérité, que nous pourrons nous délester du poids de la culpabilité. L'épreuve pour cette décennie est de sortir de la perception duale du monde, où la cause de nos malheurs et de notre bonheur dépend toujours de l'extérieur. S'extraire de la sphère d'affectivité dans laquelle notre personnalité s'est construite est une nécessité pour pouvoir s'éveiller à une conscience reliée à l'intelligence du cœur, qui ne soit plus soumise au prisme des émotions passées alimentant une perception subjective, où s'oppose toujours le bien et le mal, le dehors et le dedans. C'est un fait dont nous ne pouvons plus faire abstraction. Partant de ce constat, nous devons nous responsabiliser pour marcher vers la paix intérieure et rayonner cette énergie pour manifester à la Terre Mère nos plus belles aspirations et visions.

Hirmann se lève et boit son thé froid en s'approchant de la fenêtre.

– J'ai beaucoup parlé...

Il se tourne vers moi et me lance un regard sévère, comme si je l'avais contrarié. Cela me met mal à l'aise, je ne comprends pas ce qui se passe. D'un geste brusque, il pose sa tasse vide sur la table basse avec un air de reproche. L'angoisse me saisit.

– Vous vous sentez coupable ?

Je suis décontenancée par le ton chaleureux de sa voix qui m'apaise aussitôt.

– Vous avez construit un monde dans lequel vous faites tout ce que vous pouvez pour que les choses se passent toujours harmonieusement, mais la véritable harmonie survient seulement de la résolution de tous nos conflits. Cela exige de reconnaître toutes les stratégies que nous avons élaborées consciemment et inconsciemment pour nous protéger de toutes les formes d'agression, afin de nous en libérer. Par exemple, voyez la gentillesse : derrière se cache parfois la peur. Lorsque ce schème de comportement s'installe, il devient une habitude qui régente toutes vos relations avec le monde. Vous avez alors développé une grande sensibilité aux basses vibrations, qui a conditionné une perception subjective du monde. Cela vous a contraint à sacrifier l'expression des énergies primordiales. Jusqu'à présent, la délicatesse a fait loi dans votre monde, mais elle est devenue un obstacle à votre évolution. Pour vous libérer d'un modèle de comportement conditionné par une autorité abusive, vous avez besoin de toutes vos énergies de vie afin de pouvoir gérer au mieux toute situation conflictuelle. Je vous ai déstabilisée pour que vous puissiez voir combien votre équilibre dépend toujours des forces extérieures.

– Ce que vous me dites explique le fait de tout prendre au sérieux et de tout rendre important.

– Travailler avec acharnement et faire tant d'efforts comme vous le faites, malgré votre intention de prendre soin de vous, témoigne de la difficulté de changer ses habitudes. L'orgueil se cache toujours derrière une personnalité volontaire, elle le pousse à se dépasser, jusqu'à s'oublier. Ce tempérament vous a empêchée de vous confronter à votre jalousie et à votre colère, car vous cherchiez toujours à les dépasser au lieu de les accueillir.

– N'est-ce pas normal que je veuille être en paix et ne plus être jalouse et...

Hirmann m'interrompt et ajoute d'une voix inflexible :

– Vous ne pensez qu'au résultat, et vous ignorez qu'il y a tout un cheminement nécessaire pour atteindre la floraison. Vous avez appris à défendre un idéal avec ses valeurs et ses convictions... Votre attention est toujours portée vers l'extérieur. Par exemple, lorsque vous jugez le comportement d'une personne qui n'est pas conforme à vos croyances ; en réalité, votre mental ruse en utilisant ce moyen pour vous détourner de l'expérience de votre souffrance. L'ego n'est guère flatté de reconnaître qu'il est frustré, aussi se cache-t-il derrière un masque de vertu.

– Si je comprends bien, pour rompre cette habitude, je dois commencer par cesser de porter mon attention exclusivement sur les actes des autres, qu'ils soient bons ou mauvais.

– C'est cela : en laissant votre attention s'attacher au dehors, vous ne pouvez pas être consciente de tous les mécanismes de défense qui vous retiennent dans le passé. Vous n'êtes plus en mesure d'appréhender la colère au moment où elle monte en vous. En acceptant de ressentir cette énergie dans votre corps, vous pourrez libérer toutes vos tensions, pour être pleinement disponible à l'instant présent.

– Faire face à toutes mes émotions sans les juger est une manière d'être qui m'est totalement étrangère. Je vais devoir faire le vide dans ma tête, me défaire de nombreuses croyances et illusions pour me connaître telle que je suis réellement. Je crois mieux comprendre le sens d'une phrase que j'ai lue : « Ce n'est pas ce que l'on fait qui importe, mais ce que l'on est. »

– Vous avez compris, mais les habitudes sont ancrées au plus profond de notre inconscient. C'est pourquoi il faut être patient avec soi-même, comme avec un petit. Il faut répéter et répéter encore l'acte d'attention à soi, pour enrayer ces mécanismes qui ont acquis une grande amplitude et agissent à notre insu. Ce travail est nécessaire pour retrouver notre être à l'état originel. Depuis notre plus jeune âge, nous avons appris à ne voir le monde qu'à travers la sphère affective. En jugeant les émotions de l'enfant, on lui apprend à les réprimer. De cette manière, il se coupe de sa part sauvage. Or, elles sont l'expression du corps qui s'éveille aux différentes impulsions de la vie. Dans la nature, les animaux incarnent les émotions propres à tous les êtres vivants. C'est pourquoi dompter ou tuer un animal, c'est se priver de sa sagesse. Dans la nature, toute la biodiversité est vitale pour l'écosystème d'un lieu ; de même, chacune de nos émotions participe à l'harmonie de notre temps intérieur. Il y a toujours un traumatisme à l'origine de nos plus grandes peurs. Elles ont eu pour conséquence de nous couper des cycles naturels de notre évolution. Par crainte de revivre le sentiment d'impuissance, nous avons refusé de nous confronter à des situations violentes. Pourtant, notre force repose dans notre capacité à accueillir cette vulnérabilité. Adulte, nous devons apprendre à accueillir les souffrances passées ravivées dans les situations du présent. Il nous faut prendre conscience du fait que nous disposons désormais de ressources qui étaient alors inaccessibles à l'enfant. La réalité de l'expérience humaine se donne à vivre dans le jeu perpétuel des polarités opposées mais complémentaires. Cette danse des énergies, oscillant entre l'ombre et la lumière, révèle l'essence de notre âme, source de notre sagesse et de notre force intérieure. La bonté s'éprouve dans cette humilité à accueillir la vie avec ses nuances sombres et lumineuses. Ainsi, on peut faire grandir en soi l'amour. On se libère progressivement du joug systémique d'un mental orgueilleux conditionné par nos anciennes peurs. Le courage de rompre les chaînes ayant réduit notre esprit en esclavage est un acte transgressif qui nous met face à la culpabilité. Ce défi que nous relevons est la condition pour atteindre la liberté. Elle se manifeste lorsque notre autorité grandit. Le père et la mère intérieurs célèbrent notre souveraineté dont la puissance créatrice prend source dans l'union des énergies de la terre et du ciel. Le profane et le sacré s'interpénètrent pour donner naissance à un cycle de vie-mort-vie qui fluctue continuellement.

Les paroles d'Hirmann confirment une intuition : j'ai toujours pensé que l'homme était bon dans son état originel, mais qu'il avait été encombré de préjugés et de croyances ne lui permettant plus d'exprimer librement les élans de son cœur.

– Le temps est venu pour vous d'écrire une histoire de lumière en entrant dans la roue de la vie, là où toutes les énergies participent du grand œuvre divin. Désormais, vous savez que la colère est une expression naturelle et que, pour faire face à ce qui la bloque, vous devrez vous confronter à la manipulation.

Hirmann précise qu'il y a sept étapes dans le jeu de la manipulation : la dévalorisation, la culpabilisation, les bons sentiments, la fausse compassion, le marchandage et, pire encore, le chantage et la persécution.

Il s'adosse confortablement contre les coussins et croise les bras. Son regard m'évoque celui d'un aigle planant dans les hautes sphères. Un espace se crée autour de nous. Je me vois au cœur d'un vaste désert où tout est présence. J'ai l'impression de retourner en un lieu que j'aurais quitté il y a fort longtemps.

– Maintenant, nous allons suivre les chemins par lesquels la culpabilité entre dans nos vies. Êtes-vous déjà allée au cimetière du Père-Lachaise ?

– Oui, d'ailleurs j'ai été fascinée par ces arbres qui poussent au travers des pierres tombales.

– C'est le miracle de la vie, une petite fleur, un brin d'herbe peut traverser un mur de béton. On peut voir à travers nos cuirasses toute la trame des émotions où se sont cristallisées des peines et des colères. Ces émotions non libérées sont autant d'obstacles qui nous empêchent de grandir. Si nous dévalorisons une personne en la comparant à quelqu'un d'autre, cela provoque une blessure d'estime à l'origine du sentiment de jalousie. L'accumulation de paroles négatives crée une faille qui empêche le développement de la personnalité. Cette fêlure est l'expression d'une souffrance qui nous pousse à chercher à la combler par tous les moyens.

– Le manque est à l'origine de notre besoin de reconnaissance dans le regard des autres.

– Oui, cette habitude est née du besoin de réparer une image défi-ciente de soi-même. Un enfant ne trouve le chemin de l'autonomie affective qu'en grandissant dans un environnement bienveillant. Or, la dévalorisation et la culpabilisation sont des facteurs qui entravent son développement. Parfois, l'adolescent rejette l'affection et l'au-torité de ses parents qui s'immiscent alors dans son cœur en jouant avec ses sentiments, se faisant passer pour des victimes. Pourtant, c'est le moment où il doit pouvoir se positionner dans sa famille pour extérioriser ses émotions, ses ressentiments et, en particulier, ses colères refoulées, afin d'asseoir son individualité. C'est un passage incontournable pour gagner en confiance. La manipulation à tra-vers la fausse compassion, le marchandage ou le chantage est une forme de castration des élans de vie. En entrant dans l'âge adulte, s'il est toujours infantilisé, il devra briser cette mécanique affective qui le maintient dans une relation de dépendance. Cela est valable à trente, quarante ou cinquante ans, surtout si, pendant l'enfance, il a connu la forme de manipulation la plus extrême, la persécution. À ce stade, l'adulte a profité de la vulnérabilité de l'enfant, s'acharnant sur lui en exprimant une violence verbale pouvant aller jusqu'à la violence physique. L'enfant qui a enduré toutes ces formes d'humi-liation a le cœur et l'esprit blessés, parfois brisés.

– Je vois mieux maintenant l'origine des lames de fond qui nous submergent. Cette brisure dans le cœur de l'enfant le pousse à se réfugier dans l'imaginaire et l'idéalisation, soit à sombrer dans des addictions. Chacun se rebellera à sa façon, l'un refoulant ses co-lères, l'autre allant dans l'excès inverse.

– C'est tout à fait juste : celui qui a étouffé sa colère ne pourra éter-nellement faire abstraction de toutes ses souffrances, car elles lui reviendront un jour sous la forme d'un gouffre s'ouvrant sous ses pieds.

Hirmann garde le silence. Un papillon apparaît sur le rebord de ma fenêtre. Je suis captivée par son vol. Il vient se poser sur mon épaule avant de repartir.

– Avez-vous entendu son message ?

– Une phrase me vient à l'esprit : « C'est une belle journée pour mourir... »

Hirmann esquisse un sourire.

– Nos pensées nous viennent parfois de sources bien mystérieuses.

Il s'arrête de parler un instant, puis me dit qu'un thé nous ferait du bien avant de me raconter une histoire sur la manipulation.

Les Sept Sortilèges d'Elnéïr

Autrefois, il existait une magnifique cité bâtie au bord de la mer d'Osham. Du ciel, ses bâtisses brillaient comme autant de joyaux lorsque le soleil illuminait leurs façades et, les nuits de pleine lune, elles se mettaient à luire comme des milliers d'étoiles. À l'aube, les ailes blanches des mouettes se découpaient sur la mosaïque turquoise des coupoles du palais royal. Les voyageurs ayant eu le plaisir de la contempler lui donnèrent le nom de Cité Bénie. On venait de toutes les contrées pour admirer sa splendeur. Elle fut louée dans maints poèmes et chansons à travers le royaume et au-delà des mers.

Un jour, Elnéïr, une belle sorcière à la chevelure d'argent, eut connaissance de son existence par les récits de marins. Dès le lever du jour, elle invoqua le vent du nord et le chevaucha en quête de cette contrée mystérieuse. La ville était parée de milliers de lueurs aux couleurs chatoyantes, la mer qui l'entourait célébrait le lever du soleil, lui offrant son plus beau spectacle de lumière.

Plus tard, quand la lune apparut, Elnéïr fut saisie d'admiration : la cité luisait comme si toutes les étoiles étaient descendues bénir les hommes. Éblouie, le cœur rempli d'une passion débordante, elle pensa : « Même avec ma puissante magie, je ne parviendrai jamais à édifier une telle merveille. » Le lendemain, sous l'apparence d'un simple voyageur, elle alla à la rencontre de ce peuple. Elle déambula le long d'une allée de figuiers aux senteurs parfumées donnant sur une place ornée de mosaïques. Au centre, une eau cristalline jaillissait d'une fontaine, des oiseaux s'y rafraîchissaient. Tout autour, des maisons blanches formaient une composition harmonieuse. Elle fut attirée par les effluves d'épices, de fleurs, de miel et de santal d'une allée marchande. Des voyageurs, accoutrés d'habits exotiques, venaient de tout le royaume et troquaient leurs marchandises devant des étals chargés de fruits aux couleurs vives et d'étoffes de soie. Elnéïr admira ces hommes élancés à la peau noire, ornée de tatouages et de bijoux précieux. Ils étaient presque nus et ne portaient qu'un simple pagne blanc. Leurs gestes étaient gracieux et leur démarche souple et élégante, ils étaient d'une grande beauté.

À l'ombre sur le seuil de leur porte, des femmes riaient en jouant avec leurs enfants. Elles exprimaient la joie de vivre dans l'insouciance du moment présent. Une jeune mère allaitait son bébé, le visage rayonnant et paisible. Les corps aux formes généreuses reflétaient la douceur de ce peuple prospère.

Assis sous un palmier, un vieil homme écrasait des pétales de fleurs mêlés à des roches de couleurs dans un pilon en pierre. Il préparait les pigments pour maquiller les corps. Intriguée, Elnéïr lui demanda :

– Je n'ai jamais vu bâtisses aussi éblouissantes ! Quelle est votre magie ?

Surpris par la question, l'homme répondit :

– Noble voyageur, il n'y a pas de magie. C'est notre père Soleil et notre mère Lune qui ont béni notre terre de leur lumière. Nous les remercions en leur offrant un spectacle scintillant sur les façades de nos demeures.

Il saisit une poignée de terre blanche dans un pot et lui montra de quelle matière les façades étaient recouvertes. Persuadée que l'homme lui cachait son secret, contrariée, elle appela son vent et repartit vers sa terre natale, une île vaste du nom d'Ahriman. Un vieux volcan endormi depuis des siècles se dressait au milieu des terres. Malgré ses forêts verdoyantes, ses lacs et ses cours d'eau, cette contrée gardait un aspect sombre. Son peuple était peu loquace. La vie s'y déroulait au rythme des cultures des champs et des nombreux chantiers recouvrant la surface du pays. Bien que la terre offre à ses habitants deux bonnes récoltes par an et des pierres précieuses en quantité, ils ne la tenaient pas en grand respect, exploitant jour après jour ses flancs de montagne, creusant des mines dans ses vallées, sans jamais l'honorer d'un simple rituel. Avec les trésors qu'elle leur prodiguait, ils confectionnaient des objets et des bijoux raffinés qu'ils gardaient jalousement dans des coffres en métal, leur accordant plus de valeur qu'à leur propre vie. Contrairement au peuple d'Osham, ces hommes étaient dénués de grâce et de beauté, et n'avaient pas le moindre respect envers leur corps, l'exploitant jusqu'à l'épuisement, préférant s'enrichir à ses dépens.

De retour chez elle, Elnéïr, qui vivait retirée dans les bois, décida qu'elle rendrait le pays d'Ahriman aussi digne d'admiration que celui de la Cité Bénie. Elle s'enferma sept jours et sept nuits. Tous les animaux à proximité de sa chaumière s'enfuirent. Le huitième jour, des éclairs déchirèrent le ciel, la foudre frappa le sol et une tempête de vent arracha les arbres autour de la maison. C'est alors qu'un hurlement inhumain fit trembler les cieux et la sorcière sortit, le regard brûlant d'une passion funeste. Elle appela la foudre et la chevaucha. Ayant fait appel à un sort proscrit dans la lignée des mages, elle était déterminée à satisfaire ses folles ambitions, quel qu'en soit le prix payé par les habitants. Elle se transforma en un gigantesque dragon noir qui apparut au-dessus du palais royal. Les Ahriméniens, terrifiés, tremblèrent devant la monstrueuse créature ailée. Elnéïr parla dans un grondement effrayant, tandis que des volutes de fumées nauséabondes s'échappaient de ses naseaux.

– Entendez-moi, Ahriméens. Par-delà les mers, existe un royaume extraordinaire. Son peuple est si beau que la Lune et le Soleil les admirent. Je veux que tous ensemble nous bâtissions une cité digne des dieux.

Si, par crainte, certains étaient prêts à obéir, plus nombreux furent ceux qui se rangèrent sous l'ordre de leur souverain qui, furieux de subir un tel affront, refusa de se soumettre à sa volonté. Ses hommes, fiers et téméraires, se révoltèrent en attaquant l'immense créature ailée. Elnéïr déclara d'une voix fracassante :

– Obéissez, sinon vous subirez mon courroux !

Elle cracha des flammes meurtrières, puis déclencha des orages et fit apparaître une pluie d'éclairs sur les pauvres malheureux, qui périrent par milliers.

Sa fureur ne s'apaisa qu'en voyant les maisons et les cadavres calcinés jonchant le sol. Les sujets fidèles au roi ne fléchirent pas. Bien au contraire, ils redoublèrent d'ardeur au combat, décochant des volées de flèches qui firent gémir de douleur la créature. Courroucée de voir son plan mis en échec, Elneïr tournoyait dans le ciel obscur lorsque lui vint une idée : « Si je veux obtenir l'obéissance des sujets du roi, il me faudra dominer leur esprit pour devenir leur souveraine. »

Au crépuscule, elle plongea tous les habitants dans un sommeil de sept jours. À travers leurs rêves, elle s'immisça dans leur esprit. Au septième jour, parvenue à assujettir tous les Ahriméens, elle fut reconnue comme étant leur monarque, y compris par le roi.

– Grâce à vous, chers sujets, nous allons bâtir cette splendeur que nous appellerons la Cité aux Mille Joyaux. Tous les peuples de la Terre reconnaîtront sa magnificence.

Au bout du huitième jour, elle mit fin au sortilège, mais instaura un régime tyrannique. Le royaume d'Ahriman s'éveilla sous les rayons d'un soleil éblouissant. Ces hommes, autrefois si fiers, étaient désormais prêts à tout pour servir la folie des grandeurs de leur nouvelle souveraine : elle avait brisé leur esprit. Tous s'affairaient laborieusement aux quatre coins de l'île, laissant collines et plaines dévastées.

La reine Elnéïr acheva enfin son grand œuvre. Une immense tour sertie de pierres précieuses se dressait dans le ciel azuré. À sa base, des bâtisses de marbre blanc aux colonnes dorées affirmaient l'autorité royale. Jardins et allées pavées, parfaitement symétriques, formaient les grandes artères de la cité, encerclée par une haute muraille de pierre. Au coucher du soleil, Elnéïr contempla sa création avec orgueil. Impatiente de la voir admirée au rang de plus grande merveille du monde, elle inaugura des festivités auxquelles furent conviés tous les plus hauts dignitaires, qui ne tarirent pas d'éloges devant le faste et la grandeur démesurés de l'ensemble. Visiteurs et marchands se sentaient oppressés par cet étalage de luxe et de puissance affichés à travers les sculptures monumentales de la souveraine.

Sous l'apparence d'un simple voyageur, elle parcourut de nouveau les royaumes par-delà les mers pour entendre, par pure vanité, vanter l'incomparable beauté de la Cité aux mille Joyaux. Quelle ne fut sa déception lorsqu'elle constata que personne ne faisait allusion à son existence, seul le nom de la Cité Bénie demeurait l'objet des plus grands éloges. Partagée entre admiration et envie, une colère incontrôlable finit par la saisir. Elle enfourcha la foudre et se retrouva au-dessus de la ville d'Osham. Folle de rage, elle reprit la forme du dragon et déclencha des éclairs pour réduire en poussière l'objet de son humiliation. Le peuple d'Osham était tétanisé de peur. Face à cette créature terrifiante, les hommes affolés cherchaient désespérément un endroit où se cacher. Devant cette foule en panique, Elneïr s'entêta dans sa fureur. Une gerbe de flammes rouges déferla de sa gueule, brûlant hommes, femmes et enfants.

Elle réfréna son désir de vengeance lorsque lui revint en mémoire l'atrocité de ses crimes contre son propre peuple. Une pensée cynique surgit du fond de son esprit : « Puisque je ne peux la détruire, j'anéantirai son peuple en brisant son esprit, comme j'ai brisé celui des Ahriméens. » Elle voulait voir dépérir cette merveilleuse cité, aussi lança-t-elle un terrible maléfice sur le peuple d'Osham, qui le condamnerait à prendre la mer pour rejoindre son propre royaume. Tous les hommes qui accosteraient sur son île subiraient le même sort que celui qu'elle avait jadis fait subir à son propre peuple : ils deviendraient ses esclaves.

Quelques mois plus tard, un homme du nom d'Azanga, originaire du royaume d'Osham, contemplait avec émotion du haut d'une colline la Cité Bénie. Il eut un ressenti étrange : de loin, les rues semblaient désertes. Le corps élancé, il irradiait d'une grande force et son visage était serein. Il portait une lance et un bouclier en peau sur lequel était peint un lion blanc face à un lion noir. Lorsqu'il était adolescent, un vieil homme appelé « l'Ancien » vint lui rendre visite pour lui révéler que l'esprit des félins l'avait choisi lorsqu'il était enfant, en le marquant à l'épaule droite. Ses paroles énigmatiques éveillèrent en lui un pressentiment : il avait toujours su qu'il serait appelé à voyager en de lointaines contrées. Aussi, sans hésiter, il le suivit au pays des hommes-lions, où une étrange prophétie le concernait :

– Un jour, le royaume d'Osham sera menacé par une créature. Seul un homme maîtrisant la voie des lions sera capable de la vaincre.

L'Ancien l'initia sept ans durant afin de le préparer à une confrontation dont l'issue déterminerait le sort de tous les peuples.

Dès qu'Azanga eut franchi l'enceinte de la ville, son esprit fut captivé par une étrange mélodie. Ses années d'apprentissage avaient renforcé sa volonté, ce qui lui permit de ne pas succomber à ce sortilège. Devant le portillon de la maison de ses parents, il fut soulagé et heureux de revoir son petit frère et son grand-père après toutes ces années de séparation. Ils lui confièrent avec gravité que ses parents avaient quitté la cité, comme toutes les personnes en âge de travailler. Ensorcelés, rien ni personne ne put les retenir, ni les raisonner. Puis ils décrivirent l'horreur qui s'était abattue sur eux, comment des dizaines d'hommes et de femmes avaient péri ce jour-là, sous les flammes d'une terrifiante créature noire. Azanga tressaillit en entendant le récit de son grand-père. La prophétie était en marche... En dépit de son chagrin, il les rassura en leur annonçant qu'il partirait à l'aube et ramènerait tous les habitants sains et saufs.

Aux premières lueurs du jour, sa petite barque l'entraîna inexorablement vers son destin. Après les tempêtes, il dut traverser un épais mur de brume. À l'horizon, se dressait une immense tour blanche. Une aura menaçante enveloppait toute l'île. Dès qu'il eut atteint le rivage, il dut lutter pour ne pas sombrer dans l'inconscience. En marchant sur le sable noir, une étrange lourdeur l'envahit. Avec les dernières forces qui lui restaient, il parvint à atteindre les hauts remparts. La ville s'étendait à perte de vue. Tandis que sa vision se troublait, il reconnut les hommes de son peuple s'attroupant autour de lui. Il sentit des mains l'empoigner avant d'être piégé par les illusions tissées par Elnéïr. D'avoir acquis l'art de maîtriser le monde des rêves lui permit d'être conscient des forces à l'œuvre pour tenter d'endormir son esprit, dans le but de le dominer.

Le premier jour, Azanga fit un rêve dans lequel apparurent de magnifiques femmes drapées de soieries. Démesurément grandes, elles s'approchèrent de lui et jouirent de sa compagnie. Leurs sourires amicaux se transformèrent peu à peu en grimaces moqueuses. La plus belle d'entre elles, parée d'une chevelure argentée, le fixa en fronçant les sourcils, puis s'adressa à lui comme à un petit garçon :

– Tu n'as pas honte de te montrer ainsi dévêtu devant nous ? Te crois-tu viril, accoutré de la sorte avec tes tatouages ridicules ? Mon pauvre, tu n'as vraiment pas de quoi être fier. D'une voix autoritaire, elle ajouta : Je vais devoir te rééduquer pour que tu deviennes un homme !

Son initiation au détachement lui avait appris à perdre tout sentiment d'importance. Aussi, ne fut-il pas affecté par ces jugements. Sidérée par l'aplomb de cet homme, elle se montra furieuse de n'avoir aucune influence sur lui.

Dans le deuxième rêve, il voguait sur une mer déchaînée en direction de la cité d'Ahriman. Il vit une embarcation frappée par la foudre, dont la voile s'enflammait. Puis il entendit les cris de douleurs de ses parents l'appelant à l'aide et assista au spectacle atroce de leur corps prenant feu, avant de sombrer dans les profondeurs de l'océan. Leurs fantômes hurlèrent des paroles d'indignation, mais, grâce à sa vision intérieure, il resta imperturbable.

Dans le troisième rêve, la femme aux cheveux d'argent lui murmurait des mots doux, louant son courage et sa force :

– Je n'ai jamais vu homme aussi noble et valeureux.

Elle posa délicatement sa main sur le visage d'Azanga. Sa voix se fit implorante en exprimant son regret de l'avoir autant éprouvé dans le but de tester sa loyauté. Puis elle lui révéla qu'elle était la souveraine d'Ahriman.

– J'ai besoin d'un homme de ton envergure. Si tu refuses de vivre à mes côtés, j'en serai très affligée.

Voyant la manipulation dont la reine usait avec grand art en jouant avec ses sentiments, il ne se laissa point amadouer.

Dans le quatrième rêve, elle lui fit part de la terrible trahison dont elle avait été victime lorsqu'elle était enfant : par une belle journée printanière, sa mère l'abandonna en pleine forêt. Elle lui conta, avec des tremblements dans la voix, comment elle s'était retrouvée seule, en pleine nuit, cernée par une meute de loups.

– Comment une mère peut-elle être aussi cruelle envers sa propre enfant ? Peux-tu imaginer ma détresse ? Son visage ruisselait de larmes, Azanga sentit que ce chagrin était réel.

Heureusement, poursuivit-elle, qu'une vieille sorcière m'a secourue. Elle m'a accueillie dans sa chaumière et m'a transmis tout son savoir. En dépit de sa profonde affection, je souffrais toujours de l'absence de ma mère. Ce manque ne cessa pas avec les années, ma puissante magie n'y pouvant rien.

Le visage ruisselant de larmes, elle guettait le moindre signe de compassion dans les yeux d'Azanga.

Ayant purifié son corps et son esprit de toutes frustrations, il ne tomba pas dans le piège de l'affectivité et demeura implacable. Il comprit pourquoi le destin l'avait conduit au cœur du sortilège de la sorcière : il devait l'aider à se confronter à sa blessure pour lui permettre de retrouver le chemin de son cœur, sinon, son besoin de reconnaissance prenant la forme d'une quête effrénée de puissance risquait de mettre en péril tous les autres royaumes. Elnéïr devait faire face à son passé, aussi tragique fût-il, et cesser de s'apitoyer sur elle-même pour parvenir à reconnaître sa part obscure et assumer sa destinée. Par la voie du rêve, il s'adressa à elle avec douceur :

– Belle Elnéïr, pourquoi continuer à lutter contre ta souffrance ? Tu es dotée d'un immense pouvoir, mais seul ton cœur est assez fort pour l'accueillir. Aies confiance, tu es enfin prête. Maintenant, tu es capable de t'y confronter.

– Assez !

D'une voix cinglante, elle mit un terme à la discussion.

Dans le cinquième rêve, souriante, elle marchait avec une assurance frôlant l'arrogance, mais ses yeux trahissaient une colère froide. Elle déploya l'éventail de toute sa puissance, faisant trembler la terre jusqu'à provoquer un séisme dévastateur et déclenchant de terribles cyclones... Après avoir fait étalage de ses pouvoirs, elle lui promit de lui révéler les secrets de sa magie s'il vivait à ses côtés. Puis elle renchérit :

– Je pourrais t'offrir la liberté de voyager partout où tu le désireras.

Elle invoqua son vent et le chevaucha en riant, grisée par l'étendue de son pouvoir. Azanga l'interrogea :

– Crois-tu vraiment que ta magie parviendra un jour à apaiser la souffrance de la petite fille ? Et sais-tu qui se cache derrière l'appétit insatiable de la bête ?

Face à ces stratagèmes pour le corrompre, Azanga continuait de se montrer inflexible.

Dans le sixième rêve, il se réveilla dans son lit, où était allongée la reine Elnéïr, le corps lové contre lui. Elle l'enveloppait d'un regard langoureux appelant les caresses. Lentement, elle écarta le drap de satin, et les effluves capiteux de sa peau grisèrent l'esprit d'Azanga. Elle se leva, laissant apparaître une épaule dénudée. Les voiles soyeux qui la recouvraient révélaient ses courbes sensuelles. Sa chevelure d'argent brillait autour de ses yeux, l'invitant à la posséder. Subjugué par sa féminité offerte, Azanga, troublé, fut saisi d'un désir intense. Savourant secrètement cet instant où elle le voyait succomber à ses charmes, elle se risqua à lui proposer des noces qu'il n'oublierait jamais. À sa grande surprise, Il se mit à rire joyeusement des faiblesses propres aux humains :

– Tu as asservi ton peuple pour assouvir tes ambitions en devenant l'esclave de ta propre folie. Elle ne reflète que le poids des mémoires de souffrance de tes ancêtres, ce n'est pas réellement toi. Ne te laisse pas consumer par ces fantômes d'un lointain passé. Reine Elnéïr ! Toi, tu es belle et vivante, mais tu l'ignores encore.

Saisie par des sentiments contradictoires, soudain troublée au plus profond d'elle-même, elle se sentit attirée par cet homme qui la rendait vulnérable. Cet état lui étant insupportable, elle se rebella aussitôt, préférant se laisser envahir par la froideur de la haine. Elle mit fin à leur rencontre.

Dans le dernier rêve, la sorcière apparut toute de noir vêtue. Son corps tremblait, en proie à une folie meurtrière. C'était la première fois qu'un homme lui résistait et échappait à son pouvoir. Non seulement elle se sentait humiliée mais tout son être était ébranlé et anéanti par la force qui rayonnait de lui. Cet affront fit tomber les derniers remparts de son humanité. Elle lui jeta :

– Tu as dédaigné mon offre, aussi vais-je t'anéantir !

Aussitôt une masse sombre et difforme enveloppa Elnéïr. Il se souvint de la prophétie qui annonçait la menace d'une créature noire ; elle se réalisait sous ses yeux. Cette monstrueuse bête au regard maléfique exhalait une insoutenable odeur de soufre. Ses immenses ailes noires recouvraient tout le palais et son cri strident glaçait d'effroi. Les anneaux de sa queue s'enroulèrent autour du corps d'Azanga qui, malgré toutes ses années d'entraînement, fut saisi par la peur, l'obscurité se refermant sur lui. Il était toujours conscient d'être dans un rêve tissé par le sortilège d'Elnéïr, qui désirait sa mort. S'il tremblait de frayeur, son esprit, toutefois, réussit à retrouver son calme. Il plongea profondément en lui-même. Une lumière dorée se mit à irradier depuis l'intérieur de son ventre, puis son être s'illumina dans un terrible rugissement. Doté de cette force, il put entraîner Elnéïr dans son propre rêve, où il portait une énorme tête de lion à la crinière de feu, qui cascadait le long de son dos. Dans sa main était lové un tout petit dragon hurlant et gémissant. Il inspira profondément et, de son museau, un souffle chaud enveloppa la petite créature qui se mit à frémir. Dans le creux de sa paume reposait désormais une jolie petite sorcière endormie.

– Tu es dans mon rêve… Tu es protégée.

Elnéïr s'éveilla. Elle n'avait plus ni colère ni chagrin. En riant, Azanga lui murmura :

– Tu as accepté de laisser les regrets s'en aller.

Il l'emmena vers la Cité Bénie et la déposa sur les rives du fleuve d'Osham. Il saisit une poignée de terre, qu'il saupoudra sous les rayons de la Lune, devant ses yeux émerveillés. De ses doigts tombait une poussière blanche scintillant comme autant de diamants dans la nuit étoilée. Au même instant apparut, flottant dans le ciel, une femme rayonnant de lumière. Elnéïr la reconnut aussitôt : sa mère exprimait sa joie de la voir heureuse. Puis elle lui révéla l'immense sacrifice qu'elle avait dû faire en la confiant à la grande magicienne, pour lui permettre d'accomplir sa destinée de femme lumière.

Récit III

La Culpabilité

– Vous avez compris que la jalousie et la colère peuvent nous amener à user de différentes formes de manipulation lorsque nous nous laissons dominer par les émotions négatives. Le choix de recourir à la vengeance en est l'expression la plus extrême. Le personnage d'Elnéïr est la figure emblématique d'un féminin tyrannique ayant succombé à l'orgueil lié à sa blessure d'abandon. Toute traversée de la vallée des larmes est une épreuve initiatique du retournement. Elle permet de mettre fin aux cycles des souffrances pour nous ouvrir à la joie d'être en vie, de vivre, tout simplement. Pour guérir notre cœur, il y a deux issues possibles : face aux épreuves de la vie, soit nous prenons le chemin de l'apitoiement et subissons les revers de scénarios répétitifs, soit nous adoptons une attitude guerrière en apprenant à assumer les conséquences bonnes ou mauvaises de nos choix. Pour parvenir à transmuter notre part d'ombre, il nous faut cesser toute résistance, afin d'accueillir et d'embrasser nos faiblesses, nos manques et nos états de souffrance en étant simplement présent à soi-même. C'est par cet acte de foi que nous nous ouvrons à l'amour, qui nous affranchit de nos perceptions dualistes à l'origine de nos conflits.

– Comment parvenir à cette liberté ?

– Nous sommes des êtres en devenir et faisons tous partie du grand Mystère. Accepter d'être face à la vie libre de toute représentation est difficile pour l'homme, qui est conditionné par son histoire personnelle et collective. Sur le chemin de la connaissance de soi, accepter que la vie nous fasse vivre des situations qui nous rendent vulnérables permet de réduire considérablement notre sentiment d'importance.

– Si j'ai bien compris, le fait de prendre tout au sérieux est un obstacle à notre évolution ?

– Oui, car cela nous maintient prisonnier du passé, avec ses colères et ses revendications, qui ne font qu'engendrer plus de souffrances. C'est en apprenant à relever chaque défi de la vie comme autant d'opportunités que nous pouvons nous aligner à notre esprit et acquérir le discernement. C'est grâce à cette ouverture de conscience que nous pouvons assumer nos choix. Dans ce conte, l'initiation d'Azanga lui permettra de vaincre les machinations d'Elneïr pour le soumettre, en attisant ses désirs et ses peurs. C'est seulement après avoir appris à se voir et à s'accepter tel qu'il est que les énergies refoulées pourront enfin s'exprimer librement. À cette étape de la purification, son être s'est libéré du conflit qui oppose les énergies de vie et les énergies de mort.

– Qu'entendez-vous par « énergie de mort » ?

– Ce sont toutes les cristallisations liées à nos croyances erronées qui nous maintiennent dans la peur et entravent la libre circulation des énergies. À l'image des saisons qui se succèdent, tout dans l'univers obéit à la loi de l'impermanence. Si nous accueillons pleinement la nature fluctuante des énergies, nous pouvons mieux saisir la nature de la mort. Tout phénomène s'inscrit dans ce mouvement de flux et de reflux de la grande respiration de l'univers. Pour qu'une nouvelle aube se lève, le jour doit faire place à la nuit, il en va de même pour la joie et la tristesse. En reniant sa souffrance, Elnéïr succombe à l'excès de contrôle, qui s'exprime à travers son avidité de pouvoir. La dernière initiation d'Azanga est sa confrontation avec le dragon noir personnifiant la négation de sa part blessée. Dans cette bataille, il réussit à unifier sa part féline et sa part humaine en accédant à la paix intérieure. Cette force lui permettra de ne pas être l'objet des manipulations d'Elnéïr. Dans une ultime tentative, elle essaiera de le tuer, mais ce dernier, en plongeant dans les yeux de la bête, voit la trahison ayant fait naître ce monstre d'orgueil à l'origine de sa blessure d'amour. À l'image du conte, toute confrontation quelle qu'elle soit, est une initiation par laquelle nous pouvons accéder au feu sacré qui brille au cœur de nos ténèbres. Le héros personnifié par Azanga a réussi le mariage intérieur et s'éveille à la compassion. Il peut alors ramener l'esprit blessé d'Elnéïr prisonnier du dragon noir sur la rive de son humanité. La traversée de la porte de la culpabilité est une étape cruciale sur la voie de la libération, car elle nous confronte à l'épreuve initiatique de la mort. L'orgueil est l'ennemi que nous devons tous vaincre, car il est à l'origine de toutes nos résistances, nous empêchant de mourir à ce que nous avons été ou à ce que nous avons possédé pour être pleinement disponible à toutes les éventualités créatrices que la vie nous offre d'expérimenter. Notre cœur peut alors s'ouvrir au sentiment de gratitude face aux forces qui gouvernent notre destin.

Don Hirmann propose que nous prenions un temps pour apprécier notre présence au cœur du silence.

– À l'aide de la respiration, sentez les moindres fluctuations du souffle qui traversent votre corps, puis écoutez l'énergie du silence qui circule en vous et autour de vous. Ensuite, portez votre attention sur les bruits entrant dans votre espace et voyez comment ils vibrent à la surface de votre lac intérieur. Écoutez les accords qui se manifestent dans cette partition faite de sons et de silences.

En suivant la voix d'Hirmann, j'entends résonner les pas d'une femme qui marche avec des talons, le claquement sec d'une portière et des voix lointaines... Tous ces bruits, qui étaient isolés et dissonants, résonnent peu à peu entre eux pour vibrer sur une autre fréquence parallèle. Je perçois comment l'énergie du silence ouvre un espace où les champs dissonants de notre passé peuvent évoluer vers l'harmonie.

– En nous accordant aux énergies de vie, nous retrouvons notre chemin. Vous êtes engagée dans une belle aventure humaine dans laquelle vous apprenez à accepter la nature paradoxale de l'existence. S'éveiller à l'amour, c'est être vivant. C'est accepter de s'ouvrir pleinement à l'expérience de la vie avec ses tonalités sombres et lumineuses.

Hirmann me demande une feuille et un crayon, puis il dessine une silhouette debout, les bras tendus parallèles au sol. Il inscrit sept points sur le corps de l'homme et m'invite à prendre des notes.

L'homme est tel un arbre sacré recevant les énergies de la terre par ses racines et l'énergie du ciel par ses feuilles et ses branches. De même, l'homme reçoit l'énergie de la terre par la plante de ses pieds et l'énergie du ciel par le sommet de son crâne. Ces sept points sont les principaux récepteurs correspondant aux sept portes par lesquelles l'énergie circule pour nourrir son corps.

Le premier stade de son animalité correspond à la première porte, qui se situe au niveau de la plante des pieds. L'énergie de la terre entre dans le corps par ce point. L'homme prend conscience de son lien avec les énergies telluriques. Il apprend à se positionner en accord avec elles. Cependant, cette porte peut se refermer sous la pression de la dévalorisation, alors nous perdons notre équilibre et la ligne directrice de notre vie.

L'enfant, dans son rapport à la vie, n'est plus dans la spontanéité et l'innocence, car il n'a plus la confiance nécessaire pour lui permettre de se positionner sur la Terre. Du fait qu'il ne peut pas prendre sa place dans son environnement familial, il est tel un petit animal qui aurait perdu l'impulsion naturelle de s'élancer dans le monde.

L'arbre puise sa force par les racines. Plus elles sont profondes, plus il est solidement ancré et nourri. Il en est de même pour l'homme : plus l'enfant a été épanoui et nourri par les soins de sa mère, plus il pourra puiser en lui force et équilibre tout au long de sa vie.

Le deuxième stade de l'animalité correspond à la deuxième porte, qui se situe au niveau des organes sexuels. L'être humain prend conscience de son rapport avec les êtres vivants. Cette porte peut se refermer sous la pression de la culpabilité, alors nous nous coupons de nos désirs.

L'adolescent, dans sa relation au monde, n'assume pas sa masculinité ou sa féminité. Il entre en conflit avec son propre corps, ce qui donne naissance à la jalousie. Son animalité est contrôlée et dominée, elle ne peut plus s'exprimer. Inhibés, son corps et son bassin, en particulier, se rigidifient. Il perd sa vitalité, son aisance et son agilité à se mouvoir pour laisser libre cours à sa fougue. C'est la base du tronc de l'arbre : plus elle est évasée et puissante, plus elle pourra s'élancer vers le ciel. L'homme, comme l'arbre, sait ce dont il a besoin, alors il exprime ses désirs et recherche les sensations qui nourrissent et fortifient son corps avant de partir à la découverte du monde.

Le troisième stade de l'animalité correspond à la troisième porte, qui se situe au niveau du ventre. C'est le lieu où s'unissent les énergies du ciel et de la terre. C'est par ce centre que l'homme ressent et prend conscience de sa volonté. Il peut interférer avec le monde qui l'entoure en changeant le cours des événements. Cette porte peut se refermer lorsque nous subissons la manipulation par les bons sentiments, nous n'osons plus alors nous exprimer de peur de blesser les autres. Toutes les expressions refoulées telles que les émotions, les désirs et les attentes, qui se sont accumulés sans pouvoir être « digérés » depuis l'enfance, nourrissent une grande colère.

L'adulte reste un adolescent rebelle et ne trouve pas l'équilibre entre son corps et son esprit pour faire face au monde.

C'est le tronc de l'arbre : plus ses couches annuelles sont denses et régulières, plus il résiste aux forces des éléments. Il en est de même pour l'homme : plus il a appris à apprivoiser son animalité en laissant son corps s'exprimer depuis l'enfance, plus il en retire de la force. Ainsi, il réalise l'union entre son corps et son esprit, entre sa part animale et sa part humaine.

Le premier stade de l'homme correspond à la quatrième porte, qui se situe au niveau du plexus solaire. C'est le siège de l'ego. C'est par ce point qu'il prend conscience de lui-même et de son rôle dans la société. Cette porte peut se refermer lorsqu'on le manipule en cherchant à susciter en lui la pitié ou la compassion. Il adopte alors inconsciemment le rôle du dominant ou du dominé et s'emprisonne lui-même dans un cycle de souffrance.

Dans son rapport au monde, soit l'homme subit la violence et se recroqueville sur lui-même en ne prenant plus le moindre risque, soit il fait subir sa violence et sa personnalité rigide nourries par un excès d'orgueil. L'un devient timide tandis que l'autre devient zélé.

Le tronc de l'arbre s'élance vers le ciel, harmonisant sa partie inférieure avec sa partie supérieure. Ainsi, il peut se soutenir lui-même et s'aligner parfaitement sur l'axe terre-ciel. À l'image de l'arbre, l'homme doit garder un équilibre entre ses aspirations et la réalité du monde. Il doit marcher dans le monde et en même temps être hors du monde pour trouver son axe.

Le deuxième stade de l'homme correspond à la cinquième porte, qui se situe au niveau du cœur. C'est le siège des sentiments et de l'ouverture au monde. Par ce point, il prend conscience qu'il est relié à tout ce qui vit. Cette porte peut se refermer lorsque l'enfant a été l'objet de marchandage affectif. Alors il entre dans une relation fusionnelle avec le monde.

Il n'apprend plus à exprimer ses sentiments spontanément et perçoit le monde de manière dualiste. Il y a ceux qui méritent son affection, car ils lui procurent bien-être et reconnaissance, et ceux qui ne lui apportent aucune satisfaction, lui sont indifférents, voire hostiles. Dans cette manière de nouer des relations, rien n'est gratuit.

Plus le cœur du tronc de l'arbre est sain et fort, plus il pourra exprimer sa vitalité à travers ses ramures. L'homme est comme cet arbre, plus son cœur lui fait ressentir la beauté des vrais sentiments, plus il s'ouvrira au monde en toute liberté.

Le troisième stade de l'homme correspond à la sixième porte, qui se situe au niveau de la gorge. C'est le lieu de la parole. L'homme prend conscience qu'il peut exprimer et partager ses émotions. C'est par ce point qu'il exprime ce qu'il est, en concrétisant ses désirs, ses rêves et ses projets. Ses actes s'unissent à sa parole. Cette porte peut se refermer lorsqu'il a été soumis à des jugements négatifs répétés, au chantage et à la violence physique. Il plonge dans le silence jusqu'à s'enfermer dans le mutisme.

L'adulte, dans un environnement oppressant, se recroqueville et n'extériorise pas ses ressentiments. Lorsque son corps ne peut plus supporter le stress, soit il sombre dans un état dépressif ou développe une maladie, soit sa colère, jusqu'alors refoulée, s'exprime de manière incontrôlable.

L'arbre accueille la lumière du soleil à travers ses feuilles. De même, les paroles créatrices se déploient dans toutes les directions pour s'enraciner dans le ciel.

Le quatrième stade de l'homme, qui correspond à la septième porte, se situe au sommet du crâne. C'est par ce point qu'il reçoit les énergies du ciel. C'est le lieu de la réalisation. Il prend conscience de lui en tant qu'être humain. Il reçoit ses rêves, ses inspirations, pour que ses actes et sa parole s'harmonisent. Cette porte se referme lorsqu'il est soumis à la persécution. Il perd alors la conscience de lui-même et n'arrive plus à se projeter dans le monde.

L'homme est coupé de sa source d'inspiration et de lumière lorsque son esprit est blessé par la violence des mots et par la violence physique. Il se réfugie dans un monde fantasmé et se coupe de la réalité de son corps. Ses pensées sont aliénées par un mental qui n'est plus nourri ni par l'énergie terrestre ni par l'énergie cosmique.

L'arbre se réalise et s'épanouit à travers l'expression de ses fleurs et de ses fruits pour témoigner au monde son amour. Tel un arbre, l'homme s'épanouit dans la découverte de ses dons, qui s'expriment à travers ses actes, et sa présence, qui rayonnent de paix et d'amour.

Hirmann se lève et propose de clore cette journée en musique pour fêter son départ pour les États-Unis. Je lui montre mes disques. Il choisit une musique des Andes avec de la flûte de pan. Nous écoutons *El Condor Pasa*.

Hirmann franchit la porte en esquissant un pas de danse.

IV

La Porte du Pardon

Récit I

Le Pardon

À chaque rencontre avec Hirmann, mon être se renforce et me fait percevoir le monde avec un regard de plus en plus émerveillé. Une présence mystérieuse se manifeste à travers les actes et les paroles des autres, elle me guide vers une nouvelle compréhension de moi-même et de la vie. Dans la nature, je perçois un monde d'amour, source de forces intérieures. Chaque jour, des êtres d'autres dimensions guident mes pas pour éveiller mon esprit et ouvrir mon cœur.

Sa présence dans ma vie ouvre un champ de perception tellement vaste, il me donne l'opportunité de me positionner dans le monde avec un nouvel état de conscience. Je m'éveille aux manifestations de l'invisible, qui révèlent une intelligence à l'œuvre derrière chaque synchronicité. Elles aiguisent mon esprit dans l'art de percevoir tous les jeux d'ombre et de lumière qui tissent notre réalité. C'est en apprenant à me départir de mes habitudes, de mes croyances et de mes peurs que j'acquiers plus de clairvoyance. Tous les voiles qui recouvraient nos mémoires passées se dissipent à la lumière de notre âme émergeant de nos profondeurs. Être présent à soi, à son corps est une source de joie. Je m'émerveille en appréhendant le monde avec un regard libre de toute pensée. Je comprends mieux ce que signifie « être dans le monde sans être de ce monde », c'est être détaché des lois du monde tout en vivant au cœur de celui-ci. Je m'éveille à l'art d'accorder mes pas aux notes qui se jouent dans la sphère du Grand Mystère.

Je note le rêve de cette nuit : « Je marche dans la rue, puis je roule à bicyclette. Je commence à chanter la voyelle A, ce qui me rend heureuse. Au fur et à mesure que le chant m'est inspiré, ses vibrations me plaisent et font plaisir aux passants. Toujours aussi joyeuse, je balaye un grand escalier en bois. Je descends une à une les marches et me retrouve face à une esplanade, où des déesses de grande taille sont allongées sur le flanc gauche. Je me dirige vers celle qui incarne la force primitive, tellurique et mystérieuse du féminin. Son regard semble voir l'infini. En présence de ces divinités, je vis un instant magique. Une réalité cachée se révèle à moi. Le rêve change, je suis avec un groupe de personnes sur un parterre de pierres précieuses aux vertus particulières. Nous en ramassons de couleur verte et les laissons tomber sur la tête d'une créature noire, une sorte de serpent avec de grandes écailles symbolisant les forces obscures et destructrices. Nous neutralisons cette bête qui gît dans les profondeurs d'un trou en forme d'entonnoir, en entassant le plus de pierres vertes sur sa tête. Je continue à les ramasser et, au fur et à mesure de ma recherche, je trouve des pierres vert clair, puis d'autres avec des nuances virant au jaune. J'en prends une poignée puis, saisie d'un doute, je demande à Hirmann si elles sont en jade, ce qu'il me confirme. Il me fait signe que les pierres virant au jaune n'ont pas à être mises dans le trou de la créature, avant de m'indiquer un grand plateau circulaire sur lequel il a réalisé une montagne de pierres jaunes, beiges et blanches. L'empilement se fait en respectant une gamme allant du jaune au blanc. Les tons doux forment un ensemble harmonieux réalisé avec précision, où il manque le sommet.

Hirmann me signifie que je devrais achever seule cette montagne. Je comprends que ces pierres sont posées selon un autre dessein, mais lorsque je me tourne vers lui pour en saisir le sens, il reste silencieux.

Dans ce rêve, j'effectue un voyage dans un monde de silence, où la femme primordiale m'accueille hors du temps, là où règnent les divinités. Je ressens la beauté sacrée de la femme, son pouvoir spirituel et sa force primordiale qui réveillent l'enfant en moi, confiant et curieux, dans la plénitude de l'innocence. En édifiant la montagne de jade, je comprends que cette tâche participe à une œuvre de paix et de pureté. Le rêve me révèle que mon accomplissement passe par trois étapes : la purification, l'alignement à la lumière de l'âme, et l'éveil à l'amour inconditionnel.

J'ai l'agréable sensation de marcher dans une réalité dont je ne percevais pas toutes les richesses, pourtant à portée du regard. La magie n'est pas loin de nous, elle vit dans le cœur et l'esprit de tous les êtres vivants, dès lors que notre conscience sort de sa coquille et ouvre les yeux sur ce qui l'entoure. Je découvre que je ne sais rien et c'est merveilleux, car je redeviens l'enfant qui s'étonne de ce que lui révèle le monde, dans la mélodie d'un chant d'oiseau, d'une présence, d'une parole ou d'un silence.

Après une entrevue avec Don Hirmann, je prends le temps de re-transcrire les notes sur le cheminement de l'humain qu'il m'a révélé. Je dessine une croix avec les quatre points cardinaux dans un cercle, représentant la roue du temps.

L'expérience de l'homme suit un cycle de vie et de mort de ma-nière ininterrompue, selon un schéma en forme de 8 représentant la danse des énergies yin-yang, symbolisées par les deux Serpents à l'origine de la création.

Le premier, de nature céleste, descend du ciel en passant par l'ouest. Sa queue pointe au nord. Le milieu de son corps passe par le centre, qui correspond au cœur, lieu de rencontre des deux énergies céleste et terrestre. Puis sa tête mord le sud en passant par l'est.

Le deuxième, terrestre, monte vers le ciel. Sa queue pointe au sud en passant par l'ouest. Le milieu de son corps passe par le centre, sa partie supérieure passe à l'est pour former le 8 et sa tête mord le nord.

Le Serpent céleste symbolise l'énergie cosmique, sa conscience s'incarne telle une graine plantée dans la Terre-Mère pour y manifes-ter son essence. L'esprit abandonne le plan céleste où règne l'amour infini pour devenir un être humain. Il quitte le plan de l'harmonie cosmique et accepte d'oublier son origine céleste et découvre la division entre le corps et l'esprit.

Le Serpent terrestre, en acceptant l'incarnation, doit faire le chemin inverse et difficile de retrouver sa mémoire cosmique.

Dans un premier temps, l'homme perçoit la vie à travers le corps. Il fait l'expérience de l'extériorisation au sud. Il doit le laisser exprimer ce qu'il ressent, en développant ainsi une connaissance de plus en plus approfondie de son animalité. À ce moment-là, il chemine sur le sentier de la paix, en se laissant guider par le Serpent terrestre vers l'ouest.

Dans un deuxième temps, il se relie au monde à travers ses émo-tions. Il fait l'expérience de l'acceptation, dans la direction de l'ouest. Il doit tout d'abord accueillir ce qui lui est donné à vivre et apprendre à exprimer ses émotions en toute liberté. Il développe la connais-sance des sentiments.

À cette étape, il chemine sur le sentier de l'amour. Le Serpent terrestre le guide vers son centre, le lieu du cœur où sa mémoire cosmique commence à s'ouvrir. Il se souvient qu'il est un être spirituel venu s'incarner sur Terre et apprend à accueillir ce qui l'épanouit.

Au centre de la roue, l'homme accueille l'union des énergies terrestre et céleste dans son corps, il vit une expérience d'amour. Il est dans le cycle du recevoir avant de poursuivre le sentier le menant vers l'est.

Dans un troisième temps, il connaît son origine céleste et suit l'élan de son cœur, qui va lui révéler sa voie. Il est dans la position de l'écoute, à l'est. Son corps ayant retrouvé l'unité entre les polarités, terre-ciel, il peut alors se consacrer à l'élaboration de ses rêves et de ses projets.

À travers cette expérience, l'homme chemine sur le sentier de l'harmonie guidé par le Serpent terrestre vers le nord. Il est dans le cycle du don et ses actes s'expriment avec cœur dans le monde.

Au nord, il concrétise ses projets et ses rêves, il est dans la position de la réalisation. Il découvre sa mission et fait de son mieux pour accomplir sa destinée et être en accord avec les lois cosmiques.

Une fois sa mission accomplie, il doit se détacher des biens matériels, de ses propres réalisations et des êtres qu'il aime. Il est prêt pour le grand voyage.

Hirmann précise que cette alternance des cycles du don et du recevoir peut être adoptée dans notre manière d'être au quotidien. Il prend l'exemple de la respiration, où l'homme participe naturellement à ces deux cycles : à l'inspiration, il accueille le souffle du ciel, il est dans le recevoir, et peut même accueillir des pensées inspirées, des visions... À l'expiration, son corps se détend et offre au monde son état de paix, de quiétude. Il est dans le don.

Il m'explique que lorsque nous sommes pris dans le tourbillon des émotions ou dans le labyrinthe d'un mental hyperactif, nous avons la possibilité de nous reconnecter à la roue du temps.

À l'inspiration, l'homme peut prendre conscience de son corps et de son intériorité. En accueillant l'énergie du silence, son corps et son esprit retrouvent un état de paix pour être en harmonie avec le monde. Il vit dans l'instant présent. Ainsi ressourcé, il retrouve sa place dans le cercle sacré. À l'expiration, il redonne à la terre et au ciel l'amour et l'émerveillement qu'il éprouve en vivant pleinement chaque instant.

Par la fenêtre du séjour, je remarque soudain le rouge et le violet du ciel. C'est incroyable comme le temps passe vite ! Je comprends mieux ces mots : « rien ne se fait sans le temps ». Il est notre allié dans la vie et nous invite à faire preuve de patience pour cheminer en accord avec les rythmes de la vie.

Au petit matin, j'ouvre toutes les fenêtres pour accueillir le printemps. La brise caresse les jeunes feuilles du frêne scintillant sous les rayons du Soleil. Un *Ave Maria* s'invite dans le silence recueilli baignant la cour d'une atmosphère sacrée. Je place toutes les plantes sur la table pour qu'elles reçoivent la lumière. C'est étrange, je remarque que les feuilles ont changé de forme, certaines se sont arrondies et ressemblent à un cœur, d'autres se tiennent face à face comme deux visages en communion. C'est la première fois que je découvre le langage du monde végétal. Une onde de paix embrasse tout ce qui vit dans mon espace. C'est avec joie que j'accueille Don Hirmann.

– J'aime l'autel que vous avez créé, c'est très inspiré.

– J'ai découvert tout naturellement la prière.

– Je suis fier de vous. Aujourd'hui est un bon jour pour accueillir l'énergie du pardon. Le moment est venu pour vous de franchir la quatrième Porte.

Le Loup bleu

À l'ouest du lac Baïkal, une tribu nomade avait installé son campement. En ces temps reculés, Mère louve régnait sur les vastes terres de Sibérie. La vie et le climat y étaient rudes, surtout pendant l'hiver, où les plus vulnérables mouraient terrassés par le froid et la faim.

Un jour, voyant ce peuple en grande difficulté, Mère louve voulut lui venir en aide, mais sa taille gigantesque terrifia les hommes, qui s'enfuirent pour se cacher dans la forêt. Alors, elle vint un après-midi à leur campement sous la forme d'une belle jeune femme vêtue d'un long manteau de fourrure blanche.

Au fil des jours, elle enseigna aux hommes comment survivre en chassant le gibier et en confectionnant des vêtements avec leurs peaux, et leur montra comment construire des habitats les reliant aux esprits.

– L'ouverture au sommet vous permettra de garder un lien avec le ciel, afin que l'esprit de vos ancêtres puisse vous protéger.

Puis elle leur apprit le chant du loup :

– Lorsque vous serez en proie à une grande détresse et que votre esprit sera confus, ce chant donnera force et courage à votre cœur.

Elle leur révéla qu'elle était la louve blanche et leur fit don du nom de « Frères des loups ». C'est ainsi que la tribu fut bénie.

À la tombée d'une nuit de pleine lune, elle se glissa dans la tente du plus valeureux des chasseurs pour s'unir à lui, en faisant don de sa magie afin qu'il devienne le chef du clan. À partir de ce jour, tous ses descendants respectèrent l'accord les unissant à leurs frères à quatre pattes. Au cours d'une chasse, Börtch, qui entrait à peine dans l'adolescence, assista, impuissant, à la mort de son père, piétiné par un mammouth. Son corps désarticulé gisait à ses pieds. En larmes, il entonna le chant sacré de Mère louve, espérant de tout son être qu'elle viendrait le sauver. Elle s'avança à pas feutrés, et le renifla des pieds à la tête. Le garçon sentit naître l'espoir lorsqu'il vit son père ouvrir les yeux et adresser un sourire à la louve. Pourtant, un voile noir enveloppa le cœur de Börtch au moment où le voile blanc de la mort recouvrit les yeux de son père. La louve dressa la tête vers le soleil et offrit un chant pour honorer l'esprit du chasseur. Devant l'immense chagrin de l'enfant, elle lui adressa ces mots :

– Son corps et son esprit étaient forts. La Mort, le plus grand des chasseurs, a eu du respect pour ton père, qui s'est battu jusqu'à son dernier souffle. Il a bien servi sa meute. Petit homme, tu peux être fier de lui, il t'a montré ce qu'est un grand chasseur.

Cependant, Börtch, éprouvant une profonde rancœur devant le corps inerte, fut la proie d'une grande colère, qui ne cessa de croître de jour en jour. En devant succéder à son père, il avait hérité d'un lourd fardeau pour ses jeunes épaules. Il dut défendre et affirmer sa légitimité face à des hommes qui se révélèrent de redoutable rivaux. Il devint un chef autoritaire et impulsif. Contrairement à son père, il ne témoigna aucun respect à ses frères loups. Lorsque la vie lui fit don d'un fils, qu'il nomma Tamirtchen, il lui voua de l'adoration, lui transmettant tout ce qu'il savait pour qu'il ne se retrouve jamais aussi démuni que lui au même âge.

Une nuit, Mère louve fut attristée de voir que, aveuglé par sa colère, il s'écartait du sentier du loup. Non seulement les hommes ne formaient plus un seul cœur avec leurs frères à quatre pattes, mais ils commençaient à massacrer le gibier en grand nombre. Affligée, elle s'éloigna vers des terres lointaines. Du haut d'une colline, elle vit dans les étoiles un funeste présage.

Vint le jour où Tamirtchen allait accomplir son rite de passage pour entrer dans l'âge d'homme : il devait porter le coup de grâce à un mammouth. Au pied d'une colline, ils débusquèrent un puissant mâle muni de longues défenses. L'animal fut encerclé par les hommes, qui le menaçaient de leurs lances en poussant de grands cris pour le forcer à prendre le passage où Börtch et son fils l'attendaient en embuscade. Le jeune homme se tenait au-dessus d'un rocher, le corps tendu, prêt à projeter sa lance sur le mammouth, qui se dirigeait droit sur eux. Dans sa précipitation, il glissa et se retrouva sur la trajectoire de la bête furieuse. Tétanisé, il tremblait de tout son corps devant le monstre le chargeant quant une louve surgit derrière lui. Aussitôt, le mastodonte s'effondra mystérieusement. Tamirtchen visa la tête, l'animal mourut dans un dernier râle. Son père, qui se tenait de l'autre côté du passage, vit la louve, qui semblait menacer son fils. Il propulsa sa lance de toutes ses forces et lui transperça le cœur. Elle mourut sous le regard de ses quatre louveteaux, qui hurlèrent leur chagrin et leur colère depuis le sommet d'une colline. Börtch entendit leurs plaintes, mais fut indifférent au sort qui les attendait. C'était la première fois qu'un homme tuait l'un de ses frères à quatre pattes. Désormais, les humains marcheraient seuls. L'esprit du loup n'accompagnerait plus leur âme dans leur ultime voyage. Le lien sacré qui les unissait venait d'être rompu. En retournant au camp, triomphant, Börtch portait fièrement la dépouille ensanglantée de la louve sur ses épaules. Devant cet affront, les femmes, qui honoraient toujours Mère louve en secret, furent choquées et profondément blessées. Puis Börtch marcha en arborant comme un trophée la peau de l'animal, ce qui déclencha un sentiment d'indignation au sein de la tribu. Les femmes craignaient que cela n'appelle le malheur sur leurs enfants. Le clan se divisa, les rivaux de Börtch en profitèrent pour remettre en cause sa légitimité.

Les louveteaux orphelins moururent de chagrin ; toutes les nuits, Börtch était réveillé et harcelé par leurs hurlements. Il était le seul à les entendre et n'en dormait plus. Un jour, son comportement inquiéta Akchan, son épouse. Elle ne l'avait jamais vu dans un tel état de nervosité et d'angoisse, les yeux cernés et le regard de plus en plus absent. Elle craignit que son esprit ne se soit égaré. Peu à peu, ses hommes les plus loyaux se détournèrent de lui pour se rallier à son frère Baïkan, qui briguait sa place depuis longtemps. Rusé et diplomate, il complota avec les chasseurs les plus influents de la tribu pour s'emparer du pouvoir. Une nuit, une brume blanche pénétra dans la tente et s'immisça dans l'esprit de Börtch. Elle raviva le souvenir de l'enfant en deuil jusqu'à ce que son chagrin se transforme en rage, puis se vêtit de son tourment pour prendre possession de son esprit.

Au petit matin, Akchan découvrit son époux coiffé de la tête de loup, en proie à la démence. Il bavait, grognait et agitait ses mains comme des pattes. Tous ceux qui le virent, furent saisis d'horreur par son accoutrement et terriblement effrayés par ses hurlements. Son frère, quant à lui, afficha un sourire carnassier avant d'ordonner l'enfermement du fou qui devenait une menace pour la sécurité du clan. Tamirtchen, profondément blessé par une telle humiliation, prit à partie les membres les plus loyaux de son père pour intercéder en faveur de sa libération.

– Mon père est un valeureux chasseur. Il vous a bien servis. Il est indigne de votre part de le traiter comme une bête. Votre chef mérite le respect !

– Il fut un grand chasseur, corrigea son oncle. Je comprends ta révolte, mais je dois assurer notre protection. Nous ignorons quel esprit mauvais a pris possession de ton père. Je ne peux pas prendre le risque de le laisser libre.

Sous l'influence de son nouveau chef, le clan se mit à envahir le territoire des loups, les privant de leur gibier et les tuant pour leurs fourrures. C'est ainsi que s'instaura la loi des hommes. La prédiction se réalisait. Les chasseurs s'enorgueillissaient de leur domination. Plus les loups subissaient cette violence meurtrière, plus leur colère grondait. Affamés et acculés à vivre sur des terres désolées, ils en vinrent à attaquer l'homme.

Un jour Tamirtchen, qui restait toujours auprès de son père prostré au fond d'une cage, fut en proie à un profond désarroi. Épuisé, il s'effondra, et les larmes longtemps contenues ruisselèrent comme des petits diamants le long de ses joues. En tombant sur le sol, elles résonnèrent tel un appel dans le cœur de son père, qui luttait de toutes ses forces pour écarter le voile obscurcissant son esprit et faire taire les hurlements dans sa tête aspirant son âme. D'une voix douce, son fils lui rappela les plus beaux instants de complicité qu'ils avaient partagés. Deux petites lueurs dans ses yeux redonnèrent espoir au jeune homme.

Un soir, allongé sur sa couche, obnubilé par le regard implorant de son père, il prit la décision de le libérer, quoi qu'il arrive. Au milieu de la nuit, sans avertir sa mère, il alla ouvrir la cage. À l'extérieur du camp, une sentinelle les surprit. Ils s'enfuirent tandis que retentissaient derrière eux des cris d'alarme. Baïkan et ses hommes se lancèrent à la poursuite des fugitifs. Durant leur fuite, Börtch, qui avait repris ses esprits, voulut se débarrasser de la tête de loup sur son crâne. Pourtant, à sa grande stupeur, elle restait collée à sa peau, faisant corps avec lui. Tamirtchen, saisi d'effroi, se précipita pour l'aider. Une peau noire recouvrit soudain son dos et ses épaules. Tous leurs efforts furent vains. Baïkan, à la tête de ses hommes, repéra les deux silhouettes sous les rayons de la Lune. Il ordonna qu'on les encercle. Les fugitifs se retrouvèrent face à un précipice. Dans leur dos, les chasseurs brandirent leurs lances. Le père, devant la menace, voulut supplier Baïkan d'épargner son fils, mais seuls des grognements sortirent de sa bouche. Impuissant, il se mit à hurler de rage. Privé de la parole, sa part animale était en train de le dominer. La fourrure noire s'étendait désormais sur tout son corps. Une lance déchira l'épaule de son fils, qui hurla de douleur. Devant la menace des armes prêtes à s'abattre sur eux, il empoigna son garçon et sauta dans le vide, laissant leurs assaillants stupéfaits. Ces derniers se penchèrent au-dessus du gouffre surplombant la rivière. Ils les saluèrent dans un dernier hommage, persuadés qu'aucun d'eux ne survivrait à une telle chute. Baïkan savoura secrètement son triomphe.

Tamirtchen, assommé par la violence de la chute, luttait pour ne pas se laisser emporter par les courants glacés. Soudain, il sentit des mains le hisser hors de l'eau. À peine allongé sur la berge, il perdit conscience. Il grimaça de douleur en ouvrant les yeux devant une vieille femme nettoyant sa plaie.

– Quelle vilaine blessure ! Il s'en est fallu de peu pour qu'elle n'atteigne le cœur.

– Où suis-je ? Comment me suis-je retrouvé ici ?

– C'est ma fille qui t'a découvert inconscient au bord de la rivière.

– Et mon père ?

– Je ne sais pas. Il n'y avait que des empreintes de loup sur la rive.

La jeune Lëyna lui apporta un bouillon fumant. Tamirtchen but à la cuillère le breuvage amer qu'elle tenait entre ses mains. Il admira son visage aux pommettes hautes, soulignant de jolis yeux clairs. Une mèche ornée de perles blanches donnait un éclat nacré à son visage. Sa chevelure aux reflets auburn ruisselait sur ses épaules. Sur cette dernière vision, il s'endormit, épuisé.

Les jours s'écoulèrent au cours desquels Lëyna et sa mère prirent grand soin de lui. Au bout d'une semaine, quand il réussit à se redresser, il fut étonné de se réveiller dans une grotte. Il se leva péniblement, à la recherche des personnes qui l'avaient accueilli avec bonté. Il fut émerveillé par la forme circulaire de la caverne, qui semblait taillée par la main de l'homme. Les parois ocre étaient recouvertes de peintures d'ours, de rennes et, au sommet, rayonnait une grande louve blanche. Le lieu était apaisant tant il émanait de ces fresques une présence protectrice. Plus au fond, il découvrit une petite cavité où étaient disposées des petites coupes en bois remplies de pigments de couleurs.

Saisi d'une forte fièvre, il entra en transe et se mit à peindre les parois dans un rythme effréné, avant de s'effondrer. De retour, Lëyna et sa mère, les bras chargés de plantes et de fruits, le découvrirent ainsi, à même le sol. La jeune fille rafraîchit son visage brûlant et l'aida à rejoindre sa couche. Oyun, la mère, était subjuguée par une magnifique fresque dans laquelle un grand loup noir se retrouvait cerné par de petites silhouettes brandissant des lances. Plus loin, un loup bleu et une biche blanche étaient accompagnés d'un grand renne aux ramures de lumière. Ils fuyaient ceux qui les pourchassaient. D'autres peintures étaient tout aussi énigmatiques.

Soudain, elle comprit le lien entre cette œuvre et toutes les histoires autour du loup noir semant la terreur dans la vallée. Sur son passage, les terres étaient ravagées et les animaux possédés d'une même rage noire, les hommes et les loups s'entretuant dans une guerre fratricide. Jamais, dans ces territoires, l'équilibre entre l'homme et la nature n'avait été autant menacé. Oyun raconta à Tamirtchen comment le fléau s'était répandu dans ces contrées. Elle l'interrogea avec gravité :

– Toi qui as peint cette vision, que sais-tu du loup noir ?

Elle pointe son doigt vers la créature, sous le regard interloqué du jeune homme.

– Ce n'est pas moi !

– Regarde tes mains.

Il fut déconcerté en découvrant qu'elles étaient recouvertes de pigments.

– Je n'en ai pas le moindre souvenir.

– Tu es à l'origine de la brisure entre les deux frères d'âme. Je vois une louve accourir pour te sauver. Mon enfant, tu portes dans ton cœur un lourd fardeau.

Le visage livide, il se remémora la scène.

Tout à coup, il réalisa que la louve avait fait appel à sa magie pour mettre le mastodonte à terre et lui accorder le temps de donner le coup de grâce. Il retint ses larmes et se sentit responsable du meurtre qu'avait commis son père. Ce jour-là, sa maladresse avait enclenché le sort tragique des loups et attiré le malheur sur son clan.

– Sais-tu quelque chose au sujet du loup noir ?

Il eut un serrement au cœur et comprit qu'il y avait un lien entre la bête et son père, mais il ne dit mot et chassa aussitôt cette horrible pensée. Tamirtchen, rongé par l'inquiétude, avait hâte de partir à sa recherche. Sentant son malaise, Lëyna intervint :

– Mère, nous devrions le laisser se reposer. Il est encore très faible.

Elle s'appliquait à soigner ses plaies et tentait de calmer son impatience pour que son état s'améliore. Chaque matin, elle l'accompagnait en promenade afin que son corps reçoive les rayons du soleil. Au fil des jours, ils se sentaient de plus en plus proches, une force invisible semblant lier leur destin. Oyun vint le voir.

– Maintenant, tu es rétabli. Avant de t'en aller, je dois te confier certaines choses. Tu es lié aux événements qui affectent nos terres. J'ignore de quelle façon tu accompliras ton destin, mais tu dois trouver le loup bleu et la biche blanche. Ils pourront t'aider...

Elle lui donna des habits de peaux, une lance en os et des réserves de nourriture. Tamirtchen quitta les deux femmes après les avoir vivement remerciées.

En se dirigeant vers les berges argileuses où il avait été trouvé inconscient, il remarqua des empreintes de loup qui le menèrent dans les bois, où il aperçut une silhouette. Il empoigna aussitôt sa lance et poursuivit sa quête. Il retint son souffle lorsqu'il entendit des pas s'approcher de lui, et se cacha à proximité d'un grand pin. Sans bruit, il fit le tour de l'arbre pour surprendre l'inconnu. À sa grande surprise, il découvrit Lëyna. Soulagé, il s'amusa à imiter le brame d'un renne. Elle sursauta et rougit devant Tamirtchen, qui riait du tour qu'il lui avait joué. Elle s'énerva, mais le sourire du jeune homme l'enchanta, et tous deux rirent de bon cœur.

– Que fais-tu ici ?

– J'aimerais t'accompagner.

– Ta mère est d'accord ?

Elle fit la moue et hocha négativement la tête, quand un bruissement dans les fourrés les interrompit. Ils se dissimulèrent dans les broussailles. Derrière les feuillages, une masse sombre avançait dans leur direction. Un grand loup noir, la gueule couverte de bave, dévoilait d'énormes crocs et reniflait bruyamment dans leur direction. Tamirtchen saisit aussitôt sa lance. Agrippée à lui, Lëyna était terrorisée. La bête se mit à fixer le visage du jeune homme quand une étrange lueur brilla dans ses yeux, devenus subitement humains. La créature semblait vouloir communiquer avec lui, mais de sa gueule ne sortait que des jappements. Elle semblait désespérée. Bien que cet animal lui semblât étrangement familier, Tamirtchen était effrayé. Néanmoins, son corps et ses mains, crispés, se relâchèrent. Lëyna restait interdite devant son ami hypnotisé par la créature. Elle le vit s'avancer vers le loup.

– Père, c'est moi, Tam.

En entendant sa voix, tout son corps se mit à frémir. Face à la gueule de la bête, il approcha la main de son museau, qui le reniflait sans cesse des pieds à la tête. Lëyna sentit son désarroi et vit de la tendresse dans son regard.

Des cris résonnèrent de toutes parts : des chasseurs surgirent devant eux, et une lance transperça le flanc de l'animal, qui hurla de douleur. Toute humanité en lui disparut. Le loup se retourna, prêt à les dévorer. Tamirtchen s'interposa en hurlant :

– Cessez vos attaques ! C'est mon père, je peux le sauver, faites-moi confiance.

Baïkan apparut, affichant une expression de surprise lorsqu'il vit son neveu.

– Tu n'es pas mort ? Comment est-ce possible après une telle chute ?

– Arrêtez de le pourchasser. Je peux le calmer. Si vous nous laissez seuls, il ne s'en prendra plus à vous, je vous le promets.

Son oncle, contrarié de les voir en vie, ordonna qu'on les tue. Devant l'hésitation des chasseurs, il fulmina.

– N'oubliez pas qu'ils ont causé la mort de nos enfants et de nos frères d'armes, et qu'ils sont responsables de la malédiction qui décime notre peuple.

Encouragés par les exhortations de Baïkan, ils attaquèrent les fugitifs. Le loup se mit en travers pour protéger les deux adolescents et les poussa de la tête pour qu'ils prennent la fuite. Tamirtchen laissa à regret son père face à la haine des hommes que rien ne pouvait réfréner. Lëyna, qui connaissait cette forêt, les entraîna sur des sentiers secrets. Essoufflés, ils s'effondrèrent à la lisière d'une clairière. À peine avaient-ils repris leur souffle qu'ils entendirent la voix de leurs poursuivants. Où trouver refuge ? C'est alors que déboucha un grand renne blanc. Il inclina sa ramure et les invita à monter sur son dos. Sidérés, ils se regardèrent en souriant devant l'apparition magique. Ils montèrent sur le dos du renne, qui partit au galop avec une agilité extraordinaire. Les chasseurs furent médusés face à cette vision surnaturelle.

Pendant ce temps, le loup noir faisait un carnage. Il bondissait de-ci de-là, refermant ses puissantes mâchoires sur le corps des malheureux. Terrorisés, les chasseurs, détalèrent pour échapper à ses crocs. Dans la confusion, Baïkan se retrouva seul face à la monstrueuse bête s'avançant vers lui. Elle le plaqua à terre avec ses énormes pattes. Étourdi par le choc, il entrevit son énorme gueule ruisselante de sang. Il put voir dans son regard toute la colère des loups massacrés par l'homme. Il attendit sa mort mais, à son grand étonnement, la bête l'épargna. Devant l'expression de terreur de son frère et la vision des corps ensanglantés, Börtch frémit d'horreur. Cependant, la bête en lui reprit le contrôle. Alors il repensa à son fils, car, en sa présence, ses parts humaine et animale semblaient se réconcilier. Dans un élan d'espoir, il bondit à travers les feuillages du sous-bois et s'en fut. Il flaira l'odeur de son fils et suivit la trace du renne.

Sur le dos du renne blanc, Tamirtchen et Lëyna se laissaient emporter comme dans un songe au cœur de la forêt. Ils ressentaient les pattes fouler la terre sans rompre l'harmonie de la nature. Délicatement, les sabots glissaient sur les feuillages et esquivaient parterres de fleurs et nids d'oisillons piaillant. L'animal partageait avec les deux humains son lien sacré avec la Mère Terre, dont les pulsations remontaient dans son corps jusqu'au cœur des adolescents.

Le vent printanier caressait leur visage, apportant les délicates senteurs des arbres en fleur. Un bruissement de feuillages se fit entendre dans leur dos : des jeunes rennes fougueux se regroupèrent autour de leur chef, bondissant joyeusement de-ci de-là. Leurs pas, qui s'accordaient en un rythme aussi léger que vif, s'enfoncèrent dans la forêt tandis que le grand renne blanc se dirigea vers une clairière où brillaient les rayons du soleil à travers les branches. Il inclina ses bois, les invitant à descendre au bord d'un ruisseau. Il se pencha gracieusement pour s'abreuver à la source et se tourna vers eux, il les bénit et disparut. Ils entendirent la harde partir comme un seul corps.

Ils se rafraîchirent et contemplèrent avec ravissement la mousse sur les rochers blancs. Le ruissellement de l'eau suivait une mélodie où les esprits conversaient avec les oiseaux. Ils marchèrent pieds nus et levèrent les yeux vers un vieux chêne dressé sur un petit monticule. Majestueux, il irradiait d'une puissance surnaturelle. À l'ombre de ses grandes ramures, tous les êtres de la forêt jouissaient de sa protection. Au pied de ses immenses racines, ils cueillirent des baies et apprécièrent leur goût délicieux. Ils s'allongèrent, quand Tamirtchen se mit à penser à son père.

– Je dois retourner le chercher.

– Je partirai avec toi, où que tu ailles, mais il serait plus sage d'attendre l'aube pour nous mettre en route. Surtout, n'oublie pas que nous devons trouver le loup bleu et la biche blanche.

Tamirtchen s'en voulait d'avoir laissé son père seul face à ses ennemis. La jeune femme le comprit et garda le silence. Ils s'endormirent côte à côte. Dans la nuit, ils se retrouvèrent assis sur la cime du grand arbre. Ils se délectaient du paysage s'étendant à perte de vue. Sous les rayons de la Lune, des milliers de lanternes scintillaient dans la voûte céleste. Ils s'amusèrent à nommer les étoiles dans la fraîcheur nocturne, puis ils se regardèrent en s'interrogeant.

– Comment sommes-nous arrivés là ? demanda Lëyna, soudain consciente de s'être endormie quelques heures plus tôt.

– Nous devons être dans un rêve… Or, si je suis en plein sommeil, tu ne peux être que le fruit de mon imagination.

– Non, protesta-t-elle. Si c'était vrai, je ne serais pas en train de te parler. C'est toi qui es dans mon rêve.

– Est-il possible que nous soyons tous les deux dans le même songe ?

– Non, nous ne rêvons pas. Tu vois bien le ruisseau et le grand rocher, donc nous sommes dans l'arbre au pied duquel...

Elle regarda l'endroit où ils s'étaient allongés. Tamirtchen, devant l'expression ahurie de Lëyna, suivit son regard. Il découvrit un magnifique loup bleu lové avec sa queue enroulée sous la tête et une biche blanche allongée, la tête posée contre son flanc.

– C'est eux que tu avais peints dans la grotte ! s'exclama-t-elle en le regardant avec de grands yeux. Nous les avons trouvés, ils vont pouvoir nous aider.

– Tu as raison.

Ils essayèrent de redescendre, mais furent incapables de bouger, une force semblant les retenir sur la branche où ils étaient assis. Après plusieurs tentatives, un rire résonna dans leur tête.

– Vous ne pouvez pas les rejoindre.

Ils étaient tous deux abasourdis d'entendre une voix leur parler.

– C'est le chêne qui vous parle, dit une voix profonde. Ignorez-vous vraiment qui ils sont ?

– Oui, répondit Tamirtchen.

– En êtes-vous certains ? Regardez-vous l'un l'autre attentivement.

Leurs yeux se fixèrent, intrigués. Soudain, une brise les enveloppa, puis ils furent aspirés comme dans un tourbillon et se retrouvèrent à terre. À leur grand étonnement, chacun vit l'autre sous sa forme animale. Tamirtchen se découvrit un odorat et une ouïe développés, sentant l'odeur du moindre être vivant dans les sous-bois. Il ressentit un afflux de vitalité dans ses membres recouverts de longs poils bleus. Quant à Lëyna, elle frémissait de tout son corps, sensible aux moindres vibrations de l'air. Au plus petit bruit, ses oreilles s'agitaient en tous sens. Elle se sentait légère et agile. L'arbre poursuivit :

– Maintenant que vous savez qui vous êtes, la voie se révèle à vous. L'avenir des frères loups est entre vos mains.

Soudain, une vision de sa fresque lui revint en mémoire, Tamirtchen fut aussitôt soulagé.

– Mon père est encore en vie ! Nous devons partir maintenant.

L'arbre sacré s'adressa à eux une dernière fois :

– Un papillon vous montrera le chemin.

Dans l'obscurité de la nuit, une lumière scintillante virevolta autour de leur tête avant de se poser sur le museau du loup bleu puis d'éclairer leur chemin. Tamirtchen sentait la présence menaçante du loup noir marchant sur leurs traces.

La petite créature, telle une étoile, filait à la vitesse du vent, entraînant dans son vol ces deux êtres unis par le destin. La poussière d'or sur ses ailes imprégnait tous les êtres vivants. Ils découvrirent un monde foisonnant de vie. Quel que fût l'endroit où leurs regards se posaient, partout scintillaient des sphères de nuances différentes, toutes reliées aux battements de cœur de la terre. C'était une vision féérique.

Ils approchèrent d'une contrée sans vie. Tamirtchen sut en arrivant devant un cercle d'ifs fendus par la foudre que c'était qu'aurait lieu la confrontation. Pas un brin d'herbe ne poussait dans ce paysage hostile et marécageux. Au centre du cercle, ils retrouvèrent aussitôt forme humaine. Un vent froid et violent se leva. Il blessa leurs yeux et les mordit jusqu'aux os. Malgré la peur et l'envie d'être loin de cet endroit maudit, ils attendirent leur destin avec une ferme résolution.

Au loin, la bête noire sentit leur présence et poussa un hurlement féroce, qui fit frissonner les deux adolescents. Elle se dirigea dans leur direction, les babines retroussées. La part humaine de Börtch se débattait pour sortir de la masse noire. Il vit en son enfant une étoile à laquelle adresser sa dernière prière. Il était son unique espoir. Tamirtchen assistait, bouleversé, au combat que menait son père contre l'esprit mauvais qui le possédait. Il s'approcha et vit avec horreur des protubérances s'animer dans son corps. De chacune d'elles jaillit une tête noire, qui s'attaqua à celle de Börtch, qui gémit de douleur. Un loup noir à cinq têtes, les yeux haineux, se dressait sur ses pattes, prêt à bondir. Quatre horribles gueules s'acharnaient à mettre à mort sa part humaine.

Tamirtchen se mit à prier la louve sacrée, lui offrit son chant et la supplia de leur venir en aide. Lëyna s'approcha pour entonner le chant sacré de la biche blanche. Ainsi, le cœur de Börtch pourrait accueillir le souffle de la vie. Les quatre têtes continuaient de l'assaillir sans relâche, mais lorsque les deux voix se mirent à vibrer à l'unisson, elles lâchèrent prise, quatre loups noirs s'échappant du corps de Börtch. Tamirtchen s'approcha lentement de la bête noire et posa ses deux mains sur son crâne. Une lueur bleutée enveloppa tout son corps ; Puis, il se mit à gémir et libéra des sanglots qui venaient du plus profond de son être. Le corps nu, agenouillé à terre, Börtch pleurait comme un enfant. À cet instant, Mère louve apparut et s'approcha de lui. Elle attendit que toute sa peine s'écoulât. Il leva la tête et découvrit la magnifique louve blanche. Elle le regardait, les yeux pleins de bonté. Vulnérable comme un nouveau-né, il implora son pardon.

Les quatre masses noires se métamorphosèrent en quatre louveteaux. Dans une ronde joyeuse, ils exprimèrent leur amour à la grande Mère, caressant ses flancs de leur tête. Puis ils s'égayèrent vers les vastes étendues désolées. À chaque bond apparaissaient de jeunes bourgeons, de l'herbe, des boutons de fleurs et des cristaux scintillants sur leur passage.

Mère louve s'adressa à Tamirtchen :

– Tu as ouvert la voie du pardon à tes frères.

Puis, se tournant vers Lëyna, elle ajouta d'une voix douce :

– Vous représentez tous les deux l'union des forces contraires. Désormais, vous serez des messagers de la sagesse de la nature.

Au centre du cercle, Mère louve offrit son dernier chant. Les arbres et les plaines refleurissaient au rythme de son souffle. Quand une brume l'enveloppa, une petite lumière fila dans le ciel pour rejoindre ses ancêtres.

Börtch, Tamirtchen et Lëyna virent une étoile filante traverser le ciel orangé. Un vent fit frémir les arbres tout autour d'eux et une pluie de pétales blancs embauma les airs.

Récit II

Le Pardon

Hirmann sourit sans me regarder. J'ignore dans quelle sphère son esprit plane, mais je sens que je dois garder le silence. Je l'entends prononcer des mots à voix basse.

Soudain, une myriade de grêlons tombe du ciel dans un bruit fracassant. Je me souviens alors du jour où je rencontrai Hirmann pour la première fois, au cœur de l'hiver. Je n'aimais pas cette période de l'année. Aujourd'hui, je réalise l'avoir traversé sans éprouver la moindre aversion pour le froid et la grisaille du paysage urbain ; c'est même avec joie que je l'ai accueilli.

– Il fait plus chaud au dedans, remarque Hirmann en me regardant. La manifestation et la descente de l'Esprit ont lieu lorsqu'on s'éveille à l'amour de soi, car toutes nos cellules renferment la mémoire cosmique. De même, un oiseau ne peut venir au monde si sa mère a négligé son œuf. C'est la chaleur dont elle l'a enveloppé qui lui permettra d'éclore. Il est de notre responsabilité de prendre soin de notre corps, de l'aimer éperdument pour avoir accès à toutes ses connaissances. C'est la condition pour cheminer vers notre humanité.

– La voie de l'humain correspond-elle à l'expression de nos dons ?

– En partie. Je vais clarifier ce que j'entends par « mémoire cosmique ». Notre part spirituelle qui s'est incarnée doit s'éveiller en chacun de nous pour pouvoir prendre conscience de notre nature divine. Nous devons nous délester de tous les conflits personnels et transgénérationnels que nous portons pour que l'Esprit puisse nous féconder de sa lumière. En d'autres termes, c'est en atteignant un certain niveau vibratoire que nous pouvons entrer en résonance avec les énergies cosmiques. Dans cette ouverture de cœur, l'Esprit peut s'unir à notre âme et nous faire vivre une expérience d'éveil. C'est ce que j'appelle la voie de l'humain.

– Lorsque vous dites que tout est possible, je crois en saisir mieux le sens. Dans le conte du loup bleu, nous voyons que nous sommes tous faits de la même lumière. C'est sans doute la raison pour laquelle nous pouvons entendre les messages des oiseaux, des arbres, des pierres et des animaux. Nous pouvons entrer en résonance avec leur vibration, du fait que nous sommes réellement reliés les uns aux autres.

– La Terre nous porte tous avec le même amour. Toute vie mérite le respect, même le plus petit insecte a le droit de vivre et de réaliser son expérience sur la Terre.

– Si j'ai bien compris, ce souffle de vie qui anime tous les êtres vivants renferme la mémoire cosmique ?

– En effet, le champ aurique est semblable à un œuf lumineux en gestation. À l'origine, l'Être qui a créé les premiers œufs humains est comme un immense oiseau qui veillerait à ce que ses petits, lors de leur éclosion, se souviennent de leur origine. L'éveil progressif de la mémoire cosmique se manifeste à travers l'expression singulière de notre luminosité.

– Je comprends maintenant pourquoi nous devons accepter de faire l'expérience de la jalousie, de la colère et de la culpabilité, car toutes ces émotions, une fois harmonisées, nous aident à faire rayonner la lumière de notre être.

– Exactement. Cette flamme qui brûle en nous ne vacille pas au cœur des ténèbres. C'est pourquoi il est absurde de condamner ou d'empêcher l'expression de nos émotions et de nos désirs charnels. Toutes ces expériences fortifient les fondations de notre individualité pour qu'elle s'aligne sur notre Être. Imaginez un instant que vous êtes un ange et que votre mère spirituelle vous a accordé une expérience unique : un voyage sur la Terre dans un corps humain. En naissant, votre conscience du grand Tout s'est endormie. Au moment de la fusion de votre âme avec le fœtus, toutes vos connaissances, telles les plumes de l'ange, se sont dispersées dans l'espace de l'oubli, Mère Esprit les a disséminées sur le chemin de votre destinée. C'est pourquoi il ne faut refuser aucune expérience essentielle à notre évolution, car en chacune d'elles se trouve une plume de nos ailes.

– Je comprends qu'en refusant de vivre certaines choses au nom d'une quête spirituelle, je m'en éloignais, car le vécu est le creuset où s'opère l'alchimie entre le corps et l'esprit. Or, comment savoir quelles sont les expériences que nous sommes appelés à vivre et où en sont les limites ? Par exemple, dès l'adolescence, nous nous éveillons au désir amoureux et nous sentons qu'il n'y a pas de limite à ce désir.

– À cet âge, nous faisons face à nos désirs grandissants. Ils n'obéissent pas aux règles imposées par les adultes, qui les transgressent le plus souvent. Il faut oser faire ses propres expériences pour découvrir les différentes formes de l'amour et reconnaître ses vrais désirs et ses sentiments. C'est le passage incontournable avant de pouvoir vivre l'union entre les désirs du corps et l'élan du cœur. Devenu adulte, si nous n'avons pas guéri et trouvé cet amour en nous, nous le recherchons sans cesse à travers les autres. Resté attaché à ce stade de développement, nous nous maintenons dans une forme de rébellion qui nourrit l'illusion d'être une personne libre. Or, la liberté consiste à trouver l'amour en soi, pour pouvoir aimer l'autre sans attente. L'amour charnel éveille nos sens à la passion pour accueillir l'amour spirituel. Dans cette union des corps se manifeste la lumière divine sur la Terre. L'âme ne peut s'enraciner dans le corps si celui-ci n'est pas nourri de bonnes ou de belles sensations. C'est de l'alchimie entre nos parts subtiles et denses que naît l'être double.

– C'est incroyable, je découvre qu'en nous regardant à travers les yeux de l'ange, nous pouvons apprendre à mieux nous aimer. Se voir à travers eux nous montre le chemin de l'humilité. Il nous faut traverser toutes les portes émotionnelles pour cheminer sur le sentier du pardon.

– Oui, nous devons faire de notre mieux pour nous accorder au rythme de la roue du temps. Le cercle sacré de l'Esprit se révèle à l'homme qui a accompli sa destinée au cours de son voyage sur terre. Il a conscience qu'il a toujours porté en lui l'énergie de paix, d'amour et d'harmonie.

Hirmann, le visage rayonnant, me lance : « À demain ! », puis entonne un air joyeux.

Je note les deux rêves de la nuit dernière.

« Je marche sur un petit chemin de terre, j'aperçois une vieille femme et une jument baie un peu plus loin, extrêmement nerveuse. Je lui parle et l'emmène pour prendre soin d'elle. Sur son côté droit, les rênes sont déchirées. Je sens que son état résulte d'une contrariété due à la violence de son maître. Chez moi, je me retrouve avec elle et son poulain quand, soudainement, ils m'apparaissent en cristal transparent de petite taille. Je remplis le lavabo dans lequel je m'apprête à les laver. Puis Hirmann leur redonne leur forme initiale.

Je comprends que les colères qui se sont cristallisées dans mon corps sont liées à tous les élans de vie qui ont été entravés dans leur expression. À l'image de la jument, je dois me libérer de mes frustrations. Hirmann m'enseigne une voie de purification du corps afin de retrouver l'équilibre émotionnel et la liberté tant désirée.

Le deuxième rêve : « Je suis une femme anthropologue-archéologue à la recherche de fossiles de créatures ayant vécu aux temps anciens, sans doute préhistoriques. Je traverse un océan en pleine nuit et nage parmi d'innombrables nids où sont lovés des serpents recouverts d'algues. Je leur donne des petits poissons à manger en touchant leur tête. Quand je nourris le plus grand, il me mord en attrapant le poisson. Je le lance au loin, car sa morsure me fait mal. Je continue à avancer au large, j'aperçois une panthère noire en train de nager dans les profondeurs. J'ai conscience que c'est un animal sauvage, mais je me sens intimement liée à elle et la suis. Je suis très heureuse de la regarder nager, elle a de belles longues moustaches blanches. Quelques instants plus tard, je remonte à la surface et regarde un chimpanzé sortir de l'eau, grimper sur une branche en plein milieu de l'océan. »

Après le premier rêve de guérison, le second évoque la traversée de l'épreuve du froid, de la solitude et de l'obscurité dans les eaux de l'inconscient. Les serpents représentent les gardiens des énergies primordiales. Une intention inflexible est nécessaire pour effectuer cette plongée douloureuse dans notre paysage intérieur. Descendre dans les couches les plus profondes de l'inconscient est une voie incontournable pour se réapproprier les énergies bloquées dans un lointain passé. La panthère me guide dans la nuit pour retrouver ces énergies enfouies, tandis que le singe émerge des eaux pour trouver place dans un arbre évoquant l'alignement qui se dresse à l'issue de ce voyage dans les eaux intérieures.

Je note un autre rêve de cette nuit :

« Je me retrouve sur un lit, comme dans une maternité. Et voilà que j'ai un bébé, une petite fille ! Elle vient juste de naître. Elle est sur mon ventre et ne cesse de babiller en me regardant dans les yeux. Je lui demande plusieurs fois en souriant : « Mais quelle langue parles-tu ? » Et je caresse sa tête déjà chevelue comme lorsque j'étais bébé, puis ses joues, et je l'embrasse. Je ressens pour elle un amour infini. Un sentiment de plénitude et de confiance m'envahit. Je sais que je consacrerai ma vie à la rendre heureuse. Je n'aspire qu'à son bonheur. »

Je deviens une exploratrice qui expérimente une nouvelle manière d'être sans me référer à une technique ou à une esthétique. Je découvre d'autres façons de mouvoir mon corps, de libérer mes émotions, de laisser s'écouler les mémoires du passé. Je peux enfin rire de mes peurs, de mes inhibitions, faire le clown en utilisant mes faiblesses pour m'exprimer. J'apprends à me prendre moins au sérieux. Je veux être en paix avec moi-même et rendre à mon corps sa liberté.

Aujourd'hui a lieu le grand nettoyage de printemps. Je suis contente de faire le vide dans mes affaires et dépose dans la cour un carton de vêtements, de livres et d'objets qui feront plaisir à d'autres. Je change la disposition de mon appartement, où règne une atmosphère plus harmonieuse. Je suis prête à accueillir Don Hirmann.

– C'est joli, il y a une belle énergie chez vous.

Il m'offre une bougie en forme de coquille Saint-Jacques, que je pose au centre de l'autel. Il propose de nous asseoir pour prendre un temps de silence. Je suis plus apaisée et confiante face à tout ce qui peut advenir. C'est un sentiment agréable d'être présente à soi sans avoir à éprouver cette inquiétude qui me définissait. Don Hirmann me sourit.

– Tout être humain porte une blessure d'amour dans sa chair, son cœur ou son esprit. Notre âme a choisi de s'incarner dans un arbre généalogique où certaines énergies de vie ne circulent plus. Tel un acteur qui aurait accepté d'endosser un costume, elle accepte de jouer un rôle dans le scénario familial pour apporter une résolution au drame qui s'est joué par le passé. Chacun est libre de transformer la pièce dans laquelle son personnage a pris naissance, en devenant à la fois le metteur en scène et l'acteur d'une nouvelle histoire. Pour dé-cristalliser les énergies bloquées, qui nous maintiennent dans un rôle, l'humain doit s'éveiller à son pouvoir créateur. La guérison passe par une écoute bienveillante pour nous ouvrir à la force de l'intention se manifestant dans un perpétuel jeu d'équilibre entre l'ombre et la lumière. Atteindre cette clarté d'esprit permet de capter l'inspiration créatrice pour transmuter nos pulsions de mort en énergie d'amour. La vie offre toujours des opportunités pour saisir et renforcer cette intention à travers des rencontres, des messages, des présages ou des rêves... Maintenant, je vais vous raconter une autre histoire de guérison.

Rose des sables

Tillia, une petite fille rêveuse, vivait dans le village de Tshane, au cœur de la Namibie. Le matin, elle se levait avec une discrétion toute féline avant que les pas de ses parents et des villageois ne sèment les bruits de la vie. Elle aimait contempler le ciel bleuté et le scintillement des étoiles avant l'éclat rosé et argenté de l'aurore sur le sable du désert. Elle croyait faire un rêve éveillé devant le miracle des formes apparaissant et vibrant sous les rayons du soleil. Elle aimait la présence ancestrale des arbres, ils la rassuraient. Elle était fascinée par les parades nuptiales des grues se mouvant avec grâce. Lorsque sa mère sortait de la hutte pour la chercher, Tillia lui offrait une danse inspirée par le ballet de ces oiseaux. C'était sa manière de lui exprimer sa joie et son amour. Leyla était une maman affectueuse, enjouée, à la peau douce et parfumée. Sa voix enchantait les oreilles. Elle semblait rire à chaque parole qu'elle prononçait. La petite aimait voir son papa, Dadjo, les yeux brillants d'amour lorsqu'il posait son regard sur son épouse rayonnante. Homme bon et patient, il se dévouait à sa famille. Il était parfois nostalgique de son village natal qu'il avait quitté pour vivre dans la région de sa femme. La plupart du temps, il chantait en travaillant, louant la beauté mystérieuse de la mer et sa puissance terrifiante qui pouvait les engloutir.

Il inventait de nouvelles paroles en souvenir de son ancienne vie de pêcheur, évoquant les odeurs marines, le bruit des vagues, les tempêtes et les nuits étoilées. Il regrettait l'immensité bleu océan qui rafraîchissait sa peau dorée par le soleil. Pourtant, il était heureux dans son foyer auquel il offrait une vie agréable, ayant vite appris l'élevage et la culture.

Un après-midi, un chiot famélique, couvert de plaies et noir de poussière s'arrêta près de Tillia. Assise au bord de la rivière, elle contemplait de grands oiseaux blancs se désaltérant. Lorsqu'elle rentra chez elle, il la suivit comme son ombre. Il semblait écouter sa voix attentivement, mais, craintif, il s'écartait d'un bond lorsqu'elle tentait de l'approcher. Tandis qu'elle restait silencieuse sa mère prit une petite bassine d'eau et du chanvre pour nettoyer ses blessures. Il se laissa faire après avoir mangé des restes de poulet.

Dadjo, toujours prêt à faire plaisir à sa fille, ne protesta pas malgré ce que lui inspirait l'animal écorché vif, qui grognait lorsqu'il le voyait. Il comprit que le chiot était effrayé et le laissa tranquille. « Peut-être était-il battu par un homme qui n'en voulait pas chez lui ? », suggéra-t-il.

L'animal dormait toujours à côté de Tillia, mais il demeurait farouche. Son regard était apeuré et triste, aussi Tillia lui parlait-elle comme à un bébé pour le rassurer. Un matin, elle l'emmena voir les agneaux qui venaient de naître. Il resta allongé au milieu d'un tas de paille parmi les moutons qui bêlaient. Il semblait aimer cet endroit.

Au bout de quelques mois, il fut apprivoisé par Tillia, qui s'était attachée à lui et l'appela Cannel. Chaque jour, les deux amis parcouraient les terres bordant la rivière, jouant avec les papillons ou pataugeant dans les marais. Un après-midi, il se mit à japper en faisant des bonds. Tillia s'approcha, croyant voir une tortue ou une bestiole quelconque, mais elle découvrit une très jolie rose des sables. Avec bonheur, elle la prit pour l'offrir à sa mère, qui embrassa tendrement sa fille pour ce joli cadeau et lui confia :

– Elle est comme ton cœur, fragile et délicat, mais rien ne peut détruire l'amour qui rayonne en lui. Regarde ces minuscules cristaux qui portent l'essence de cette rose, que même les tempêtes les plus violentes ne peuvent détruire. Ton cœur aussi scintille de ces milliers de petites lumières que tous les esprits mauvais qui rôdent sur la Terre ne pourront anéantir. N'oublie jamais cela, ma petite fleur du désert.

Leyla parlait souvent à sa fille, lui racontant des histoires pour qu'elle devienne comme un bel arbre fruitier aux promesses fleuries. Lorsqu'elles étaient assises toutes deux, écossant des haricots ou filant la laine, Tillia buvait les rires et les paroles de sagesse de sa maman, des moments de complicité qu'elle garderait précieusement. Elle grandit ainsi sous l'amour de ses parents. Lorsqu'elle entra dans sa douzième année, Leyla fut à nouveau enceinte.

Une nuit, un croissant de lune ornait le ciel étoilé et glacé, quand elle fit un horrible cauchemar. Elle était cernée par des hyènes et leurs crocs démesurément longs essayaient de lui arracher le cœur. Tillia se réveilla, terrifiée, et entendit les hurlements de sa mère en train d'accoucher. Les cris s'espacèrent et s'atténuèrent au fil des heures. Effrayée, elle restait blottie contre Cannel, qui tremblait lui aussi. Puis un silence pesant s'installa. Elle sentit au plus profond d'elle qu'un drame venait de se produire. Dadjo, devenu brutalement veuf, pleura jusqu'au matin après avoir assisté, impuissant, à la mort de sa femme et de son bébé, partis rejoindre le monde des ancêtres. Après la cérémonie funéraire, le cœur meurtri, il décida qu'ils retourneraient vivre dans son village natal, chez son frère aîné.

Le moment de quitter ce lieu où ils avaient vécu des jours heureux arriva. Son père avait placé toutes leurs affaires dans une malle. Il vendit son troupeau de moutons, ses poules et ses coqs, et céda ses lopins de terre à ses proches. Tillia prit soin de garder la rose des sables que sa mère avait rangée dans une petite boîte en bois sentant bon le santal. Elle prit aussi son boubou préféré, qui avait gardé l'odeur de sa peau. L'âne et la mule furent attelés à la charrette où Tillia portait serré contre elle le petit chien. Dadjo, la mine triste, prononça quelques mots inaudibles avec des larmes dans les yeux. Le voyage fut terriblement long pour l'enfant, qui contemplait les paysages l'éloignant de sa mère, enterrée au pied d'un arbre.

Quelques mois plus tard, ils arrivèrent enfin sur la côte des Squelettes, où Dadjo fut chaleureusement accueilli par sa famille. Ils l'aidèrent à se ré-installer dans son métier de marin pêcheur, qu'il avait exercé jadis. Les mois s'écoulèrent, rares étaient les mots qu'il adressait à sa fille. Son cœur semblait s'être arrêté de battre, il était devenu l'ombre de lui-même. Tillia se sentait désespérément seule. Heureusement, la présence de Cannel la réconfortait. Son oncle et sa tante lui témoignaient très peu d'intérêt, trop accaparés à satisfaire Kouto, leur fils unique de dix-sept ans. Libre comme l'air, il ignorait le sens du mot travail, et ne pratiquait aucune activité. Elle apprit qu'il était orphelin, abandonné une première fois par son père qui avait quitté le foyer, et une seconde fois par sa mère, qui ne parvenait plus à nourrir tous ses enfants. C'est l'oncle qui l'avait accueilli chez lui et l'élevait comme son propre fils. Il devint leur unique enfant. Il était la fierté de sa mère adoptive, qui le gâtait et lui passait tous ses caprices.

Sa beauté n'avait pas échappé à Tillia. Les traits de son visage étaient d'une grande finesse. Il avait des yeux noirs en amande avec des lèvres joliment dessinées et la peau couleur bronze. C'était un jeune homme au corps élancé et gracieux. Lorsqu'il souriait, on aurait dit un ange. La tante sollicitait sans cesse l'aide de Tillia à la cuisine pour les corvées de lessive, de ménage, ou filer la laine. Elle ne rechignait jamais au travail, pour autant, elle était traitée comme une étrangère. Elle n'avait aucune affinité avec ces gens qui lui paraissaient peu spirituels. Sa mère lui manquait d'autant plus.

N'ayant encore jamais vu la mer avec ses étendues de sable, ses hautes vagues, ses mouettes et ses bateaux, elle aurait aimé sortir, mais sa tante lui dit qu'une fille de son âge ne pouvait se promener seule. D'une voix sèche, elle ajouta :

– Je suis responsable de toi, je ne voudrais pas que l'on jase et dise que je ne m'occupe pas bien de toi.

Tillia n'avait pas le courage de demander à son père de l'emmener, il était toujours aussi absorbé dans ses pensées, le regard vide. Heureusement que Cannel était à ses côtés pour lui donner de l'affection et égayer ses journées.

Elle entra dans sa treizième année. Cela faisait plus d'un an qu'elle vivait dans ce village, mais elle ignorait toujours ce qu'était l'océan et le parfum de l'écume. Sa tante la sollicitait dorénavant pour toutes les tâches ménagères. Les journées passaient et se ressemblaient, aussi Tillia espérait que son père retrouverait sa gaieté.

Une fin d'après-midi, Kouto profita de l'absence de sa mère pour lui proposer une promenade en bord de mer. Elle fut enchantée à cette idée et le suivit. Elle voulut que Cannel l'accompagne, mais il lui dit que cela pourrait être périlleux pour lui. Ils marchèrent dans une zone sauvage, loin des embarcations de pêcheurs. Kouto semblait alors rêveur, contemplant l'horizon au loin. Il la laissa émerveillée et stupéfaite face à cette vaste étendue bleue. Elle marcha dans l'écume qui chatouillait la peau délicate de ses chevilles. C'était la première fois qu'elle riait depuis la mort de sa mère. Le bruit du ressac contre les rochers l'enivrait autant que les embruns et les cris des mouettes plongeant dans les vagues. Soudain, il se tourna vers sa cousine, l'air effaré.

– Tu n'aurais jamais dû entrer en contact avec l'eau ! L'esprit de l'océan ne tolère pas qu'une fille le souille ; quand cela se produit, son courroux est terrible ! Elle meurt empoisonnée, d'une horrible façon. De sa bouche sort une écume verte et son corps, saisi de tremblements violents, agonise avant de rendre l'âme. Mais je connais un remède, affirma-t-il, excellant dans son numéro cruel. C'est une piqûre qui peut extraire le mal qui est en toi. Tous les hommes sur la côte y ont recours lorsqu'une fille imprudente brise les vagues de l'océan.

Il lui demanda de fermer les yeux, de lui faire confiance et de se laisser faire. De gros nuages noirs s'amoncelèrent dans le ciel, la mer devint sombre et inquiétante. Kouto déshabilla Tillia, qui se débattit. Il la rassura en lui disant que tout irait bien. Puis avec force autorité, il cria :

– Tu ne veux pas mourir et provoquer de peine à ton père, n'est-ce pas ?

Et dans l'obscurité du ciel, tel un démon aux forces inouïes, il la posséda. Vaincue par la violence de son acte, le corps endolori de la jeune fille tremblait.

– Je n'ai fait cela que pour te sauver la vie, déclara-t-il d'une voix dure. Puis il la menaça de tuer son chien si elle en touchait mot à son père.

Le cœur brisé, envahie d'un sentiment de honte, elle repartit la tête baissée.

Au fil des jours, des mois et des années, la bête gluante qui s'était glissée dans son ventre aspirait toute sa joie. L'éclat lumineux de son cœur se dissipait. Une peur sourde s'était immiscée en elle. Elle craignait de marcher seule et de revivre une épreuve aussi épouvantable. L'assaut de son cousin l'avait dépouillée de ses rêves en un instant, toute passion s'était éteinte. Repliée sur elle-même, elle était devenue solitaire. Elle vivait dans la crainte que ce lourd secret ne parvienne aux oreilles de son père. Celui-ci ne supporterait pas un nouveau malheur, il pourrait en mourir. Elle se sentait plus seule que jamais. Avec Cannel, elle se réfugiait dans l'étable et jouait de la flûte pour apaiser son âme tourmentée. Dadjo la lui avait offerte lors de la fête du solstice d'hiver. Elle se mit à écrire des poèmes, comme autant de prières adressées au Soleil, l'implorant de lui faire ressentir la beauté de son paysage intérieur. Elle inventait des chansons décrivant la beauté qui vibrait en toute chose, dans les nuages, et le vent qui fouette les falaises et emporte le parfum des marées sur les terres asséchées. Elle y contait la grâce des gestes des nouveau-nés ainsi que celle des oiseaux. Toutes les formes dans la nature exaltaient son imagination. Tillia devenait une jeune femme, mais elle marchait les yeux égarés, comme une enfant perdue. Son âme semblait s'être envolée sous le poids du corps brutal de Kouto. Elle paraissait chercher quelque chose, scrutant les visages et tout ce qui l'entourait, mais ignorait quoi. Ses yeux, toujours voilés par la crainte, s'agitaient en tous sens. La peur tapie en elle lui était devenue aussi familière que son ombre. Le sentiment de honte et de culpabilité lui pesait chaque jour davantage. Depuis des années, elle ne cessait de s'interroger sur ce qu'elle avait bien pu faire pour provoquer une telle cruauté. Elle était convaincue d'avoir commis une faute grave pour mériter cela. Elle fouilla sa mémoire : rien ne lui venait à l'esprit de répréhensible, ni dans ses paroles, ni dans ses actes, mais elle n'en avait pas moins mauvaise conscience. Son corps, tel un vase fêlé, semblait prêt à se briser au moindre choc. Tillia craignait de sombrer dans les sables mouvants de la folie, elle n'entendait plus la musique céleste de ses amies les étoiles.

Lors de sa dix-neuvième année, elle apprit qu'un jeune prétendant, Oudou, l'avait demandée en mariage. Dans le village, les gens ne tarissaient pas d'éloges à son sujet. Tout le monde s'accordait sur le fait qu'il était un homme aussi bon que fin musicien. Son père ayant eu vent de ses qualités accepta de lui donner la main de sa fille. Les noces devaient avoir lieu au printemps, si tout se passait bien. Dans son visage rayonnant de douceur, Tillia reconnut quelques traits de sa mère, ce qui l'attendrit. Néanmoins, elle s'en voulait toujours d'être tombée dans les filets du démon au visage d'ange qui avait abusé de sa naïveté enfantine. Bien qu'elle fût d'un tempérament doux, on pouvait parfois entendre un rugissement de colère s'élever dans sa voix. Elle consacrait toutes ses journées aux préparatifs des fiançailles, mais son regard laissait transparaître de sombres pensées. Son corps contenait des rythmes violents et des cris de rage. Il semblait parfois en proie à une bête féroce qui la garderait jalousement entre ses crocs. Elle se sentait de plus en plus prisonnière d'une fureur noire. Impuissante, elle voulut se jeter d'une falaise pour en finir avec cette souffrance. Elle entendit pour la première fois la voix de sa défunte mère. Aussitôt, elle s'assit et écouta les paroles réconfortantes de Leyla : « Ma petite fleur, je sais combien ta colère est grande et ta peine profonde. Cette épreuve, tu peux la traverser. Je suis là et, dans mes bras, tu peux verser toutes les larmes que tu veux. Ton cœur pur réussira à dissiper le poison, je t'y aiderai, je te le promets. »

Depuis ce jour où la détresse faillit emporter Tillia dans l'autre monde, sa mère venait chaque nuit lui rendre visite dans ses rêves. Elle enveloppait sa fille de toute sa lumière pour lui donner la force d'accepter le chagrin et la souffrance distillés dans son cœur par la trahison. Une nuit, Leyla lui fit entendre le cœur de la Terre. Son chant était une prière adressée aux humains pour les aider à pardonner le mal qui leur avait été fait. Puis elle tissa un songe pour lui apprendre à expulser sa rage hors de son ventre et de son cœur. Elle l'invita à se mouvoir sur un rythme de percussions aux sonorités envoûtantes, l'encourageant à frapper des pieds contre le sol tout en laissant sa poitrine traversée de secousses énergiques vibrer de manière à ce que toute mélancolie s'en échappe. Le corps saisi de tremblements puissants, Tillia entra dans le cercle purificateur de la transe et son ventre libéra une ombre noire hors de ses entrailles. « En dansant ainsi, tu abandonnes à la terre les souffles qui voilent ton cœur et ton esprit », lui souffla sa mère d'une voix affectueuse.

C'était un soir de pleine lune, avec Cannel blotti dans ses bras, elle s'endormit paisiblement pour la première fois depuis des années. La nuit suivante, Leyla lui parla de l'esprit du pardon. Elle lui raconta qu'il était concentré dans la graine d'un arbre fruitier poussant uniquement sur les rives du fleuve Limpopo. Cet ancêtre sylvestre, expliqua-t-elle, existait bien avant que l'homme ne foule la terre. Ses pépins avaient la vertu de guérir non seulement les animaux enragés, mais aussi les humains atteints du même mal. Elle lui révéla comment préparer le breuvage : il fallait les réduire en fine poudre blanche, la mélanger à l'eau du fleuve et prier pour chasser le mauvais esprit qui avait pris possession de son corps et de son âme.

En quête de l'arbre sacré, Tillia avait préparé son petit attelage et prévenu son père que la date des fiançailles devrait être ajournée. Sur le dos de sa mule, elle traversa les terres ensoleillées parcourues de huttes de terre et de roseaux, avec ses troupeaux, ses champs et ses hommes laborieux. Tandis qu'elle cheminait, elle fit la rencontre de personnes, dont l'esprit avait été blessé. Ils lui contèrent leurs malheurs et leurs peines. Certains avaient commis l'irréparable – meurtres, viols et maints autres crimes – et se morfondaient sous le poids du remords, d'autres s'apitoyaient sur leur sort et se complaisaient dans leur souffrance. Elle constata que le malheur écrasait de tout son poids le cœur des victimes innocentes, mais aussi que les remords pouvaient ronger celui des criminels. Personne ne sortait indemne du mal causé ou subi, la douleur était partagée, même si, en apparence, elle ne semblait pas l'être. Elle comprit la nécessité de ne pas laisser le poison de la colère corrompre son existence. Elle ne voulait plus pleurer toutes les larmes de son corps, mais connaître la vraie vie, avec ses joies et ses mystères.

Elle quitta la grande route du désert pour rejoindre des coins plus reculés et eut le bonheur de rencontrer des êtres vivant en harmonie. Certains tissaient de magnifiques étoffes et des tapis aux motifs originaux, d'autres réalisaient de belles poteries et de superbes ustensiles en bois sculpté. Elle fut subjuguée par des sculptures réalisées par un vieil homme. Ses œuvres révélaient les forces du Grand Mystère cachées dans le corps des hommes. Elle s'enivra du parfum des essences de bois. Dans ce village, où toutes les cases étaient peintes de motifs abstraits et bordées de fleurs aux couleurs éclatantes, elle découvrit des êtres cultivant l'art de vivre dans la simplicité. Une vieille femme l'invita à boire du thé. Elle avait été abandonnée par son mari à la suite de la mort de ses enfants assassinés par des brigands. Depuis le jour où ils avaient rejoint le monde des esprits, ils lui confiaient des secrets ancestraux, lui transmettaient des chants, des visions extraordinaires et lui demandaient de prier pour trouver la force de pardonner les actes odieux qui leur avaient ôté la vie. C'est ainsi qu'elle devint une conteuse pleine de sagesse. On l'appelait « la magicienne », car ses paroles avaient le pouvoir de guider les cœurs et les âmes perdues sur le chemin de la guérison. C'est ainsi qu'à la nuit tombée, elle proposa à Tillia de rester auprès du feu pour écouter l'histoire d'Oyali, la femme féline. Elle commença ainsi : « Autrefois, une tribu de pêcheurs-cueilleurs vivant le long d'un lac aux eaux turquoise pratiquait des rituels ancestraux transmis par la voie des rêves. Dès sa naissance, le petit de l'homme était initié à respecter les esprits de la forêt et ceux des animaux dont la vie était sacrifiée. Aucune parole ne brisait le cercle des prières offertes à la déesse Terre dans les gestes du quotidien. Chacun honorait la force créatrice de Mère nature, écoutant ses messages, qui inspiraient le respect de tous les êtres vivants et des énergies se manifestant dans l'univers. L'âme des animaux transmettait des visions, sources de guérison et de connaissance des réalités du monde invisible. Ils étaient aimés comme des dieux messagers de la sagesse cosmique. Dans ce village, pas un bruit ne rompait le silence sacré. Ce clan était dirigé par l'homme le plus âgé, dont la fille, Oyali, une belle jeune femme, prenait soin de lui depuis que sa mère avait rejoint ses aïeux. Le jour de sa disparition, elle reçut en rêve la protection de l'esprit félin et apprit, chaque nuit, à communiquer avec la panthère noire lui permettant de voir et de ressentir le monde à travers ses yeux et son corps. La force intérieure d'Oyali grandit, éclairée par la sagesse de sa précieuse alliée.

Une nuit d'été, la belle Oyali, nue, s'éloigna de son village. Elle marcha à travers les arbres telle une féline en proie à une brûlure intense dans le creux des reins. Cet appel inconnu l'étreignit de plus en plus intensément. Elle erra longtemps, dépassant les limites du bois jusqu'à atteindre les frontières d'un autre clan situé au pied d'un volcan. C'était un village de chasseurs. Oyali se dirigea vers une case.

Un couple y était allongé. Cette nuit-là, elle désira que cet homme grand et robuste la suive. Elle demanda à son ombre de le taquiner en jouant avec ses formes sensuelles pour l'attirer et tourmenter son désir viril, dévoilant sa poitrine généreuse et ses hanches gracieuses. Ainsi, tandis qu'elle s'éloignait vers la source des anges, son ombre alla jouer avec le chasseur. Elle le captiva dans une danse où elle apparaissait et disparaissait, attisant sa curiosité pour le mener jusqu'au lieu où elle l'attendait. Il se laissa prendre au jeu et la suivit. Pendant ce temps, Oyali préparait un lit de mousse et de feuilles. Elle plongea dans la source pour laver soigneusement ses cheveux et son corps embaumant la mûre. Un petit esprit poisson, charmé par sa sensualité débordante, glissa sur ses cuisses et se réjouit au son éclatant de son rire. Il s'élança vers le petit bouton de nacre et baisa la petite perle qui rosit de plaisir. Les rires de la jeune femme l'enivrèrent. L'eau de la source se mit à ondoyer, caressant ses hanches et son ventre. L'eau trembla aux abords de sa poitrine, chatouillant la pointe de ses seins. Son corps s'éveillait au désir. Elle s'allongea sur le dos, se laissant flotter vers la rive. Soudain, elle fut étreinte par un esprit serpent sorti des profondeurs de l'eau. Il s'enroula autour de sa taille et souleva ses reins, lui insufflant le mouvement du flux et du reflux du désir féminin, semblable à celui des vagues océanes. Il glissa dans l'ombre de ses cuisses et caressa le doux coquillage qui protégeait la grotte sacrée. L'esprit serpent la porta sur le tapis de mousse, nue et frémissante de désir, puis il retourna dans les eaux. Le chasseur aperçut la jeune femme offerte à la nuit, sous les rayons argentés de la Lune scintillant sur sa peau. Sa nudité appelait sa force virile. L'homme s'approcha et s'allongea dans un silence recueilli contre son corps. Il posa délicatement sa main sur sa peau, la caressa, faisant gémir Oyali, dont le souffle brûlait son visage ému. Tel un tigre amoureux, il lécha ses lèvres, l'éveillant au désir, puis il baisa ses épaules, son cou et ses seins. Oyali émit des grognements félins et mordilla ses lèvres, semblant vouloir résister au tourbillon de jouissance dans lequel il l'entraînait, mais, dans un élan naturel, elle étreignit avec passion le corps de l'homme. À cet instant, le chasseur offrit un chant sacré à la terre et à l'esprit félin qui se manifestait à travers elle. Ses paroles célébraient le rite initiatique de la femme s'éveillant à son pouvoir.

Il murmura des mots qu'elle seule pouvait entendre. Puis il serra avec fougue son corps souple qui ondulait à son contact. Il chevauchait des plaines vallonnées tel un étalon effrayé par le tonnerre, et sa passion, tel un éclair, foudroyait avec force la terre enflammée d'Oyali. Elle était transportée en plein océan dans des courants brûlants, soudain glacés, contre un récif où elle devenait écume et s'élevait dans le ciel telle une étoile au firmament. Son corps ne lui appartenait plus. Au comble de l'ivresse, son âme s'unissait à celle de la terre et au cœur de tous les êtres vivants. Elle était devenue pure énergie d'amour, pur émerveillement devant le miracle de la danse du plaisir. Son corps se mouvait avec sensualité, honorant la générosité de l'homme qui lui avait offert avec ardeur et sensibilité un instant de grâce. Sans relâche, il avait porté Oyali au sommet de l'extase. Elle n'était plus que sensation, chaleur et énergie pure. Elle s'endormit en ronronnant de plaisir contre la poitrine de son amant.

Au lever du jour, elle fut réveillée au contact d'un papillon chatouillant sa joue. Enjouée, elle souffla pour inviter la petite créature à s'envoler. Elle se sentait épanouie et comblée. Le chasseur était retourné auprès de son épouse. Il n'avait transgressé aucune loi : il avait honoré la tradition de ses ancêtres enjoignant à tout homme de répondre à l'appel des esprits de la nature. Il devait combler la femme qui était guidée par un esprit animal, c'était un devoir sacré. Cette tradition lui fut transmise par ses ancêtres, qui avaient gravé les mythes de son peuple dans les pierres. Ce devoir ne pouvait être accompli que par un homme n'étant pas encore père. Oyali était transformée, grandie à l'intérieur. Elle avait reçu le don sacré du chasseur. Il avait honoré l'esprit félin qui l'habitait en comblant le désir de la femme. Depuis ce jour, elle sentit son corps, telle une terre vivante, riche de mystères et de savoirs cachés. Elle entendait et comprenait le langage des oiseaux, des arbres et des animaux de la forêt. L'âme de la terre vibrait dans toute sa chair et éclairait son esprit de sa sagesse millénaire.

Un après-midi, tandis qu'elle cueillait des fruits, elle fut étonnée d'entendre une voix s'adresser à elle. Oyali découvrit avec stupéfaction que la Mort communiquait avec elle pour la prévenir quand une âme allait partir vers l'au-delà. Depuis ce jour, ses messages parvenaient aux oreilles du futur défunt qui avait le temps de mettre en ordre ses affaires. Soit il devait se séparer de tous ses biens matériels pour les donner, soit il devait les brûler. Il devait pardonner aux êtres qui l'avaient blessé ou implorer le pardon des personnes auxquelles il avait fait du tort. La Mort éclairait Oyali de ses connaissances, apportant des instructions précises à chaque personne prête au grand voyage. Ainsi, elle recommandait de ne jamais oublier de prononcer des paroles aimantes et sages aux enfants que l'on allait quitter et de ne pas oublier de remercier tous les êtres qui s'étaient montrés bons et généreux dans notre vie. Elle expliqua à Oyali que toute personne qui s'apprêtait à quitter la Terre ne devait pas se retourner sur son passé, et précisa qu'elle devait se détacher de tout et ne nourrir aucun regret, pour pouvoir traverser le seuil de la mort en gardant les yeux ouverts sur ce monde inconnu, tout en conservant le vif souvenir de sa vie. »

La conteuse que l'on appelait la magicienne adressa un sourire rayonnant à Tillia, qui poursuivit sa quête de l'arbre sacré. Plus elle marchait sur la voie du pardon, plus elle sentait croître à l'intérieur de son ventre une force vive lui donnant de nouveau foi en la vie. À la tombée de la nuit, elle était heureuse de s'endormir contre le corps chaud de Cannel. Il était devenu joyeux et très affectueux. Elle était apaisée, car elle savait qu'elle allait revoir le doux visage de sa mère et recevoir ses paroles de sagesse. Cette nuit-là, Leyla lui offrit une coupe en bois et lui enseigna : « Toutes tes larmes nourriront la fleur qui est à l'état de graine dans ton cœur. Chaque prière pour recevoir la lumière du Soleil l'aidera à croître et s'épanouir. À chacun de tes pas, la terre te porte et te donne sa force. Lorsque la colère mordra tes entrailles, accueille l'amour de la vie, arrête-toi et écoute le vent, les eaux de la terre et du ciel. Accueille avec humilité les dons de la Terre et de tous les êtres vivants qui l'habitent. Les esprits de la nature accompagnent les humains en quête de paix et d'amour. Leur présence t'aidera à apaiser tes peines. Prends le temps de les écouter. »

À cet instant, une libellule bleue réalisa autour d'elle une danse selon un parcours précis, créant un tissage subtil. Tillia sentit qu'elle offrait toute son énergie. Elle fut émerveillée de découvrir un si petit être se dévouer avec autant d'amour pour une humaine. La petite créature continua longuement à tisser un voile de lumière pour guérir l'âme de Tillia. Des larmes de gratitude coulèrent sur ses joues. Elle la remercia pour son don précieux. Tandis que l'insecte s'envolait, accompagnée de deux jeunes libellules, quatre scarabées de couleurs turquoise et doré se posèrent de concert à ses pieds. Ils étaient magnifiques et semblaient surgir d'une autre dimension. Une atmosphère paisible et magique enveloppa Tillia, qui remercia ses amis pour avoir rempli son cœur de lumière. Ils disparurent dans les airs l'un après l'autre.

Leyla, le visage souriant, conseilla à sa fille : « Tu peux chanter et danser pour remercier tous les esprits qui œuvrent pour toi. C'est une offrande qu'ils aiment. Ainsi, ma petite fleur, je pourrai te voir grandir sous les rayons de Père Soleil. »

Le lendemain, elle reprit la route du désert, ses yeux contemplant le monde avec ravissement. Elle n'était plus envahie par un sentiment de solitude, se sentant protégée par le flux lumineux des arbres, des pierres, des oiseaux, du vent et de la terre.

Vers la tombée du jour, elle arriva sur les rives du fleuve Limpopo. Tout était calme et silencieux. Le temps semblait suspendu, un héron blanc majestueux se tenait immobile sur une patte et une tortue dormait sur une roche couverte de mousse. Tillia retint son souffle et descendit lentement de sa mule pour ne pas rompre la paix qui régnait. Elle se sentit accueillie en ce lieu comme l'oiseau, le poisson ou la brise. Elle appartenait à ce monde de beauté. À petits pas, elle glissa dans le fleuve et s'immergea sous l'eau bleue. Purifiée, elle retrouva l'innocence du nouveau-né, naissant dans une nouvelle réalité. Nue, elle foula la terre sous les rayons de la Lune et fut saisie d'une passion animale. Ses mains caressaient avec sensualité le sable rose argenté, son dos frémissait au moindre souffle et son ventre frôlait la terre appelant la femme sauvage. Tillia retrouva son lien originel avec la Mère. Elle sentit, au creux de ses reins, une force la pousser à courir et à rugir. Elle dévala une dune en libérant les derniers relents de rage contenus dans ses entrailles. Un éclair zébra le ciel au milieu de son cri. Les éléments se déchaînèrent, puis un vent chaud et puissant la fit tournoyer et bondir. La femme léopard semblait prendre son envol, tel un papillon de nuit. Un profond silence enveloppa l'espace de sa présence mystérieuse. Revigorée, elle ralentit sa marche et retourna vers les rives du fleuve. Elle rafraîchit son corps brûlant dans les eaux argentées. L'esprit félin l'habitait. Elle interrompit son bain et se redressa. Au bord de l'eau, une panthère la regardait, immobile. Elle s'approcha lentement et plongea son regard dans ses yeux. La jeune femme ne se sentait pas menacée, au contraire, l'animal lui insufflait sa force et sa puissance. Tillia venait de rencontrer son alliée sur le chemin de la féminité retrouvée. Elle portait un nouveau regard sur la vie.

Un matin, tandis qu'elle contemplait le lever du soleil et inspirait sa lumière dans son corps, elle vit le visage de son cousin, Kouto. Il lui apparut sous l'apparence d'un petit garçon perdu. Elle vit en lui une âme blessée, rongée par la colère. L'enfant n'avait pas pardonné à ses parents de l'avoir abandonné. Son cœur en proie au désarroi et à la fureur n'arrivait plus à contrôler ses pulsions destructrices. Tillia pensa : « Je me trouvais sur son chemin lorsque sa détresse prit la forme monstrueuse d'une bête enragée. Il avait certes un corps d'homme, mais c'était l'enfant blessé en lui qui contrôlait ses émotions et son esprit. »

Après une journée ensoleillée à cultiver la paix dans son cœur, Tillia adressa une prière à la Terre pour enterrer les colères de son cousin. Puis elle pria les eaux du fleuve pour qu'elles laissent s'écouler les remords de Kouto. Elle ouvrit son cœur au Soleil pour l'inonder de sa lumière bienfaisante. À la tombée du jour, une genette vint boire près d'elle. Son corps gracieux se lova à ses pieds. Elles partagèrent un moment de silence. Le ciel était parcouru de rayures orange et fuchsia et l'odeur des fleurs embaumait.

Un nouveau souffle portait Tillia sur le chemin de l'espérance, il lui offrait le bonheur d'exister malgré les douleurs vives surgissant parfois dans son cœur de manière imprévisible. Quand elles apparaissaient, elle apprenait à les accepter, leur parlant avec douceur, comme si elle tentait d'apprivoiser des tigres blessés. Affectueusement, elle leur prodiguait des soins jusqu'à ce qu'elles soient apaisées. Elle leur chantait une mélodie mélancolique lorsqu'elles l'entraînaient dans une profonde tristesse, ou, si elle était en proie à la fureur, elle se lançait dans une danse endiablée pour laisser sortir le feu dévastateur embrasant son corps. Frappant la terre, repoussant de ses mains et de ses bras une force ennemie invisible, elle soufflait comme le vent pour balayer de son être toute présence indésirable.

Hors d'haleine, elle dansait jusqu'à ce qu'elle réussisse à les apaiser.

Une petite graine de sagesse germa dans le cœur de Tillia : « Le fleuve, dont les eaux abreuvent l'arbre sacré, c'est l'amour irrigant l'être divin qui est en nous. Tel un arbre, il ne demande qu'à fleurir pour offrir à la Terre ses plus beaux fruits, pourvu que nous le désirions de toute notre âme. »

Sa vie s'élèverait vers l'accomplissement de son rêve en faisant chaque jour une offrande à l'esprit d'amour. Tillia sut que sa quête prenait fin. Elle avait trouvé l'endroit où sa nouvelle vie commencerait : c'est devant ce lac aux tortues qu'elle bâtirait sa hutte pour y créer une oasis de paix. Cette nuit-là, au bord de l'eau, sa mère lui apparut auréolée de lumière. Elle lui exprima sa joie et lui annonça qu'elle allait poursuivre son voyage dans le monde des esprits.

À son réveil, Tillia contempla la terre où elle prendrait racine. Elle entendit, dans les premières lueurs de l'aube, le chant d'un bel oiseau blanc.

Les fiançailles eurent lieu à la fin du printemps. Oudou, épris de la belle Tillia, l'avait rejointe. Il avait suivi ses pas en écoutant le chant du vent.

Récit III

Le Pardon

– Je suis consciente que pardonner permet de ne pas succomber au désir de vengeance en se laissant consumer par la haine. Cependant, pour nous libérer du poids de nos souffrances, devons-nous pardonner les actes, même les plus odieux, qui ont pu porter atteinte à notre intégrité physique et morale ?

– Que signifie « pardonner », selon vous ?

– Cesser de nourrir du ressentiment envers les êtres qui nous ont blessés ou ont pu causer une perte irrémédiable, et surmonter l'apitoiement lié au sentiment d'impuissance lorsque nous nous trouvons face à une situation qui réveille un traumatisme.

Hirmann acquiesce.

– C'est en apprenant à mieux assumer la responsabilité de nos actes que nous permettons à l'énergie d'amour de descendre au cœur de nos failles. Nous pouvons alors commencer la traversée de la souffrance et nous confronter à notre colère. Dans cette épreuve de grande vulnérabilité, la compréhension de la faiblesse de l'autre face à la souffrance vous libère de la peur et vous ouvre à la compassion. Néanmoins, sachez qu'en cas de détresse, vous avez le droit d'exprimer votre colère. Lorsque vous avez été confrontés à une forme d'agressivité ou de manipulation, vous aviez deux possibilités : faire face avec violence ou fuir. Ces schèmes de comportement sont à l'origine des dissensions interrelationnelles. Tout d'abord, il s'agit de reconnaître les mémoires d'ombre et de lumière à la source de nos conflits pour pouvoir accueillir l'épreuve de la traversée des mémoires traumatiques. Elles nous mettront face à notre vulnérabilité, et nous reconnaissons alors en nous-même la jalousie, la colère et la culpabilité. C'est ainsi que l'orgueil pourra être défait et laisser place à la clarté d'esprit qui éveille à la véritable compassion. Cet acte d'humilité nous enseigne comment nous positionner de manière à ne plus entrer en conflit avec le monde. Cette attitude est celle du guerrier de lumière.

– Comment ne pas être révolté face à toutes les injustices qui existent ?

– Nous avons le droit de l'être sans pour autant perdre notre discernement en nous identifiant à l'objet de notre indignation. Sinon, nous risquons d'entrer dans un cercle infernal. Face à ce qui est juste et ce qui ne l'est pas, il s'agit d'assumer de notre mieux ce qui ne dépend pas de notre volonté. Nous n'exigeons plus du monde qu'il satisfasse toutes nos attentes, aussi légitimes soient-elles. Quand votre foi est mise à l'épreuve, vous pouvez invoquer la mère ou le père divin pour vous guider. Ainsi, la lumière de votre âme pourra se manifester et vous éveiller à votre sagesse, afin d'asseoir votre autorité. Tout dans l'univers oscille selon la grande respiration cosmique. Si nous apprenions à respecter ce flux naturel des énergies dans leurs phases ascendantes et descendantes, il nous serait plus facile d'appréhender le cours de notre vie.

– Je comprends pourquoi, lorsque nous refoulons ou contrôlons excessivement une énergie, celle-ci devient incontrôlable et destructrice. Kouto, qui n'a pas reconnu et assumé sa blessure d'abandon, alimente une colère noire qui trouve une échappatoire en agressant la jeune Tillia. Sa colère s'est transformée à son insu en désir de vengeance.

– C'est juste. L'énergie de la colère s'est transformée en haine vengeresse et certaines expériences douloureuses qui nous sont données à vivre peuvent devenir une opportunité pour nous libérer de nos pulsions de mort. C'est pourquoi il est important de prendre conscience de la nature oscillatoire des énergies et du fait que tout dans l'univers obéit à la loi de l'équilibre. Entrer dans la danse des polarités contraires permet à la conscience humaine de se déployer et de révéler sa nature lumineuse. L'être humain a cette capacité de contracter ou de dilater le temps pour apprécier la valeur d'une énergie, autant dans les moments de joie que de tristesse. Maîtriser cette faculté nous permet d'accueillir l'harmonie dans notre vie.

– Pourriez-vous préciser ce que signifie « contracter et dilater le temps » ?

– Voyez-le comme une immense roue contenant une infinité de rayons partant du centre. Chacun d'eux représente une ligne temporelle. Contracter consiste à concentrer notre attention sur l'un de ces rayons. Vous entrez dans le temps chronologique lorsque vous focalisez votre attention sur une tâche concrète ou une pensée. Vous vous attachez à la matérialité et percevez le temps avec un début et une fin, par exemple, lorsque vous mettez de l'ordre dans votre appartement ou dans votre vie pour accueillir de nouvelles énergies. En revanche, dilater consiste à vous détacher de la perception focale du simple rayon vers une vision globale de la roue. Selon notre positionnement dans celle-ci, notre perception du temps sera relative. Prenons l'exemple des amoureux : le plus souvent au début de leur relation, ils vivent une période de bonheur avant de connaître des dissonances qui raviveront les mémoires de souffrances. Le temps de l'allégresse s'opposera à celui de la gravité. Ils ne percevront plus le temps de la même manière. Cette étape de disharmonie est une opportunité pour guérir nos blessures.

– C'est un point de vue paradoxal.

– Les états de conscience que nous expérimentons tout au long de notre vie constituent la toile qui révèle notre humanité. Notre âme vibre à une certaine fréquence, elle est d'une couleur et d'un parfum uniques. L'éveil de notre conscience passe par l'intégration de toutes les fréquences vibratoires, hautes comme basses. D'ailleurs, le détachement ne peut se manifester que lorsque nous acceptons de ne plus nous approprier ou rejeter les énergies qui nous traversent, car elles sont toutes indispensables à notre chemin d'évolution. Et l'illumination se produit lorsque la lumière de l'Esprit touche tout notre être. Notre liberté réside dans la manière de nous abandonner à la force de l'intention qui nous gouverne, en faisant simplement de notre mieux. Durant notre existence, nous devons trouver un juste équilibre entre attachement et renoncement pour atteindre une profonde quiétude. Seule cette paix intérieure peut transformer les désirs en générosité, l'ignorance en sagesse et la haine en compassion. Le Christ nous a enseigné la voie du pardon qui mène à la compassion transmise par le Bouddha.

Don Hirmann se tourne vers la bibliothèque avec une expression de surprise.

– Où est la photo de Romain ?

– Je l'ai remplacée par cet oiseau bleu qu'il m'a offert.

– Parfois, un couple qui s'est aimé est amené à se séparer. Pour que tous deux puissiez vous réaliser, vous deviez reprendre votre envol. Telle est votre destinée, explique-t-il. Le chemin vers la liberté passe par l'épreuve du détachement. C'est difficile et cela s'apprend toute la vie.

Il ferme les yeux. Une mésange sautille d'une branche à l'autre.

– La structure de notre personnalité repose sur deux formes d'attention. La première, portée vers le passé, regroupe la somme de toutes nos expériences ; la seconde, tournée vers le futur, rassemble toutes nos attentes, nos rêves et nos aspirations. Nos blessures et nos manques conditionnent la fixation de notre attention soit sur le passé soit sur le futur. Cette fixation est à l'origine des trois plus grandes peurs de l'homme : souffrir, vieillir et mourir. Ce n'est qu'en nous confrontant à nos peurs que nous pouvons nous libérer de l'influence des mémoires traumatiques. S'engager sur la voie de la guérison passe par la plongée au cœur de nos blessures. Celles-ci sont des vortex dans notre champ énergétique entravant le flux des énergies nécessaires à notre croissance. Il nous faut donc trancher les chaînes qui nous maintiennent sous l'emprise de ces forces aspirant notre vitalité.

– Je vois : elles peuvent prendre la forme de jugements, par exemple ceux portés sur la sexualité. Les peurs et les colères qui les sous-tendent accablent particulièrement les femmes, les exposant à toutes formes d'agressions attentant à leur intégrité physique et morale. Se libérer de toutes les représentations qui avilissent et aliènent la féminité est un combat intérieur nécessitant de se réapproprier son corps, afin de lui redonner sa dimension sacrée. Nous avons élevé l'intellect au-dessus des valeurs séculaires de la terre. Tout ce qui se rattache au corps a été méprisé, ce qui a conduit notre société à se couper de cette sagesse qui honore les sens, l'intuition et la communion avec la nature. Retrouver notre essence divine exige un travail de guérison, car toutes les générations qui nous ont précédés nous ont transmis leurs mémoires traumatiques. Pour moi, la contradiction du féminisme aujourd'hui est que la quête de liberté des femmes s'exprime encore contre les hommes, alors qu'elles sont elles-mêmes complices du système patriarcal. En s'appropriant leurs attributs pour devenir l'égal des hommes, elles sacrifient leur propre sensibilité. Ce modèle repose sur le pouvoir, tandis que la qualité fondamentale du féminin est de transmettre les valeurs qui préservent la vie et initient au respect et à l'amour. Nous engendrons et partageons la responsabilité de l'éducation des garçons, c'est pourquoi le réveil des femmes est crucial. Si elles sont encore conditionnées par des représentations séculaires négatives, cela leur nuit autant qu'aux hommes. En tant que mères, si elles n'ont pas appris à aimer leur corps, elles ne peuvent transmettre cette forme d'amour à leurs enfants. Assumer la responsabilité de tout ce qui nous arrive est un impératif pour nous libérer des revendications, car elles nous maintiennent dans un discours victimisant qui nous dépossède de notre pouvoir créateur, source d'éveil pour l'humanité. La sororité, qui est étouffée depuis des siècles, ne peut être décrétée par la seule volonté, car il nous faut d'abord guérir des blessures de jalousie résultant des manipulations de la gent masculine autant que féminine. Ce travail de résilience, à la lumière de ce que vous m'avez transmis, s'apparente à la voie christique. Les femmes furent crucifiées dans leur chair et leur âme, leur libération passe par un chemin de croix pour parvenir à embrasser le pardon et retrouver l'innocence du désir.

– Oui, ce conflit non résolu entre l'homme et la femme est à l'origine des jeux de pouvoir qui divisent l'unité de la famille et de nos sociétés. Ce mur des lamentations, qui a été dressé contre les femmes, est bâti sur des fondations malsaines ayant contaminé notre psyché.

– Maintenant, je comprends mieux ce que signifie « transmuter les pulsions de mort en énergie de vie ». De mon point de vue, le plus grand défi pour les femmes relève d'une alchimie intérieure pour retrouver la liberté d'être soi. Il est évident que mes propos ne concernent que les femmes issues du monde occidental, même si elles sont encore exposées aux outrages et aux violences qui attentent à leur intégrité physique et à leur dignité sans que justice ne soit rendue. Sur la planète, bien des crimes sont malheureusement toujours perpétrés contre elles au nom de la religion ou de traditions séculaires. Je parle de la répudiation, de l'excision, des mariages forcés, des viols, des crimes d'honneur, sans parler de tous les interdits et devoirs qui tuent leur élan de vie. Dès lors que l'on devient libre, on aspire tout simplement au bonheur des autres, qu'ils soient hommes, femmes ou transgenres. De nos jours, je crois qu'une révolution en profondeur ne pourra se faire qu'en mobilisant exclusivement des forces créatrices adhérant à une vision commune. Je pense que cette époque sera favorable aux visionnaires, aux inventeurs et aux créateurs de nouveaux projets de société répondant aux aspirations d'une humanité plus consciente. Œuvrer avec, et non plus contre, me semble être le courant vivifiant dans lequel nous pourrons donner naissance à de nouveaux modèles.

– Chacun de nous porte une couleur de la vision de cette humanité arc-en-ciel. Le travail que vous faites sur les mémoires transgénérationnelles participe à l'avènement de cette ère. Nous devrons tous emprunter un chemin de rédemption pour les erreurs et les fautes commises par nos aïeux nous maintenant dans un cycle de souffrance. Toutes les étapes initiatiques ont pour intention de pacifier et d'unir la polarité de la mère et du père en soi afin de devenir autonome. Ainsi, nous pouvons laisser s'exprimer notre souveraineté en nous positionnant au mieux, face à toutes les situations que nous rencontrons dans la vie. Cette liberté repose sur la maîtrise de l'attention qui se déploie à travers notre capacité à passer du contrôle à l'abandon, et inversement. Cette flexibilité nous permet de trouver le juste équilibre face aux forces qui gouvernent notre destin. Chaque situation de la vie peut être appréhendée comme autant de présages ou de manifestations de l'Esprit nous aidant à renforcer notre être. Sur la scène de la vie, nous développons la capacité de jouer toute une panoplie de personnages qui révèlent le sens de notre existence. L'homme libre est ce guerrier magicien vivant en harmonie avec le monde où tout obéit au jeu des polarités contraires comme le yin-yang, le visible et l'invisible, le vide et le plein. Tout danse dans l'univers, de la plus petite particule subatomique à l'étoile qui gravite autour d'un soleil. Cette loi universelle de l'attraction est la manifestation de l'amour à l'œuvre dans toutes les phases de la création.

– J'ai passé mon existence à tendre vers un idéal qui n'intégrait pas cette dynamique des contraires. Je prends conscience que mes convictions étaient de pures constructions visant à me protéger de la souffrance. Si l'amour à l'origine de l'univers est cette danse des énergies opposées, il me paraît évident que, pour m'éveiller à l'intelligence du cœur, il me faut désapprendre tout ce que j'ai cru savoir, car, en défendant mes certitudes avec force, j'ai refusé d'entrer en relation avec des énergies que j'ai rejetées. Tout cela a nourri de l'intolérance, et donc une forme de rigidité dont je n'étais absolument pas consciente, qui alimentait orgueil et sentiment d'importance. Maintenant, je comprends mieux l'origine des tensions et des conflits dans ma vie...

– Pour être en accord avec la roue de la vie, nous devons suivre les cycles de sa respiration, qui obéit à une loi universelle. Tout corps physique obéit au principe de résonance selon lequel deux polarités s'attirent ou se repoussent. Le travail du pardon est une remise en circulation des énergies cristallisées et cela se fait en quatre étapes : la première consiste à reconnaître notre vulnérabilité ; la seconde repose sur l'écoute de nos états de souffrance qui doivent s'exprimer ; la troisième demande de ne pas juger nos états émotionnels et de nous accorder le droit d'expulser toute la toxicité des mémoires qui ont alimenté notre sentiment de culpabilité ; la quatrième, enfin, nous invite à nous ouvrir à l'amour pour accueillir pleinement notre vulnérabilité. Cette étape de l'acceptation et de l'abandon est une rencontre avec la foi.

– Parfois, la violence subie meurtrit notre âme, notre cœur et notre chair, et la seule délivrance semble la mort. À la suite de son agression, Tillia souffre d'une angoisse de plus en plus ingérable. L'axe de sa vie est brisé, elle ne peut plus marcher sur le chemin de son rêve. Fauchée dans ses élans printaniers, elle est devenue la proie d'une confusion de plus en plus terrifiante. Elle perd la foi au point de vouloir mettre fin à ses jours. Dans son désespoir, la présence de sa défunte mère l'aide à surmonter son épreuve. Don Hirmann, dans les moments de détresse, est-ce que tout le monde reçoit de l'aide ?

– Oui, je le pense, la vie humaine est un long voyage dans les mémoires de nos aïeux. Nous incarnons l'espoir de retrouver cette terre bénie, purifiée des fantômes qui hantent nos existences. Chaque lignée possède son lot de fardeaux que l'on appelle le karma. L'âme a accepté de descendre dans la matière pour libérer toutes ces mémoires qui nous coupent de la Source. Ces champs karmiques correspondent à une réalité où la conscience est prise au piège des voiles de l'ombre. Toutes les énergies non transmutées, ces vibrations basses, font partie du champ de conscience que les êtres humains doivent traverser pour atteindre la liberté. Dans sa phase d'expansion ou de création, l'univers engendre simultanément des énergies de vie et des énergies de mort, se défiant lui-même à travers les cycles de création et de destruction, à l'image du dieu Shiva, qui incarne ces deux dynamiques où s'éprouve la grandeur de son amour face à l'impermanence.

– Notre mission est-elle de transcender la souffrance pour pouvoir nous éveiller à la lumière de notre être ?

– L'âme a choisi de commencer son voyage d'incarnation en sachant qu'elle devrait porter le poids des souffrances de ses ancêtres. Sur le plan spirituel, tout est déjà révélé, elle a la vision de tous les choix possibles et de leurs conséquences. Toutes les réalités qui ont été rêvées sont intriquées les unes aux autres à l'image de la toile d'araignée ou des poupées gigognes. Lors de son incarnation, elle rassemble les énergies émanant de toutes ces réalités en un point que l'on appelle la conscience. Plus son degré de luminosité éclaire toutes ces lignes, plus elle intègre des fréquences qui lui étaient inaccessibles auparavant. Pour dire les choses autrement, plus notre capacité de détachement et de discernement grandit, plus notre fréquence d'amour s'élève, nous permettant de libérer toutes les charges. À l'origine du conflit entre le corps et l'esprit, il y a une expérience traumatique liée aux blessures que porte notre arbre généalogique. Notre personnalité sera définie par nos choix face aux épreuves de la vie. Il est indéniable que certains chemins sont plus tranquilles que d'autres, cela dépend de notre mission d'âme. Quoi qu'il en soit, l'expérience des émotions est un défi pour l'être spirituel, elle participe du processus d'éveil à son humanité.

– Comment assumer les expériences douloureuses qui nous plongent dans le chaos lié à un sentiment d'impuissance et d'injustice ?

– La vie, parfois, nous confronte à des expériences de souffrance de plus en plus grandes, lorsque nous nous obstinons à ne pas répondre à son appel. Elle est cette mère implacable qui sait ce dont nous avons besoin pour grandir. Notre bataille va se jouer sur notre capacité à assumer ces situations. Si vous persistez à les percevoir d'un point de vue strictement personnel, conditionnées par votre bulle d'affectivité, vous ne ferez qu'en subir les conséquences. La souffrance est l'une des lois incontournables de l'incarnation permettant à l'homme de s'éveiller à son essence divine. Il s'agit d'apprendre à déplacer notre attention du temps linéaire pour se libérer de la causalité et s'éveiller à une perception simultanée du temps, où tout est possible. On acquiert cette fluidité dans la maîtrise de notre attention. De cette façon, nous pouvons mieux saisir la nature relative du temps. Par exemple, vivre une souffrance liée à notre passé peut être perçue comme une opportunité pour l'âme de comprendre sa nature. Spiritualiser la matière, c'est parvenir à aimer inconditionnellement notre humanité. Pour cela nous devons emprunter le chemin de l'acceptation.

– Est-ce que l'éveil passe toujours par de grandes souffrances ?

– Cela dépend. Par exemple, les éveilleurs ayant vocation à transmettre des énergies pour élever la vibration de l'humanité n'ont pas besoin de traverser toutes les épreuves par lesquelles passent les explorateurs, les guérisseurs ou les chamanes.

– Mais... ne sont-ils pas des éveilleurs ?

– Si. Ils le deviennent après un long processus initiatique passant par la purification des mémoires transgénérationnelles, afin de pouvoir comprendre la nature humaine. La particularité des éveilleurs est de canaliser les informations du plan subtil sans devoir faire obligatoirement la traversée de l'obscurité. Leur défi sera de faire face à l'orgueil pour ne pas se laisser consumer par le pouvoir. Que la grâce soit le fruit d'un long apprentissage ou soit consacrée par l'Esprit, dans les deux cas les ennemis à vaincre seront les mêmes, à savoir les désirs de possession, le pouvoir et l'orgueil.

– Si j'ai bien compris, la voie de la guérison qui mène au pardon consiste à élever notre vibration à la fréquence de l'amour ?

– En effet. Voyez Tillia, dans le conte *Rose des Sables*, qui entreprend une quête pour trouver la force de pardonner. Après avoir perdu le lien avec les énergies primordiales, c'est tout son équilibre intérieur qui s'en trouve ébranlé. Après avoir voulu mettre définitivement un terme à ses tourments, sa défunte mère l'accompagne pour l'aider à guérir et retrouver l'essence de sa féminité.

– Dans la réalité, pensez-vous que toute personne puisse trouver de l'aide pour surmonter le désespoir ?

– Oui, l'amour se manifeste à travers toutes les formes d'expression de la vie, il est en toute chose. Il nous insuffle sa lumière aussi bien à travers la présence d'êtres protecteurs d'autres dimensions ou d'une personne bienveillante, un animal ou la Terre Mère. Percevoir ces manifestations permet d'avoir la foi pour ne pas se laisser engloutir par les ténèbres. Savoir capter la plus infime des lueurs, au cœur même de la nuit, nourrit courage, persévérance et détermination, indispensables pour acquérir notre force d'âme. S'éveiller à la part combative de notre nature est l'une des expressions de l'amour, à l'image de la panthère qui protège ses petits. Lorsque notre esprit a été confronté à une grande violence, il s'est dissocié. Ce mécanisme de survie pour éviter la folie ou la mort, qui, certes, a pu nous protéger par le passé, entrave l'évolution de la personnalité. Tout le travail de guérison consistera à prendre conscience de ces automatismes qui nous parasitent et nous font vivre les situations en décalage avec la réalité. Vivre constamment dans la crainte d'un danger potentiel sollicite le corps mental, qui se met en mode d'extrême vigilance, et par là-même, nous coupe de l'intelligence du corps. Nous perdons toute objectivité. Se libérer de toutes les tensions accumulées ayant façonné nos schèmes de pensées et de comportements suit un long processus de déprogrammation. Il faut beaucoup de courage lorsque nous voulons mourir à notre histoire personnelle, car nous devrons faire face à nos peurs les plus profondes. Il n'y a pas d'autre alternative. S'éveiller à cette aptitude combative du guerrier de lumière permet de recouvrer toutes les énergies qui nous ont été volées. Le paradoxe du guerrier pacifique repose sur le fait qu'il devra déposer les armes face à un ennemi extérieur pour user de son tranchant contre son véritable ennemi, lui-même, s'il veut trouver la paix. C'est à la lumière de sa propre conscience que tous les conflits personnels et transgénérationnels pourront être apaisés. Lorsque l'amour aura remplacé la peur, son cœur chantera la joie d'être libre.

Hirmann me fait signe de la tête pour m'encourager à poursuivre.

– Sa mère fait preuve d'un grand amour, elle ne porte aucun jugement sur l'acte désespéré qu'elle s'apprête à commettre au sommet de la falaise. Elle la guide pour la libérer de toute la violence qui la consume, lui apprenant à accueillir avec bonté l'angoisse qui la tourmente.

– En effet. L'adolescente a toujours lutté pour ne pas céder à la pulsion de mort. Sa mère l'aide à trouver la position de l'acceptation pour avoir la force de plonger dans le gouffre de son cœur et traverser la vallée des larmes. Elle initie sa fille à une danse de libération des émotions et l'encourage à extérioriser toutes les colères refoulées et les énergies bloquées. Elle découvre la paix, en s'éveillant au monde des sensations et en se ressourçant dans le silence au contact des esprits de la nature. En apprenant à aimer son corps, elle s'éveille à l'amour.

– Oui, Tillia, aux côtés de la guérisseuse, réhabilite l'image positive du masculin en découvrant la sexualité comme un acte sacré. Son futur époux incarne l'image bienveillante du masculin, qui lui permettra d'avoir à nouveau confiance en l'homme. Comme la fleur de lotus qui croît dans la boue, Tillia fera une traversée dans les eaux sombres pour voir son cœur éclore sous la lumière du renouveau. Ses actes seront porteurs de vie. Son mariage avec Oudou symbolise les noces sacrées.

Hirmann m'adresse un sourire radieux et garde le silence. Je m'imprègne de sa présence comme une fleur se tourne vers les rayons du soleil. Je suis intriguée par l'extrême sensibilité que laisse transparaître son visage. Il sort de la poche intérieure de sa veste une pochette en tissu bleu, me demande de tendre la main et y dépose de petites graines. Enchantée par son cadeau, je me lève pour chercher une boîte où les ranger.

Aussitôt, il me tend un texte pour que je le lise à haute voix :

La maturation du féminin

Imaginez que vous soyez la graine d'une fleur.
Vous êtes sous terre, vous acceptez d'être dans l'obscurité, dans
la confusion et dans l'ignorance.

Pendant la germination, vous apprenez la patience et la foi,
Puis vous ressentez une énergie, une impulsion de vie
qui fait éclater la coquille protégeant la graine.

La fleur entre ensuite dans un cycle d'émergence.
Vous devez vous confronter à la terre pour vous extirper du sol.
Cela demande de la force, elle vient de la terre, de l'expérience
même du monde.

Là, vous commencez à recevoir les premiers rayons du soleil, qui
vont faire éclater la mémoire de la graine. Il lui insuffle sa sagesse
et l'une de ses feuilles se déploie.

Vous faites alors l'expérience d'exprimer vos émotions face au
soleil qui vous nourrit chaque jour. D'une feuille, vous faites
l'expérience de deux feuilles, puis de deux tiges.

Selon l'élan de votre cœur, vous êtes libre d'exprimer
au monde votre joie.

À travers cette étape, vous racontez une histoire à la terre.
Chaque jour, vous grandissez dans l'ivresse de découvrir
de nouvelles aptitudes en vous.

Quelque chose de lumineux se produit :
Un bouton de fleur apparaît. Vous ne savez pas encore
ce qu'il va devenir, mais vous avez appris la patience
et le bonheur d'accueillir chaque instant.

Alors vous êtes dans l'innocence et l'émerveillement à vous-même.
Vous voyez votre fleur sur le point de s'épanouir
sous la lumière du jour.

Sans l'amour du Soleil et de la Terre, vous ne pourriez pas fleurir.

Soudain, vous prenez conscience que votre bouton
est sur le point d'éclore.
Dans un instant unique,
La fleur s'ouvre au soleil, pétale après pétale,
Dévoilant son être, offrant son cœur au ciel.
Vous donnez alors toute votre beauté au monde.
La fleur a réalisé sa floraison.

Elle a accompli le cycle de vie qui lui est imparti sur la Terre.
Elle porte maintenant des graines en son cœur.

Avant de quitter le monde, elle va les rendre à la Terre
Pour la remercier de tout ce qu'elle lui a donné à vivre.

Pour que son histoire continue,
Un oiseau emporte les graines et l'histoire ne lui appartient plus,
Les graines vont fleurir à mille lieues.

Ainsi, elle aura laissé des traces d'amour sur la terre
et sera heureuse.
Tout se sera accompli selon la loi de l'harmonie.

Où que vous posiez votre regard dans la nature,
Le Grand Mystère vous révèle sa sagesse.

L'insecte, le poisson, la montagne,
tous sont porteurs de messages.
Comme la fleur, l'homme suit le même cheminement d'incarnation.

Chaque être vivant renferme l'essence sacrée,
Comme cela est raconté dans la légende
des deux Serpents cosmiques.

Trois pies jacassent sur une branche du frêne et s'envolent. Nous nous levons pour regarder le Soleil poursuivre sa plongée vers l'horizon. Il fait nuit de plus en plus tard en cette saison. Hirmann s'éloigne sans se retourner.

Le monde est réellement enchanté... C'est merveilleux ce qu'un homme de connaissance peut éveiller dans nos vies et révéler de nous-mêmes. Je n'aurais jamais imaginé découvrir autant de beauté et de mystères cachés dans les profondeurs de notre être. Dans le temps du rêve, notre inconscient nous transmet des messages pour renforcer notre foi et nous aider à accorder nos pas sur la voie du cœur. Dans l'état de veille où le temps est dilaté, je peux le contracter ou le dilater davantage. Face à une situation désagréable, le temps peut sembler long. J'ai la possibilité d'apporter à mon corps ce dont il a besoin en étant à son écoute ; en cela je contracte le temps comme le fait tout naturellement un enfant. En laissant libre cours à l'improvisation, comme dans un jeu théâtral, je peux mieux appréhender une situation difficile qui me paraissait ingérable auparavant. Je m'émerveille chaque jour un peu plus de voir que les paroles d'Hirmann sont semblables à des lanternes disposées le long de mon chemin pour me guider et éveiller mon esprit. Tous les fils de lumière qui sous-tendent la trame du rêve de la Terre participent à éveiller ma conscience au mystère qui se manifeste en moi et autour de moi. Le monde est un grand miroir dans lequel se reflète notre vie intérieure. Nous en faisons parfois l'expérience à travers les synchronicités qui jalonnent notre vie.

Je note le rêve reçu cette nuit : « Je me trouve chez une dame. Je reçois la vision de colonnes de lumières colorées reliées au ciel par lesquelles j'accueille des dons. Elles coulent au sommet de ma tête et me remplissent de bonheur. Ensuite, je me dirige vers une jeune femme aux cheveux courts. Dans un arbre, dont le bois est d'une couleur blanc cendré, elle sculpte une femme dans un mouvement ascensionnel, les bras et la tête levés vers le ciel. En m'éloignant, je suis captivée. Lorsque l'artiste aura achevé de creuser le bois, la femme végétale sera remplie de lumière à l'intérieur. Cette œuvre est une métaphore du travail sur soi qui permet de laisser place à la présence de notre être. »

Avant de nous incarner sur terre, nous appartenons à une famille spirituelle et je sais qu'il nous est possible de communiquer avec elle. Nos ancêtres de lumière prient pour nous, nous inspirent des pensées et apparaissent dans nos rêves pour nous aider à grandir.

Aujourd'hui, c'est la fête du Soleil, le jour où l'on célèbre le solstice d'été. J'accueille Don Hirmann avec un plateau de mangues, de kumquats, d'autres fruits exotiques découpés en forme d'étoile et de fleurs jaunes d'or et orangées. Il me propose de fermer les yeux et me fait écouter une musique apaisante. Une sensation agréable m'envahit, une énergie lumineuse circule dans toutes les cellules de mon corps. Assis sur la banquette, il me demande :

– Voulez-vous avoir des enfants plus tard ?

Je réfléchis. J'aspire à m'élancer le plus loin possible vers la connaissance du Grand Mystère. En même temps, j'imagine combien ce serait merveilleux de mettre au monde un petit être. Pourtant, ce rêve, aussi magnifique soit-il, je sais que ce n'est pas le mien. Finalement, je réponds par la négative.

Hirmann voit bien que subsiste l'envie d'en avoir, mais je suis sincère lorsque je lui fais part de mon choix.

– C'est tout à fait naturel d'avoir ce désir, même si votre mission vous appelle à une autre réalisation. Prenons la métaphore de l'ange représentant votre âme en quête de liberté. En chaque être, l'Esprit a déposé deux graines : l'une est celle de l'enfantement, l'autre est celle de l'envol de l'ange. L'une est naturellement accessible, tandis que nous avons accès à la seconde à l'issue d'un long cheminement intérieur. La première correspond à la voie de la réalisation de la maternité ou de la paternité. Les parents font alors don des plumes de leur ange pour bâtir le corps de leur enfant à naître. Ils les sacrifient au profit de la naissance d'un ange tels Marie et Joseph accueillant Jésus. Pour que la deuxième graine émerge, il nous faut incarner le couple père-mère en soi afin de prendre soin (ou guérir) de notre enfant intérieur pour permettre l'envol de notre âme.

– Une femme, après s'être accomplie en tant que mère, peut-elle également réaliser l'autre rêve ?

– C'est possible si elle réussit à incarner toutes les qualités de l'autorité maternelle. Pour s'élancer dans cette quête, elle devra assumer le sacrifice qu'elle a fait avant de reprendre ses plumes.

– Pourquoi parlez-vous de sacrifice ?

– Lors de la conception, les parents ont donné une partie de leur lumière, acceptant d'être des passeurs d'énergies pour favoriser l'éveil de leur enfant sur la voie de son accomplissement, comme Marie et Joseph assistant à la résurrection du Christ.

– Que signifie « reprendre les plumes de l'ange » ?

– Une fois que la femme s'est accomplie en tant que mère et a senti l'appel de son âme, il lui sera donné cette possibilité. Elle devra s'extraire de la sphère d'affectivité et faire face au poids de la culpabilité pour assumer son choix de cheminer sur la voie de la liberté.

Hirmann se recueille dans le silence. Ses paroles me plongent dans la réflexion. Autour de moi, je constate que le désir d'enfant n'est pas perçu comme une forme d'accomplissement. J'ai le sentiment que de plus en plus d'enfants viennent au monde pour combler les manques et satisfaire les désirs égoïstes de leurs parents. Dans notre société consumériste, la conscience du lien qui unit les êtres fait défaut. Le rationalisme scientifique, qui nous a éloignés de la dimension de l'âme, est à l'origine de maints maux et dérives de notre époque, le plus grand mal étant de nous avoir fait perdre la valeur sacrée de la vie. Nous pouvons constater que le désir d'enfant lui-même se désacralise jusqu'à devenir une valeur marchande. Et ce système est encouragé par les découvertes scientifiques qui exploitent ce désir sans prendre en considération la dimension éthique. La montée de la violence chez les enfants et les adolescents n'est pas étrangère à toutes ces dérives liées à l'individualisme de nos sociétés. Tout est fait dans l'optique de nous satisfaire sans la moindre conscience de la responsabilité qui est engagée dans l'acte de mettre au monde une vie. Nous ne prenons pas le temps d'estimer les répercussions de nos choix. Par exemple, de plus en plus de femmes veulent avoir un bébé seule, et cela paraît tout à fait banal. Au nom de la liberté, le système capitaliste satisfait des désirs qui génèrent de plus en plus de déséquilibres, sources de souffrance et de chaos.

– Pour revenir à notre sujet, il est normal de ressentir des sentiments contradictoires en tant que parents, car donner la vie implique que l'on fasse don d'une partie de notre énergie. De plus, ils portent les stigmates d'une culpabilité se transmettant de génération en génération, celle d'avoir pris en partie la lumière de leurs propres géniteurs. Elle est source de colère et de jalousie à l'origine des conflits qui gangrènent nos sociétés. Pour rompre cette chaîne de culpabilité, un enfant devra assumer cette charge et cheminer sur la voie de la rédemption. C'est pourquoi la traversée de la souffrance est une initiation pour apprendre à marcher sur la voie de l'humain. Là où vous aviez de la colère à l'égard de vos parents, vous ouvrez votre cœur pour accueillir l'énergie du pardon. C'est la voie de la réconciliation avec notre âme.

Hirmann me propose de brûler de la sève de pin qu'il a rapportée de son dernier voyage. Il sort un disque de sa sacoche et me propose de m'allonger sur la banquette pour effectuer un voyage sacré. Il m'invite à accueillir calmement la vision qui se manifeste à moi.

« Après avoir marché dans une grotte, j'arrive face à une montagne verdoyante. Sur ma gauche, devant une haute bâtisse de pierre, se tient un homme souriant au sommet de la vallée. J'entre dans la maison, où se trouve un escalier sombre. Je monte les marches, apparaît alors un grand orifice obscur. Je pénètre à l'intérieur. J'en ressors allongée dans un paysage désertique. Portée par le vent, je glisse sur le sable avant de me lever en voyant une lumière blanche sur ma droite. Je me dirige vers elle, et découvre une petite citadelle blanche, construite en cercle. Il y règne un profond silence. Je sens une présence et rejoins une petite fille qui me prend la main. Nous montons un long escalier abrupt où il y a beaucoup de lumière. Nous continuons à monter vers le ciel jusqu'au moment où nous arrivons sur une plate-forme semblant faite de nuages. Les vibrations sont chaleureuses, douces et familières. La petite me dit : « C'est ma famille qui est là. » Un vieil homme vêtu de blanc m'accueille, prend ma tête entre ses mains en signe de bénédiction et m'annonce avec une grande douceur : « Mon enfant, je t'attendais. » Il rayonne de bonté. Il est lumineux et d'un calme souverain. »

Un délicieux parfum embaume l'air autour de moi. J'ouvre les yeux. Hirmann s'est levé sans bruit. Je suis intriguée par cette rencontre dans cette autre dimension, je n'étais réellement pas seule. C'est alors que je comprends ce rêve où j'étais assise autour d'une grande table parmi un groupe d'êtres qui me remerciaient en communiquant télépathiquement avec moi. Devant chacun d'entre nous était posé un livre avec un ange sur la couverture. C'était ma famille d'âme.

Soudain, les yeux d'Hirmann brillent d'un éclat intense, puis il plisse les paupières. J'ignore dans quelle sphère son esprit plane, mais je sens que je ne dois pas prononcer le moindre mot.

– Le plus grand défi pour l'être humain est de s'éveiller à sa mémoire cosmique. Ainsi, il prend conscience que l'amour embrasse toutes les expériences, heureuses et douloureuses, car c'est en elles que s'unissent toutes les réalités de lui-même. À travers ses yeux, il comprend le sens de sa vie sur la Terre. Il apprend à voir que tout est amour.

Une brise se lève, le feuillage du grand frêne frémit.

– Tout est bien, tout est accompli. Je suis content... Aujourd'hui, je vais vous partager une dernière histoire, celle d'un frère amérindien.

Cœur-de-bison

Un œuf de lumière auréolé des couleurs de l'arc-en-ciel descendit sur la Terre. Il flotta au-dessus d'une réserve amérindienne, où il fut attiré par l'énergie irradiant d'un couple qui s'aimait. Leur passion appelait son âme. Il vint se lover dans le ventre de sa future maman.

Un matin, Mélody, qui arrivait au terme du huitième mois de grossesse, caressa son ventre rond et sentit les mouvements d'un petit être vigoureux. Tous les jours, elle lui chantait la beauté du monde et lui communiquait sa joie d'être mère. Elle était de plus en plus impatiente de l'accueillir.

Un après-midi, en allant au bord de la rivière pour se rafraîchir à l'ombre d'un saule, elle sut que l'enfant avait choisi ce jour pour naître. Elle craignit que la nuit ne tombe avant qu'il ne vienne au monde, car elle était loin de sa maison. Soudain saisie de fortes contractions, Mélody respira profondément pour détendre son corps. Elle s'accrocha à une branche et pria Terre Mère pour qu'elle les protège. C'était la première fois qu'elle accouchait et, malgré les conseils avisés de sa grand-mère, elle appréhenda de vivre ce moment seule. Elle ferma les yeux, les mains suspendues à la branche pour être prête quand le petit déciderait de venir. Elle sentit près d'elle la chaleur d'un corps puissant à l'odeur musquée, ouvrit les yeux et aperçut une grande femelle bison, qui s'accroupit. Son regard doux l'enveloppa. Mélody fut heureuse de recevoir sa protection. Les eaux s'écoulèrent le long de ses jambes et un cri retentit. L'enfant venait de naître sous le regard attendri et émerveillé de sa maman. L'Esprit s'était manifesté à travers la bisonne, émue d'assister à l'incarnation d'un ange. Mélody, le cœur plein de gratitude, accueillit le nom du nouveau-né offert par le Grand Esprit. Cœur-de-bison grandit, enveloppé de la protection de ses parents qui lui apprirent la voie de ses ancêtres, lui transmettant leurs histoires, leurs chants, leurs prières et leurs danses.

Son père, Joey, qui travaillait dans un ranch, fut renvoyé. Malgré ses compétences de dresseur de chevaux, il ne parvint pas à retrouver un poste. Un soir, désabusé, il rentra ivre chez lui pour la première fois. Rejeté par tous les propriétaires qu'il sollicitait, il sombra de plus en plus dans l'alcool. Sa femme s'inquiétait beaucoup de son état et son fils était attristé de le voir ainsi. Une nuit, de retour chez lui, complètement saoul, il hurla des paroles irrespectueuses et frappa Mélody sans raison devant Cœur-de-bison, impuissant face au malheur qui s'abattait sur eux.

Un matin, encore embué par les vapeurs d'alcool, Joey fut traité avec mépris par les agents des services sociaux qui se présentèrent à son domicile pour lui retirer la garde de son fils, sous prétexte de lui donner une meilleure éducation. Cœur-de-bison fut profondément blessé devant l'humiliation subie par son père, qui tentait de les en dissuader, voulant lui épargner l'expérience douloureuse du pensionnat, dont il avait gardé d'horribles souvenirs. Sur le seuil de la porte, il lui promit qu'il viendrait le chercher, qu'il trouverait du travail et qu'ils seraient à nouveau réunis.

À partir de onze ans, Cœur-de-bison vécut quatre années au pensionnat sans jamais pouvoir rencontrer ses parents. Il connut le traitement que réservait les blancs à tous les Amérindiens. Il devait se plier aux modes de vie, aux croyances et aux valeurs de l'homme dit « civilisé », jusqu'à renier son identité, sa langue et sa culture. Un soir, à sa plus grande surprise, il vit son père, sobre et joyeux, devant la grille du pensionnat. « Il a tenu sa promesse », pensa-t-il, à la fois soulagé et heureux. Ils échangèrent des regards émus. Joey lui donna des nouvelles rassurantes de sa mère. Pour ne pas gâcher ce moment, l'adolescent s'efforça de ne rien laisser transparaître du calvaire enduré depuis qu'il avait quitté la réserve. Et pour le rassurer, il lui raconta qu'il était bien nourri et avait appris à lire et à écrire.

Un surveillant hurla :

– Sale fils de chien, tu devrais être en train de nettoyer le réfectoire avec tes pouilleux de frères. C'est à toi que je parle, Michael !

À cet instant, Joey vit son fils se retourner et ressentit une vive douleur le transpercer. Non seulement on humiliait son garçon, mais on l'avait également dépouillé de son nom. L'homme le tira si violemment par le bras qu'il tomba à terre. Il ricana devant l'adolescent gêné que son père soit témoin des persécutions qu'il endurait quotidiennement. Dans un élan de révolte mu par le souvenir de l'enfant meurtri par les mêmes traitements cruels, Joey força la grille et se précipita sur le surveillant. Une vague de violence le submergea, rien ne pouvait plus l'arrêter. Il l'attrapa par le col, le projeta à terre et le roua de coups. Toutes les colères enfouies, les injustices vécues et les peines de l'enfant semblaient hurler à travers ses poings. Joey perdit tout contrôle, au point que son fils était paralysé devant un tel accès de rage. Devant le corps inerte du surveillant, il tenta de le calmer en tirant son bras de toutes ses forces pour le retenir. Quand Joey reprit ses esprits, il sut qu'il avait commis l'irréparable. Il en fut d'autant plus déterminé à sortir son enfant de ce lieu maudit. Il le prit par la main pour s'enfuir. Après avoir parcouru plusieurs kilomètres, adossés contre un arbre, ils reprirent leur souffle. En entendant les aboiements des chiens qui les traquaient, Joey lui dit :

– Nous devons nous séparer ici. Longe la rivière sans t'arrêter jusqu'au lac où je t'ai appris à pêcher. Je t'y attendrai au lever du jour.

Il étreignit son fils avec une profonde affection. Michael, très ému, fit ce que lui demanda son père sans protester. Il partit sans se retourner. Après avoir parcouru des kilomètres dans la nuit, il aperçut une ombre dans la forêt courant devant lui. Croyant que c'était son père, il l'appela, mais elle continuait d'avancer. Il la suivit jusqu'à la lisière d'une clairière où se tenait une cabane. Il frappa à la porte, espérant le trouver. Une voix éraillée de vieille femme grogna :

– Qui va là à cette heure nocturne ?

– Je cherche mon père, Joey.

– Il n'y a que moi, ici.

En le voyant, elle sursauta : un ancêtre flottait au-dessus de sa tête. Elle comprit que l'enfant lui était confié et l'invita aussitôt à entrer.

– Je cherche mon père. Il porte un blue jeans avec une veste à frange. L'avez-vous vu ? demanda-t-il avec précipitation.

Le visage grave, elle observa le garçon. Il était habillé à la façon de l'homme blanc, avec des cheveux courts et des chaussures en cuir dur. Elle vit qu'il était animé d'une grande colère et que le fil ténu de son esprit le reliant à l'âme de son peuple était sur le point de se rompre. Elle comprit la signification d'un rêve qu'elle avait fait quelques jours auparavant : un petit bison au cœur blessé par du métal blanc gémissait devant sa porte.

– Ton père t'a confié à moi. Je lui ai promis de prendre soin de toi et de te guider sur la voie de tes ancêtres. Tu ne peux plus retourner chez toi, sinon tu subiras le même sort que lui et de milliers d'Amérindiens ayant succombé sous le poids du chagrin. Tu portes en toi l'espoir de notre peuple.

Après avoir marqué un silence, elle ajouta :

– C'est à toi de choisir, maintenant.

Agacé par ces paroles qu'il ne comprenait pas, il partit en courant sans dire un mot. Il n'avait qu'une idée en tête : revoir son père. L'enfant ne supportait pas de le perdre alors qu'ils venaient de se retrouver. Il s'effondra en sanglots, le corps étendu sur la terre fraîche et humide. À son contact, il s'apaisa peu à peu. Soudain enveloppé par une douceur qui le mena au centre de lui-même, il comprit les paroles de la vieille femme et sut que son papa était mort. À son retour, Œil-de-tonnerre lui raconta comment elle était devenue une femme médecine.

– Je connais ton nom indien, il est porteur d'un grand pouvoir.

À partir de ce jour, Cœur-de-bison ne la quitta plus. Il se libéra de toutes ses colères et de celles de son peuple provoquées par l'homme blanc. C'est ainsi qu'il fut confronté durant sept ans à une épreuve de mort initiatique pour se libérer des souffrances du passé. Au terme de ce premier cycle d'apprentissage, il retourna voir sa mère dans la réserve. Heureux de la revoir, Cœur-de-bison lui raconta comment son père l'avait protégé et sauvé des blancs. Apaisée, Mélody fut contente de retrouver son fils devenu homme, et fière de le voir marcher sur les traces de ses ancêtres.

Puis il retourna chez Œil-de-tonnerre pour suivre une deuxième étape d'initiation. Sept années s'écoulèrent pendant lesquelles il dut se confronter au monde des blancs en travaillant comme homme à tout faire. Il vécut l'expérience des humiliations que traversait tout Amérindien. Il comprenait le désespoir de ses frères et plus particulièrement celui de son père, qui n'avait pu supporter une telle épreuve. Cependant, Cœur-de-bison, ayant adopté l'attitude du guerrier, accepta d'affronter les injustices du monde pour perdre tout sentiment d'importance, dans le but de pouvoir aligner son esprit sur la lumière du Grand Mystère. Il prenait chaque défi comme autant d'opportunités pour renforcer sa force intérieure. Il apprit à entrer en contact avec le monde des ancêtres et s'ouvrit à sa mémoire cosmique. Il devint un grand homme médecine et ne se laissa pas piéger par l'attrait du pouvoir.

Il entra alors dans une troisième étape d'initiation. Un matin, Œil-de-tonnerre décida de l'emmener vers un lieu de pouvoir. Sur un rocher plat, assis à ses côtés, il vit apparaître un cercle formé par des anciens. Il ressentit un lien puissant et fut transporté dans la dimension des Ancêtres, qui lui parlèrent en ces mots :

– Nous t'avons envoyé sur Terre pour que tu vives l'expérience d'être un humain. Tu es né comme eux dans l'oubli de tes liens avec le monde spirituel. Tu sais à présent que tu fais partie de notre cercle.

En cet instant, Cœur-de-bison connut l'éveil et perçut l'unité de Wakan Tanka.[6] Le chemin de l'homme passait par une longue bataille pour retrouver la paix et l'amour, avant de pouvoir s'ouvrir à l'harmonie. Il vit que l'Esprit était descendu sur la Terre pour s'émerveiller de sa création. Désormais, il connaissait sa mission et son origine. Les Ancêtres comprirent à travers Cœur-de-bison pourquoi les humains avaient autant de difficultés à s'éveiller à leur essence. C'est seulement en s'incarnant qu'ils pouvaient comprendre la condition de cet être petit et faible face aux forces gouvernant sa destinée.

6. Grand Esprit : c'est la Conscience qui anime toute la création, selon la culture amérindienne.

L'évolution de sa conscience était le fruit d'une lutte intérieure exigeant patience et foi pour apprécier pleinement le miracle de la vie.

Durant ce cycle de sept ans, il guida ses frères victimes de ce génocide pour retrouver le chemin de la sagesse amérindienne, ainsi que l'homme blanc sur la voie de la réconciliation. Puis, Œil-de-tonnerre lui confia que la vie allait désormais l'initier à l'ultime étape de la connaissance, en lui annonçant :

– Un orphelin est venu frapper à ma porte. Je dois prendre soin de lui.

Elle noua autour de ses poignets deux bracelets de couleur qu'elle avait tissés. Ému, Cœur-de-bison la remercia et partit sans se retourner.

Il reçut une vision dans laquelle il devait laisser derrière lui tous ceux qu'il chérissait, ainsi que sa terre natale. Cœur-de-bison était arrivé à l'âge de la sagesse quand il débarqua sur l'ancien continent. Il découvrit un monde bruyant dans un univers qui lui était étranger et hostile, jusqu'au jour où il fit la connaissance de Fleurian, un jeune libraire passionné par les contes et la culture amérindienne. Il l'introduisit dans le cercle de ses connaissances, ce qui lui permit de s'adapter au mode de vie moderne. Le rayonnement et la bonté de Cœur-de-bison touchèrent la curiosité des êtres qui le rencontraient. L'aura de mystère qui l'enveloppait éveillait leur désir de découvrir sa sagesse et sa vision du monde. Devant le grand intérêt qu'il suscitait, Fleurian lui proposa d'animer des conférences dans sa librairie. Cœur-de-bison y conta de nombreuses histoires et des récits historiques de son peuple, qu'on ne trouvait dans aucun livre.

Mathia, un étudiant des Beaux-Arts, qui ne manquait jamais une de ces rencontres, captivé par ses paroles, se prit de passion pour cette culture et dévora tous les livres qu'il trouvait. Un jour, Cœur-de-bison, qui l'avait remarqué, lui conseilla de lire le récit d'un prêtre ayant reçu une initiation auprès d'un homme médecine. Sa sensibilité particulière l'ouvrit au monde subtil qui bousculait les fondements de ses croyances. Il était touché par la profondeur et la simplicité de cet homme dont la présence était calme et joviale.

Il éprouvait du ressentiment envers ses parents, de riches industriels s'opposant à son choix d'étude. Il aspirait à un monde différent dans lequel l'argent ne conditionnerait pas tout. Constatant la noblesse des sentiments de ce jeune idéaliste, Cœur-de-Bison sut qu'il devait l'aider pour le libérer de ses conflits intérieurs. Il se croyait différent de ses proches, mais, au fond de lui, portait les mêmes préjugés et les mêmes croyances. Il n'avait pas conscience que sa perception du monde n'était pas la seule valable et qu'il y en avait autant qu'il y avait de peuples, de cultures et d'hommes sur la Terre. Il croyait que le monde occidental, avec son savoir, ses sciences et ses institutions, avait le monopole de la connaissance. Cœur-de-bison vit combien il était difficile pour l'homme blanc de vivre dans un monde rempli de mystères, car il lui fallait tout comprendre, analyser et rationaliser.

Mathia vit peu à peu s'écrouler des pans de son monde. Il apprit à sortir des limites étroites de sa perception et découvrit un univers bien plus vaste et mystérieux. Avec la conscience de plus en plus ouverte, il aspira à toucher le mystère de la réalité. Il réussit à s'abandonner et retrouva progressivement les liens avec la terre, les arbres, les animaux. Une nouvelle approche de la peinture se révéla à travers ses gestes. Après de nombreuses marches silencieuses dans la nature, il eut une révélation, et l'énergie de la prière se manifesta dans l'acte de peindre. Il n'était plus vide de sens, comme lorsqu'il réalisait des œuvres se bornant à une technique apprise. Désormais, il s'agissait d'un acte inspiré par le souffle créateur traversant son corps et laissant son cœur s'exprimer à travers les formes et les couleurs. Il découvrait ce qu'était l'art sacré le reliant au plus profond de son être, et connaissait des états de grâce lorsque l'inspiration portait son geste, venu d'ailleurs, mais, pourtant, de lui aussi. C'était une rencontre silencieuse avec ce qu'il y avait de plus beau en lui : Mathia s'était éveillé au mystère de l'âme.

Cœur-de-bison lui confia alors qu'autrefois, la rencontre fraternelle des quatre peuples avait été manquée. C'était le défi que devait relever l'homme blanc : cheminer sur la voie de l'acceptation en reconnaissant ses erreurs, pour pouvoir se pardonner. Il ajouta :

– Je suis venu à votre rencontre pour transmettre l'énergie du pardon. Ma mission est de vous aider à retrouver votre lien avec la sagesse de vos ancêtres pour que vous puissiez vous éveiller à la mémoire cosmique. C'est ainsi que la Prophétie arc-en-ciel pourra s'accomplir un jour.

Table des matières

III – La Porte de la Culpabilité

IV – La Porte du Pardon

www.ingramcontent.com/pod-product-compliance
Lightning Source LLC
Chambersburg PA
CBHW031123020426
42333CB00012B/203